KB205753

마가복음 (성경, 이해하며 읽기)

Reading in understanding the Bible

마가복음

장석환 지음

성경, 이해하며 읽기
시리즈를 시작하며

성경을 통해 하나님을 만난다.
성경을 통해 하나님과 동행하면 풍성한 삶이 된다.

누구를 만날 때는 인격적인(지·정·의) 만남이 되어야 한다.
그의 생각과 마음을 만나고 힘까지 공유하는 만남이다.
성경에는 하나님의 뜻(지)과 마음(정)과 힘(의)이 담겨 있다.
성경을 잘 읽으면 우리는 하나님을 만나게 된다.
눈으로 보는 것보다 더 실제적이다.

좋은 사람과 만나 대화를 하면 행복하듯이
말씀으로 하나님을 만나면 행복하다.
성경은 하나님을 만나는 가장 실제적 방법이다.

마음과 의미가 전달되지 않는 대화가 무의미하듯이
성경을 이해하지 않고 읽으면, 성경을 읽는 것이 아니다.
성경을 잘 이해하지 못하면
성경을 통해 하나님을 만나는 것을 모른다.

모든 사람이 성경을 이해하면서 읽기를 소망하며
매우 쉽지만 누군가에게는 가장 좋은 주석이 되기를 소원하며
큰 글자로 된 쉬운 주석 시리즈를 쓰고 있다.

이 주석이 하나님을 생생하게 만나는 만남의 장이 되기를 기도한다.
하나님께 영광되기를 기도한다.

목 차

마
가
복
음

저 자

신약 성경의 이름은 후대에 붙여진 것으로 사도행전만 빼고 전부 저자나 수신자의 이름으로 정해졌다. '마가'는 로마식 이름이고, 그의 히브리 이름은 '요한'이다. 그래서 그의 히브리 이름을 따라 요한복음이라 하여도 되지만 그러면 요한복음과 혼동되기 때문에 그의 로마식 이름을 따라 마가복음이라 부른다. 마가복음은 마가가 전하는 복음 이야기이다. 복음서 중에서, 가장 짧은 책<눅(19,446단어), 마(18,329단어), 요(15.625단어), 막(11,286단어)>이며 가장 먼저 기록된 것(50년말-60년초)으로 보는 사람이 많다.

마가는 아마 마가의 다락방 주인의 아들이었을 것이다. 클레멘트는 마가가 베드로의 설교를 주로 참고하여 복음서를 기록하였다고 말한다. 마가는 바나바의 친척이며 부요하였던 것으로 보인다. 그는 청소년의 때에 본 예수님과 사도들의 증언을 통해 복음을 전하는 기록을 한 것으로 보인다.

내 용

마가는 복음에 대해 말한다. 창세기에서 1창조를 말하였는데 마가는 의도적으로 창세기의 첫 단어를 사용하면서 2창조를 말한다. 복음은 2창조에 해당한다. 아주 놀라운 일이다. 마칠 때는 부활로 증거되는 2창조에 대한 놀람으로 마치고 있다.

<성경본문>

1. 한글본문: 대한성서공회. (1998). 성경전서: 개역개정. 대한성서공회.
   "여기에 사용한 '성경전서 개역개정판'의 저작권은 재단법인 대한성서공회 소유이며, 재단법인 대한성서공회의 허락을 받고 사용하였음."

2. 영어본문: GNB(American Bible Society. (1992). The Holy Bible: The Good news Translation (2nd ed.). American Bible Society.)

복음의 시작

(1:1-13)

이사야 선지자의 예언대로 세례 요한이 나타나 회개를 선포하고, 예수님께 세례줌으로 위대한 복음의 시대가 시작됨을 말한다.

1 하나님의 아들 예수 그리스도의 복음의 시작이라
1 This is the Good News about Jesus Christ, the Son of God.

1:1 복음의 시작. 이 구절은 마가복음 전체의 주제 역할을 한다. 마가복음은 '복음의 시작'에 대해 말한다. 사람들이 믿고 있는 복음이 어떻게 시작되었는지를 말하기 위해 기록하고 있다.

'시작(헬, 아르케)'은 창세기의 '태초에(히, 레쉬트)'와 같은 의미의 단어다. 창세기는 히브리어고 마가복음은 헬라어라는 것만 다르다. 구약의 헬라어 번역 성경인 70인역은 창세기를 '태초에(헬, 엔 아르케)'로 시작한다. 창세기 1장 1절에서 세상이 시작된 것을 이야기했다. 세상의 시작을 아는 것이 중요하다. 시작을 알아야 존재의 의미를 알고 목적을 알 수 있기 때문이다. 그것처럼 이제 복음의 시작을 알아야 한다. 그것을 알아야 복음의 시대를 살아가는 우리의 존재 의미와 목적을 알 수 있기 때문이다.

하나님께서 이 세상을 창조하심이 참으로 큰 일이었다. 동일하게 오늘날 우리에게 복음이 시작되고 전해지는 것 또한 매우 큰 일이다. 제2창조라 할 수 있다. 엄청난 시작이다. 그래서 창세기의 시작을 생각할 수 있도록 같은 단어를 사용하면서 복음의 시작에 대해 말한다. 복음의 시작이 얼마나 놀랍고 위대한 일인지를 알아야 한다. 예수님이 '그리스도'로 오신 것은 우리를 영원한 하나님 나라로 구원하시는 분으로 오신 것이다. 그래서 복음이다.

복음은 '예수님이 전하신 것' 또는 '그리스도에 관한 것'이다. 예수님은 영원한 나라의 왕으로 오셨다. 그러니 예수님 자체가 놀라운 복음이고, 예수님이 가져오시는 영원한 행복의 나라는 행복한 복음이다. 이 땅의 모든 문제는 복음 안에서 녹아진다. 영원한 나라가 임하면 다시는 그런 문제가 없을 것이다. 그래서 복음이다.

2 선지자 이사야의 글에 보라 내가 내 사자를 네 앞에 보내노니 그가 네 길을 준비하리라
2 It began as the prophet Isaiah had written: "God said, 'I will send my messenger ahead of you to clear the way for you.'

1:2 복음의 시작은 크게 3가지 증언과 함께 시작되었다. 선지자 이사야의 글에. 직역하면 '선지자 이사야가 기록한 것처럼'이다. 이사야는 이스라엘 백성이 가장 존경하

는 선지자중 한 명이다. 이사야 선지자는 북이스라엘의 멸망을 경험하고 유다의 멸망을 바라보면서 가슴 아파하며 새시대를 갈망하였다. **내가 내 사자를 네 앞에 보내노니 그가 네 길을 준비하리라.** 이 말은 말라기 선지자가 예언한 것(말 3:1)이다. 그런데 '이사야의 글'이라고 말하는 것은 3절의 내용이 이사야 선지자가 말한 것이기 때문에 둘 중에 유명한 이사야를 대표로 말하고 있는 것이다. 구약 성경의 마지막 시대를 장식하는 말라기 선지자는 새시대를 준비하는 엘리야가 올 것을 예언하였다. 선지자들이 예언하고 있는 것처럼 이스라엘에는 새시대가 절실하게 필요하였다. 그들은 부패한 지도자와 외세의 침략 등으로 나라가 무너진 상태에서 하나님의 구원을 갈망하는 백성들에게 하나님의 구원의 시대가 올 것을 말하였다.

> **3** 광야에 외치는 자의 소리가 있어 이르되 너희는 주의 길을 준비하라 그의 오실 길을 곧게 하라 기록된 것과 같이
> **3** Someone is shouting in the desert, 'Get the road ready for the Lord; make a straight path for him to travel!' "

1:3 광야에 외치는 자의 소리. 2번째 증언은 세례 요한이다. 세례 요한이 광야에서 죄 사함을 전하였다. 새로운 나라를 맞이할 준비를 하기 위함이다. 이스라엘 백성들이 출애굽하여 광야로 들어갔듯이 이제 다시 출애굽해야 한다. 광야로 나가야 하다.

> **4** 세례 요한이 광야에 이르러 죄 사함을 받게 하는 회개의 세례를 전파하니
> **5** 온 유대 지방과 예루살렘 사람이 다 나아가 자기 죄를 자복하고 요단 강에서 그에게 세례를 받더라
> **6** 요한은 낙타털 옷을 입고 허리에 가죽 띠를 띠고 메뚜기와 석청을 먹더라
> **4** So John appeared in the desert, baptizing and preaching. "Turn away from your sins and be baptized," he told the people, "and God will forgive your sins."
> **5** Many people from the province of Judea and the city of Jerusalem went out to hear John. They confessed their sins, and he baptized them in the River Jordan.
> **6** John wore clothes made of camel's hair, with a leather belt round his waist, and his food was locusts and wild honey.

1:6 낙타털 옷...가죽 띠. 요한의 외적인 모습은 엘리야의 모습과 매우 유사하였다. 요한은 메시야의 오심을 준비하는 엘리야의 사역을 하였다.

7 그가 전파하여 이르되 나보다 능력 많으신 이가 내 뒤에 오시나니 나는 굽혀 그의 신발끈을 풀기도 감당하지 못하겠노라
8 나는 너희에게 물로 세례를 베풀었거니와 그는 너희에게 성령으로 세례를 베푸시리라
7 He announced to the people, "The man who will come after me is much greater than I am. I am not good enough even to bend down and untie his sandals.
8 I baptize you with water, but he will baptize you with the Holy Spirit."

1:8 물로 세례. 요한은 새시대와 메시야의 오심을 전파하였기 때문에 놀라웠지만 그의 세례는 예수님의 세례와는 달랐다. 예수님이 오셔야 성령으로 세례를 주는 새시대가 올 것이다. 요한은 새시대를 준비하는 사역이었다.

9 그 때에 예수께서 갈릴리 나사렛으로부터 와서 요단 강에서 요한에게 세례를 받으시고
10 곧 물에서 올라오실새 하늘이 갈라짐과 성령이 비둘기 같이 자기에게 내려오심을 보시더니
9 Not long afterwards Jesus came from Nazareth in the province of Galilee, and was baptized by John in the Jordan.
10 As soon as Jesus came up out of the water, he saw heaven opening and the Spirit coming down on him like a dove.

1:10 하늘이 갈라짐과 성령이 비둘기 같이 자기에게 내려오심을 보시더니. 예수님께서 세례를 받으심으로 복음의 시대 사명을 시작하실 때 하늘이 갈라졌다. 그동안 하늘이 막혀 있었다. 선지자의 예언이 멈춘 지 오랜 시간이 지났다. 그러나 이제 하늘이 찢어지면서 새시대가 시작되었음을 알렸다. **성령이 비둘기 같이 내려오심.** 마치 태초에 영이 수면 위를 운행하셨듯이 그러하였다. 삼위 하나님이 다 나온다. 삼위 하나님께서 놀라운 복음의 시대를 여신 것이다.

11 하늘로부터 소리가 나기를 너는 내 사랑하는 아들이라 내가 너를 기뻐하노라 하시니라
11 And a voice came from heaven, "You are my own dear Son. I am pleased with you."

1:11 하늘로부터 소리가 나기를 너는 내 사랑하는 아들이라. 하늘의 하나님께서 직접 예수님이 메시야이심을 선포하셨다. 이 땅에 새 시대가 열린 것이다. 복음의 시대가 열렸다.

12 성령이 곧 예수를 광야로 몰아내신지라
13 광야에서 사십 일을 계시면서 사탄에게 시험을 받으시며 들짐승과 함께 계시니 천사들이 수종들더라
12 At once the Spirit made him go into the desert,
13 where he stayed 40 days, being tempted by Satan. Wild animals were there also, but angels came and helped him.

1:13 복음의 시대에 중요한 것은 무엇일까? 복음을 믿는 것이다. 복음의 시대가 열렸으나 복음을 믿지 않으면 그에게는 여전히 암흑의 시대다. 복음은 오직 복음으로 받아들이는 사람에게만 복음이 된다. 예수님은 세례 받으시고 곧바로 시험받으러 가셨다. 사람들에게 시험은 믿음을 위한 중요한 터전이 된다. **광야에서 사십 일을 계시면서.** 이스라엘 백성들은 출애굽 후 광야에서 시험에 빠졌다. 그러나 예수님은 친히 광야의 더 혹독한 환경에서 시험을 받으시면서 이기셨다. 그래서 복음의 시대 사람들에게 시험을 이겨 복음의 시대를 살아갈 것을 친히 보이셨다. 마가복음은 예수님께서 이스라엘의 대표자가 되어 친히 그 길을 가셨고, 그 백성이 그 길을 따라갈 것을 말한다. 이제 우리는 시험을 이겨야 한다. 시험을 이길 수 없다고 말할 것이 아니라 이길 수 있다고 말해야 한다. 복음의 시대에 우리는 시험을 이길 수 있다. 이겨야 한다.

1부

갈릴리 지역 사역

(1:14-8:21)

1. 사역과 충돌
(1:14-4:34)

14 요한이 잡힌 후 예수께서 갈릴리에 오셔서 하나님의 복음을 전파하여
14 After John had been put in prison, Jesus went to Galilee and preached the Good News from God.

1:14 요한이 잡힌 후. 요한이 새시대를 알리다가 잡혔다. 죽었다. 그러나 그것이 예수님이 전하시는 복음의 길을 막지는 못하였다. **하나님의 복음을 전하여.** 전혀 영향이 없었다. 복음을 모르는 세상은 여전히 자신의 길을 갈 것이다. 복음을 핍박하기도 할 것이다. 그러나 세상은 복음을 방해하지 못한다. 전혀 영향을 미치지 못한다. 복음은 그들이 어찌할 수 있는 것이 아니다. 복음은 그들과 완전히 차원이 다르다.

15 이르시되 때가 찼고 하나님의 나라가 가까이 왔으니 회개하고 복음을 믿으라 하시더라
15 "The right time has come," he said, "and the Kingdom of God is near! Turn away from your sins and believe the Good News!"

1:15 하나님의 나라가 가까이 왔으니. 이것은 아직 안 왔는데 가까이까지 왔다는 의미일 수 있고, 이미 와서 가까이에 있다는 의미일 수도 있다. 아마 후자일 것이다. 완성된 하나님의 나라는 예수님의 재림 때에 이루어지지만 예수님이 오셔서 복음을 전하는 이 시대부터 이미 하나님의 나라는 왔다. 복음은 이미 시작되었다. 그래서 '가까이 왔으니'라는 동사는 완료형으로 돼 있다. 하나님 나라가 왔다. 하나님 나라에서 가장 중요한 것은 '하나님의 왕 되심'이다. 하나님의 뜻과 마음과 의지가 이루어지는 나라다. 그래서 하나님 나라 백성은 임재하신 하나님의 뜻과 마음을 생각하면서 산다. 예수님이 오셨을 때는 예수님을 통해 하나님의 뜻과 마음을 생각하고 예수님이 승천하신 이후에는 대신 성령님을 보내셔서 하나님의 뜻과 마음을 알게 하시고 임재하신다. 하나님 나라가 복음이다. 복음이라는 것은 말 그대로 좋은 소식이다. 어느 정도 좋은 소식일까? 아주 좋은 소식이다. 가장 좋은 소식이다. 영원히 변함 없는 좋은 소식이다. 예수 그리스도를 우리의 주인으로 받아들인 우리는 복음을 가진 사람이다. 가장 좋

은 소식이 있기에 다른 나쁜 소식이 있어도 우리는 늘 웃을 수 있다. **회개하고 복음을 믿으라.** 어디에서 회개해야 할까? 세상 나라에 속한 곳에서 돌아서야 한다. 이제 하나님 나라로 들어가야 한다. '자기 생각과 마음을 따라'에서 돌아서야 한다. '하나님의 뜻과 마음을 따라'의 삶이 되어야 한다. 그것이 회개다. 우리는 이미 회개한 사람들이다.

> **16** 갈릴리 해변으로 지나가시다가 시몬과 그 형제 안드레가 바다에 그물 던지는 것을 보시니 그들은 어부라
> **17** 예수께서 이르시되 나를 따라오라 내가 너희로 사람을 낚는 어부가 되게 하리라 하시니
> **16** As Jesus walked along the shore of Lake Galilee, he saw two fishermen, Simon and his brother Andrew, catching fish with a net.
> **17** Jesus said to them, "Come with me, and I will teach you to catch people."

1:17 예수님이 시몬과 안드레를 보시고 부르셨다. **나를 따라오라 내가 너희로 사람을 낚는 어부가 되게 하리라.** 물고기가 바다에서 낚이는 것은 생명에서 죽음으로 바뀌는 것이다. 그런데 시몬이 낚을 사람들은 물고기와 반대로 죽음에서 생명으로 건져지는 것이다. 그것은 어떤 일보다 중요하고 행복한 일이다. **사람을 낚는다.** 상징적 의미다. 오늘날 신앙인은 시몬처럼 생업을 포기하고 예수님을 따르는 것은 아니어도 실제로 모든 신앙인이 생업을 포기하고 예수님을 따르는 것과 같다. 지금 하는 일의 의미와 목적이 바뀌면 그렇다. 신앙인은 모든 일이 '사람을 낚는 어부'의 일이 되게 해야 한다.

> **18** 곧 그물을 버려 두고 따르니라
> **18** At once they left their nets and went with him.

1:18 따르니라. 시몬과 안드레는 예수님의 부르심에 바로 응답하였다. 물론 이때가 예수님을 처음 만난 것은 아니다. 다른 복음서를 보면 이들은 예수님과 함께하기도 하였다. 그러나 이제 드디어 공식적으로 예수님을 따르게 되었다. 그들의 이 선택은 참으로 위대한 선택이다. 겉으로 볼 때는 이 선택 때문에 앞으로 많은 고생을 하게 된다. 그러나 하나님 나라 입장에서 볼 때는 이 선택은 참으로 풍성한 열매를 맺는 선택이 된다. 신앙인은 하나님 나라(복음)을 위한 선택이 요청되어질 때 과감하게 선택해야 한다. 늘 하나님 나라의 일을 선택해야 한다. 그것이 생명의 길이기 때문이다.

19 조금 더 가시다가 세베대의 아들 야고보와 그 형제 요한을 보시니 그들도 배에 있어 그물을 깁는데
20 곧 부르시니 그 아버지 세베대를 품꾼들과 함께 배에 버려 두고 예수를 따라가니라
19 He went a little farther on and saw two other brothers, James and John, the sons of Zebedee. They were in their boat getting their nets ready.
20 As soon as Jesus saw them, he called them; they left their father Zebedee in the boat with the hired men and went with Jesus.

1:20 아버지 세베대를 품꾼들과 함께 배에 버려 두고. 야고보와 요한도 예수님의 부르심에 따라갔다. 품꾼들이 있는 것을 보면 상당히 부자였던 것 같다. 그러나 그런 것에 연연하지 않았다. 하나님 나라의 일은 어떤 것보다 더 크고 중요하기 때문이다.

21 그들이 가버나움에 들어가니라 예수께서 곧 안식일에 회당에 들어가 가르치시매
21 Jesus and his disciples came to the town of Capernaum, and on the next Sabbath Jesus went to the synagogue and began to teach.

1:21 가버나움...회당에 들어가 가르치시매. 가버나움은 예수님의 공생애 사역의 주무대다. 예수님의 공생애 사역의 주된 것은 '가르치심'이었다. 복음에 대해 그들은 배워야 했다. 하나님 나라에 대해 배워야 하나님 나라가 무엇이고, 그 백성이 된다는 것이 무엇인지를 알기 때문이다.

22 뭇 사람이 그의 교훈에 놀라니 이는 그가 가르치시는 것이 권위 있는 자와 같고 서기관들과 같지 아니함일러라
23 마침 그들의 회당에 더러운 귀신 들린 사람이 있어 소리 질러 이르되
24 나사렛 예수여 우리가 당신과 무슨 상관이 있나이까 우리를 멸하러 왔나이까 나는 당신이 누구인 줄 아노니 하나님의 거룩한 자니이다
22 The people who heard him were amazed at the way he taught, for he wasn't like the teachers of the Law; instead, he taught with authority.
23 Just then a man with an evil spirit in him came into the synagogue and screamed,
24 "What do you want with us, Jesus of Nazareth? Are you here to destroy us? I know who you are—you are God's holy messenger!"

1:24 우리를 멸하러 왔나이까. 이 세상은 마귀의 꼬임에 의해 죄가 들어와 멸망의 나라가 되었다. 예수님은 마귀의 악한 계략을 멸하기 위해 오셨다. **나는 당신이 누구인**

줄 아노니 하나님의 거룩한 자니이다. 마귀가 예수님이 누구신지 아는 것은 전혀 중요하지 않다. 그것은 믿음으로 아는 것이 아니다. 그들이 예수님을 안다 하여 그들에게 구원의 기회가 있는 것도 아니다.

> 25 예수께서 꾸짖어 이르시되 잠잠하고 그 사람에게서 나오라 하시니
>
> 25 Jesus ordered the spirit, "Be quiet, and come out of the man!"

1:25 그 사람에게서 나오라 하시니. 예수님은 사람들에게서 악한 영을 쫓아내신다. 본문에서 '귀신'으로 번역하는 것은 모두 마귀를 말하는 것이다. 그들은 때로는 사람들이 귀신(죽은 사람의 넋)이라고 여기는 모습으로 나타나고, 더 많은 경우에는 아주 다양한 모습으로 사람들이 악을 행하도록 한다. 예수님은 우리 안의 거짓의 영을 몰아내신다. 우리 안에서 죄를 범하게 만드는 더러운 영을 쫓아내야 한다.

> 26 더러운 귀신이 그 사람에게 경련을 일으키고 큰 소리를 지르며 나오는지라
> 27 다 놀라 서로 물어 이르되 이는 어찜이냐 권위 있는 새 교훈이로다 더러운 귀신들에게 명한즉 순종하는도다 하더라
> 28 예수의 소문이 곧 온 갈릴리 사방에 퍼지더라
> 29 회당에서 나와 곧 야고보와 요한과 함께 시몬과 안드레의 집에 들어가시니
> 30 시몬의 장모가 열병으로 누워 있는지라 사람들이 곧 그 여자에 대하여 예수께 여짜온대
>
> 26 The evil spirit shook the man hard, gave a loud scream, and came out of him.
> 27 The people were all so amazed that they started saying to one another, "What is this? Is it some kind of new teaching? This man has authority to give orders to the evil spirits, and they obey him!"
> 28 And so the news about Jesus spread quickly everywhere in the province of Galilee.
> 29 Jesus and his disciples, including James and John, left the synagogue and went straight to the home of Simon and Andrew.
> 30 Simon's mother-in-law was sick in bed with a fever, and as soon as Jesus arrived, he was told about her.

1:30 시몬의 장모가 열병. 베드로의 장모가 열병에 걸렸음을 들으시고 그를 고쳐 주셨다. 영생의 나라는 악령만이 아니라 병든 자도 없는 세상이 될 것이다. 그래서 복음의 나라를 가르치시며 병든 이들을 치료하셨다. 그것은 병이 없는 하나님 나라, 병을 치료하시는 권세를 가지신 예수님의 권위를 보여준다.

31 나아가사 그 손을 잡아 일으키시니 열병이 떠나고 여자가 그들에게 수종드
니라
32 저물어 해 질 때에 모든 병자와 귀신 들린 자를 예수께 데려오니
31 He went to her, took her by the hand, and helped her up. The fever left her, and she
began to wait on them.
32 After the sun had set and evening had come, people brought to Jesus all the sick and
those who had demons.

1:32 저물어 해 질 때에. 안식일이 끝나는 시점을 말한다. 안식일 예배에서 회당에서
벌어진 일과 회당 앞 베드로의 집에서 안식일에 식사를 하면서 벌어진 일을 눈여겨
보았던 사람들이, 안식일에 움직일 수 있는 거리 때문에 기다렸다가 안식일이 끝나는
해 질 때에 집으로 돌아가 아는 사람들을 데리고 온 것이다. 수많은 사람들이 모였다.
당시에는 병원도 제대로 없었다. 수많은 질병으로 고생하는 사람들이 많았다. 사람들
이 악령을 무서워하기 때문에 악령에 사로잡힌 사람들도 많았다. 그들은 그렇게 고통
가운데 있었다. 그래서 예수님의 소식을 듣고 몰려든 것이다. 오늘날도 수없이 많은
사람들이 고통 가운데 살고 있다. 의료기술이 발달하였지만 여전히 수많은 병이 있
다. 여전히 악령에 사로잡힌 사람들이 있다.

33 온 동네가 그 문 앞에 모였더라
34 예수께서 각종 병이 든 많은 사람을 고치시며 많은 귀신을 내쫓으시되 귀신
이 자기를 알므로 그 말하는 것을 허락하지 아니하시니라
33 All the people of the town gathered in front of the house.
34 Jesus healed many who were sick with all kinds of diseases and drove out many
demons. He would not let the demons say anything, because they knew who he was.

1:34 예수께서 각종 병이 든 많은 사람을 고치시며 많은 귀신을 내쫓으시되. 예수님은
병든 이를 고쳐 주시고 사람을 주장하고 있던 악령을 쫓아내셨다. 병든 것과 악령은
복음(하나님 나라)과 상극이다. 이후 완성된 하나님 나라에서는 그러한 것이 전혀 없
을 것이다. 그러기에 하나님 나라의 왕으로서 복음을 전하시는 예수님이 계시니 예수
님께서 그들의 병을 고치고 악령을 쫓아내시는 것은 당연한 일이다. 여기에서 중요
한 것이 있다. 사람들은 병이 낫고 악령이 쫓겨나는 것 자체를 복음으로 받아들이기
쉽다는 사실이다. 병이 낫는다는 소식이 얼마나 기쁜 소식인가? 그러나 그것이 복음
은 아니다. 그것은 복음에 속한 것이지 복음은 아니다. 병 나은 사람은 병 나은 것을
기뻐하는 것을 넘어 하나님 나라가 그들에게 주어진 것을 더 기뻐해야 한다. 하나님

나라를 경험한 것을 기뻐해야 한다. 그래서 하나님 나라를 소망해야 한다.

> **35** 새벽 아직도 밝기 전에 예수께서 일어나 나가 한적한 곳으로 가사 거기서 기도하시더니
> **35** Very early the next morning, long before daylight, Jesus got up and left the house. He went out of the town to a lonely place, where he prayed.

1:35 한적한 곳으로 가서 거기서 기도하시더니. 예수님은 사역을 하시면서 늘 조용한 곳을 찾으셨다. 홀로 하나님께 기도하시기 위해서였다. 기도는 하나님과의 대화다. 기도는 하나님의 뜻을 찾는 것이기도 하다. 사람들은 기도조차도 변질시키곤 한다. 기도를 통해 자신의 뜻을 관철시켜야 한다고 생각하는 사람들이 많다. 그러나 그렇지 않다. 기도를 통해서 우리의 생각을 하나님께 아뢸 수 있지만 그것보다 더 중요한 것은 하나님의 뜻을 듣는 것이고 자신의 뜻을 하나님의 뜻에 복종시키는 것이다.

> **36** 시몬과 및 그와 함께 있는 자들이 예수의 뒤를 따라가
> **37** 만나서 이르되 모든 사람이 주를 찾나이다
> **36** But Simon and his companions went out searching for him,
> **37** and when they found him, they said, "Everyone is looking for you."

1:37 모든 사람이 주를 찾나이다. 사람들이 예수님을 찾으니 매우 좋을 것 같다. 그런데 예수님은 그것을 기뻐하지 않으셨다. 오히려 피하셨다. 왜 그러셨을까?

> **38** 이르시되 우리가 다른 가까운 마을들로 가자 거기서도 전도하리니 내가 이를 위하여 왔노라 하시고
> **38** But Jesus answered, "We must go on to the other villages round here. I have to preach in them also, because that is why I came."

1:38 우리가 다른 가까운 마을들로 가자 거기서도 전도하리니. 예수님을 찾아 온 사람들을 떠나 다른 마을로 가서 복음을 전하고자 하셨다. 오는 사람들에게 복음을 전하는 것이 훨씬 더 쉬울 것 같다. 그런데 예수님은 왜 굳이 다른 마을로 가서 복음을 전하기를 원하셨을까? 모여든 사람들의 생각이 다르기 때문이다. 사람들은 예수님이 전하시는 복음이 좋아서 온 것이 아니었다. 그들은 병든 자와 악령에 사로잡힌 자의 해방을 원해서 예수님을 찾았다. 그래서 예수님은 그들을 떠나셨다. 숨으셨다.

39 이에 온 갈릴리에 다니시며 그들의 여러 회당에서 전도하시고 또 귀신들을 내쫓으시더라

39 So he travelled all over Galilee, preaching in the synagogues and driving out demons.

1:39 전도하시고 또 귀신들을 내쫓으시더라. 예수님은 다른 곳에 가셔서도 여전히 같은 것을 행하셨다. 예수님은 계속 복음을 전하셨다. 그리고 악령을 내쫓으셨다. 그것이 하나님 나라의 본질적인 일이기 때문이다. 그런데 겉으로는 같은 것이었지만 그것을 받아들이는 사람에 의해 완전히 달라진다. 그것을 받아들이는 사람들의 잘못된 마음 때문에 예수님은 그들을 떠나서 다른 사람들에게 복음을 전하셨던 것이다.

40 한 나병환자가 예수께 와서 꿇어 엎드려 간구하여 이르되 원하시면 저를 깨끗하게 하실 수 있나이다

40 A man suffering from a dreaded skin disease came to Jesus, knelt down, and begged him for help. "If you want to," he said, "you can make me clean."

1:40 예수께 와서 꿇어 엎드려...저를 깨끗하게 하실 수 있나이다. 사실 그는 예수님께 나오면 안 된다. 그는 부정하기 때문에 사람들과 접촉하면 안 된다. 그러나 그는 어려움을 뚫고 용기를 내어 예수님께 나왔다.

41 예수께서 불쌍히 여기사 손을 내밀어 그에게 대시며 이르시되 내가 원하노니 깨끗함을 받으라 하시니

41 Jesus was filled with pity, and stretched out his hand and touched him. "I do want to," he answered. "Be clean!"

1:41 불쌍히 여기사 손을 내밀어 그에게 대시며. 예수님께서 그냥 말씀만 하셔도 그가 나을 것이다. 그러나 그를 향해 조금 더 긍휼의 마음을 가지셨던 것 같다. 그래서 그를 만지심으로 마음까지 만지셨다. 사실 그런 피부병을 가진 사람을 만지면 만진 사람도 부정해진다. 그러니 만지지 말아야 한다. 그러나 예수님은 그 때문에 부정해지는 것이 아니라 예수님을 통해 그가 깨끗해질 것을 아시기 때문에 그를 만지셔서 치료하여 주셨다. 예수님은 그렇게 사람들의 마음 속 깊은 곳을 아셨다. 긍휼히 여기셨다.

42 곧 나병이 그 사람에게서 떠나가고 깨끗하여진지라

43 곧 보내시며 엄히 경고하사

44 이르시되 삼가 아무에게 아무 말도 하지 말고 가서 네 몸을 제사장에게 보이고 네가 깨끗하게 되었으니 모세가 명한 것을 드려 그들에게 입증하라 하셨더라

42 At once the disease left the man, and he was clean.
43 Then Jesus spoke sternly to him and sent him away at once,
44 after saying to him, "Listen, don't tell anyone about this. But go straight to the priest and let him examine you; then in order to prove to everyone that you are cured, offer the sacrifice that Moses ordered."

1:43-44 엄히 경고하사. 예수님은 그를 보내시면서 병고침 받은 사실을 소문내지 말라고 엄히 말씀하셨다. 그를 불쌍히 여기셔서 고치셨지만 사람들은 복음이 아니라 병을 고친 것을 더 주목하게 될 것이기 때문이다.

45 그러나 그 사람이 나가서 이 일을 많이 전파하여 널리 퍼지게 하니 그러므로 예수께서 다시는 드러나게 동네에 들어가지 못하시고 오직 바깥 한적한 곳에 계셨으나 사방에서 사람들이 그에게로 나아오더라

45 But the man went away and began to spread the news everywhere. Indeed, he talked so much that Jesus could not go into a town publicly. Instead, he stayed out in lonely places, and people came to him from everywhere.

1:45 그 사람이 나가서 이 일을 많이 전파하여. 예수님의 말씀에 의해 자신의 심각한 피부병이 고침을 받았기 때문에 이 사람은 그것을 말하지 않을 수 없었다. 그 신기한 경험을 사람들에게 말하였다. 그러나 그것은 좋은 것이 아니었다. 그것은 전도가 아니었다. **그러므로 예수께서 다시는 드러나게 동네에 들어가지 못하시고 오직 바깥 한적한 곳에 계셨으나.** 결국 예수님은 더욱더 사람들을 피할 수밖에 없게 되었다. 사람들이 예수님을 더욱더 열광하였기 때문이다. 그런데 그 열광은 복음 때문이 아니라 병을 고치는 것 때문이었다.

오늘날 어떤 교회에서 병을 고치는 신유 은사가 일어난다면 사람들은 어떻게 할까? 그 교회 목회자는 어떻게 할까? 사람들은 몰려들고 목회자는 그들을 고치느라 정신이 없을 것이다. 그러면서 하나님의 은혜라고 말할 것이다. 그러나 사실 그 안에는 하나님 나라가 아니라 세상 나라가 가득한 것이다. 그들은 병이 낫기를 원한다. 세상 나라에서 더 건강하게 살기를 원하기 때문이다. 하나님 나라의 백성으로 더 살기를 원하는 것이 아니다. 그들은 말로는 복음이라고 말한다. 그러나 실상은 복음이 아닌 것

을 본다. 교회를 계속 다니기도 하지만 여전히 하나님 나라가 아니라 세상 나라를 꿈 꾼다. 더 행복한 세상을 꿈꾼다. 복음이 말하는 하나님 나라를 꿈꾸지 않는 것을 본 다. 예수님은 바로 그러한 곳에서 자신을 숨기신 것이다. 사람들이 복음이 아니라 세 상 나라를 요구하기 때문이다.

$$2장$$

> 1 수 일 후에 예수께서 다시 가버나움에 들어가시니 집에 계시다는 소문이 들 린지라
> 2 많은 사람이 모여서 문 앞까지도 들어설 자리가 없게 되었는데 예수께서 그 들에게 도를 말씀하시더니
> 1 A few days later Jesus went back to Capernaum, and the news spread that he was at home.
> 2 So many people came together that there was no room left, not even out in front of the door. Jesus was preaching the message to them

2:2 많은 사람이 모여서 문 앞까지도 들어설 자리가 없게 되었는데. 예수님에 대한 소식 을 듣자 사람들이 모여들었다. 그들은 세상에서 잘 살고 있는 것 같았으나 실상은 그 렇지 않았다. 그들은 모두 복음이 필요하였다. 오늘날 사람들은 복음이 필요 없는 것 처럼 생각하면서 산다. 그러나 그들이 사랑하는 사람이 큰 병에 걸리면 복음이 얼마 나 필요한지를 깨닫게 될 것이다. 자신이 죽음 앞에 섰을 때 아니 어느 날 문득 죽음 을 생각하였을 때 자신이 얼마나 복음이 필요한지를 깨닫게 될 수도 있다. 그러나 그 런 경우 많이 늦었을 수 있다. 우리는 필요를 말씀에서 볼 수 있어야 한다. 오늘 당장 나의 삶에서 볼 수 있어야 한다.

> 3 사람들이 한 중풍병자를 네 사람에게 메워 가지고 예수께로 올새
> 3 when four men arrived, carrying a paralysed man to Jesus.

2:3 중풍병자를...메워 가지고 예수께로 올새. 아마 중풍병자가 간절히 원하였던 것 같 다. 멀쩡한 사람도 예수님이 계신 베드로의 집에 사람이 너무 많아 들어갈 수 없었는 데 중풍병자가 안으로 들어갈 방법은 전혀 없어 보였다. 그러나 그들의 만류보다 중 풍병자의 간절함이 더 컸던 것 같다. 그가 중풍병자라는 것은 이전에는 건강하였다

는 것을 의미한다. 그런데 어느 날 갑자기 몸에 마비가 와서 움직이지 못하고 있었으니 얼마나 답답하였을까?

4 무리들 때문에 예수께 데려갈 수 없으므로 그 계신 곳의 지붕을 뜯어 구멍을 내고 중풍병자가 누운 상을 달아 내리니
4 Because of the crowd, however, they could not get the man to him. So they made a hole in the roof right above the place where Jesus was. When they had made an opening, they let the man down, lying on his mat.

2:4 무리들 때문에 예수께 데려갈 수 없으므로 그 계신 곳의 지붕을 뜯어. 지붕은 흙이나 타일(부잣집)로 되어 있었을 것이다. 복구하는데 비용이 많이 든다. 그런데 중풍병자에게는 그것이 문제가 되지 않았다. 열망이 컸기 때문이다.

5 예수께서 그들의 믿음을 보시고 중풍병자에게 이르시되 작은 자야 네 죄 사함을 받았느니라 하시니
5 Seeing how much faith they had, Jesus said to the paralysed man, "My son, your sins are forgiven."

2:5 예수께서 그들의 믿음을 보시고. 중풍병자와 그의 의지에 함께 동참한 친구들을 다 칭찬하신 것이다. 그들은 예수님께서 치료하여 주시는 것을 아직 경험하지 않았지만 믿음으로 믿었다. 그들이 이곳까지 올 때는 이미 그런 믿음을 가지고 있었기 때문일 것이다. 어쩌면 복음에 대한 믿음을 조금은 가지고 있었을 수 있다. 중풍병자가 가진 믿음은 아직 성숙한 믿음은 아니었을 것이다. 그러나 그들의 믿음을 보시고 예수님이 칭찬하셨다. 믿음은 작아도 역사하는 힘이 크다.

6 어떤 서기관들이 거기 앉아서 마음에 생각하기를
6 Some teachers of the Law who were sitting there thought to themselves,

2:6 서기관. 서기관은 성경 전문 연구원으로 오늘날로 하면 목회자나 신학자다. 그들은 이스라엘 사람들에게 매우 존경을 받고 있었다. 그러나 그들 중에 복음을 왜곡하는 이들이 있었다.

7 이 사람이 어찌 이렇게 말하는가 신성모독이로다 오직 하나님 한 분 외에는 누가 능히 죄를 사하겠느냐

7 "How does he dare to talk like this? This is blasphemy! God is the only one who can forgive sins!"

2:7 이 사람이 어찌 이렇게 말하는가 신성모독이로다. 그들은 예수님을 메시야로 생각하지 않았다. 그래서 죄용서는 오직 하나님만이 하시는 것이기 때문에 예수님의 '죄용서 선언'이 신성모독이라고 판단하였다. 이제 예수님을 더욱더 적대하게 되었다. 다시한 번 생각해 보아야 했다. 그렇게 죄 용서를 선언하셨다면 예수님이 계속 말씀하시는 대로 하나님의 아들이요 메시야라는 것을 의미한다. 그런데 그들은 지금까지 메시야를 가르쳐 왔는데도 불구하고 여전히 예수님이 메시야일 가능성에 대해서는 아예 문을 닫아버렸다. 그래서 복음을 철저히 왜곡하게 되었다.

8 그들이 속으로 이렇게 생각하는 줄을 예수께서 곧 중심에 아시고 이르시되 어찌하여 이것을 마음에 생각하느냐
9 중풍병자에게 네 죄 사함을 받았느니라 하는 말과 일어나 네 상을 가지고 걸어가라 하는 말 중에서 어느 것이 쉽겠느냐

8 At once Jesus knew what they were thinking, so he said to them, "Why do you think such things?
9 Is it easier to say to this paralysed man, 'Your sins are forgiven', or to say, 'Get up, pick up your mat, and walk'?

2:9 어느 것이 쉽겠느냐. 약간 아이러니한 말이다. 그들은 예수님이 겉으로 드러나지 않기 때문에 '죄 용서를 선언한 것'으로 생각하였을 것이다. 예수님이 사기 치고 계시다고 생각한 것이다. 그러나 예수님은 자신이 복음을 전하는 메시야임을 말씀하시기 위해 이렇게 말씀하셨다. 만약 중풍병자가 죄사함이 아니라 병 고침만을 기뻐하며 돌아간다면 그것은 복음에 속한 일이 아니라 세상 나라에 속한 일로 전락할 수 있기 때문이다. 그래서 예수님은 중요한 '죄 사함'을 먼저 말씀하신 것이다. 그것을 듣고 중풍병자는 여러가지를 생각하였을 것이다.

10 그러나 인자가 땅에서 죄를 사하는 권세가 있는 줄을 너희로 알게 하려 하노라 하시고 중풍병자에게 말씀하시되

10 I will prove to you, then, that the Son of Man has authority on earth to forgive sins." So he said to the paralysed man,

2:10 땅에서 죄를 사하는 권세가 있는 줄을 너희로 알게 하노라. 이것이 예수님이 의도하신 것이다. 중풍병자와 그 친구들과 그곳에 모인 사람들이 깨닫기 원하시는 것이었다.

> 11 내가 네게 이르노니 일어나 네 상을 가지고 집으로 가라 하시니
>
> 11 "I tell you, get up, pick up your mat, and go home!"

2:11 일어나 네 상을 가지고 집으로 가라. 이것은 그동안 모든 사람들이 듣고 싶었던 말일 것이다. 그러나 예수님은 가장 나중에 말씀하셨다. 진짜 중요한 복음을 알기 위해서는 '죄사함의 권세'를 알아야 하기 때문이다. 그래야 영원히 낫는 것이 되기 때문이다.

> 12 그가 일어나 곧 상을 가지고 모든 사람 앞에서 나가거늘 그들이 다 놀라 하나님께 영광을 돌리며 이르되 우리가 이런 일을 도무지 보지 못하였다 하더라
>
> 12 While they all watched, the man got up, picked up his mat, and hurried away. They were all completely amazed and praised God, saying, "We have never seen anything like this!"

2:12 다 놀라 하나님께 영광을 돌리며. 그들은 복음이 이루어가는 일에 대해 매우 놀라워했다. 그러나 사실 서기관들은 여전히 놀라지 않았을 것이다. 그들은 전제를 가지고 있었다. 그래서 받아들이지 않았다. 오늘날에도 뛰어난 학자임에도 불구하고 동성애 본문을 해석하는 것을 보면 전혀 성경적이지 않은 것을 많이 본다. 전제를 가지고 있기 때문이다. 정치적인 성향이 강한 사람은 자신의 정치 성향으로 성경을 해석한다. 그래서 성경이 말하는 그대로를 놓친다. 왜곡한다. 아무리 뛰어난 학자라도 성경 앞에 정직하게 엎드려야 하는데 자신들의 선입관을 가지고 들어오면 예수님의 메시야되심을 놓친 서기관들처럼 하나님의 말씀과 하나님을 놓치게 된다. 복음을 왜곡해서는 안 된다. 그것은 큰 죄다.

> 13 예수께서 다시 바닷가에 나가시매 큰 무리가 나왔거늘 예수께서 그들을 가르치시니라
>
> 13 Jesus went back again to the shore of Lake Galilee. A crowd came to him, and he started teaching them.

2:13 큰 무리가 나왔거늘 예수께서 그들을 가르치시니라. 예수님께 나온 큰 무리는 모두 믿는 사람들은 아니다. 그들의 마음은 다양할 것이다. 병 고침을 받기 위해서 왔을 수 있고, 단순한 호기심으로 왔을 수도 있다. 그런데 한 가지 공통점은 열정을 가졌다는 사실이다. 열정은 무엇인가를 이룰 수 있는 힘이 된다. 그러나 열정을 가졌다고 다 된 것은 결코 아니다. 그래서 예수님은 그들에게 가르치셨다. 열정이 옳은 방향으로 갈 수 있도록 '배움'이 필요하다.

14 또 지나가시다가 알패오의 아들 레위가 세관에 앉아 있는 것을 보시고 그에게 이르시되 나를 따르라 하시니 일어나 따르니라
14 As he walked along, he saw a tax collector, Levi son of Alphaeus, sitting in his office. Jesus said to him, "Follow me." Levi got up and followed him.

2:14 레위가 세관에 앉아 있는 것을 보시고...나를 따르라. '레위'는 아마 가버나움을 통과하는 물건들에 대해 세금을 부과하고 받는 세리였을 것이다. 헤롯 안티파스의 관원이다. 그러나 이방인을 많이 상대하고 더 많은 세금을 부과하기도 하는 특성상 세리는 유대인들에게는 부정한 직업으로 여겨졌다.

15 그의 집에 앉아 잡수실 때에 많은 세리와 죄인들이 예수와 그의 제자들과 함께 앉았으니 이는 그러한 사람들이 많이 있어서 예수를 따름이러라
15 Later on Jesus was having a meal in Levi's house. A large number of tax collectors and other outcasts were following Jesus, and many of them joined him and his disciples at the table.

2:15 그의 집에 앉아 잡수실 때. 유대인의 구전법에 따르면 세리의 집에 들어가는 것은 부정한 일이다. **세리와 죄인들이 예수와 그의 제자들과 함께 앉았으니.** '죄인'은 바리새인들이 규정한 정결법을 지키지 않는 사람들을 말하는 것이다. 성경에서 말하는 것 이상의 아주 강한 정결법이다. 바리새인들도 온건파와 강건파가 있는데 이방인과의 식사는 안 된다고 생각하는 것에 대해서는 모두가 동의하지만 유대인 안에서 정결법을 엄격히 따지지 않는 사람과의 식사에 대해서는 의견이 조금 달랐다.

16 바리새인의 서기관들이 예수께서 죄인 및 세리들과 함께 잡수시는 것을 보고 그의 제자들에게 이르되 어찌하여 세리 및 죄인들과 함께 먹는가

16 Some teachers of the Law, who were Pharisees, saw that Jesus was eating with these outcasts and tax collectors, so they asked his disciples, "Why does he eat with such people?"

2:16 바리새인의 서기관. 바리새인은 일종의 파벌이다. 구성원은 일반인, 전문 성경 연구가인 서기관 등 다양하였으며 원하는 사람은 누구나 들어갈 수 있는 파벌이다. 서기관 중에 바리새파인 사람을 '바리새인의 서기관'이라고 표현하고 있다. 그들은 성경을 연구하는 사람들인데 바리새파로서 구전법에 대해 조금 더 강한 준수를 주장하는 사람들이다.

바리새인들은 흔히 생각하는 것처럼 그리 나쁜 사람들이 아니다. 그들은 열정으로 가득 찬 신앙인이다. 그런데 그들의 열정이 잘못 인도되고 있었다. 복음의 시대를 알아보지 못하고 과거에 대한 열정으로 막혀 있었다. 그래서 오히려 복음을 핍박하였다. 그들이 그렇게 기다리던 하나님 나라를 그들이 막아 서게 되었다. 그들 안에도 다양성이 있어 위선으로 거짓 신앙을 가진 사람도 있겠지만 위선이 아닌 무지와 열정으로 그런 사람도 많았을 것이다. 새시대라는 엄청난 특수성 속에서 혼란이 있는 것은 당연하다. 그런데 오늘날에도 이런 모습을 많이 본다. 자신의 열정으로만 사는 것이다. 진실을 보지 못하고 한 교회나 담임목사에 대한 열정으로 거짓되게 가는 경우도 있다. 열심히 가는 것 같으나 거짓의 길을 가는 것이다. 열정은 좋으나 복음을 왜곡해서는 안 된다.

17 예수께서 들으시고 그들에게 이르시되 건강한 자에게는 의사가 쓸 데 없고 병든 자에게라야 쓸 데 있느니라 나는 의인을 부르러 온 것이 아니요 죄인을 부르러 왔노라 하시니라
17 Jesus heard them and answered, "People who are well do not need a doctor, but only those who are sick. I have not come to call respectable people, but outcasts."

2:17 건강한 자에게는 의사가 쓸 데 없고 병든 자에게라야 쓸 데 있느니라. 당대 사람들에게 유명한 경구다. 바리새인들의 말 대로 그들이 진짜 죄인이라면 죄를 고치시는 의사인 예수님은 그들에게 더욱더 필요한 사람이다. 이것은 바리새인은 의인이고 세리는 죄인이라는 말이 아니다. 세리를 죄인으로 여기고 그들과 자신을 분리하는 바리새인의 생각에 대한 반박이다. 사실 바리새인들의 정결법은 성경의 정결법에 어긋난다. 바리새인의 엄격한 정결법은 구분이 아니라 분리를 낳았다. 이웃 사랑에 어긋났다. **나는 의인을 부르러 온 것이 아니고 죄인을 부르러 왔노라.** 하나님 나라로 부르시는

예수님의 부르심은 사실 모든 사람이 대상이다. 예수님의 대속이 아니고는 누구도 죄 사함이 없기 때문이다 그러기에 바리새인도 포함된다. 그러나 그들의 잘못된 열정이 결국 자신들을 스스로 의인으로 만들어 버렸고 결국 예수님의 부르심에 응답할 수 없는 사람으로 만들었다. 그들이 그렇게 힘들게 지켜왔던 모든 정결법과 삶은 모두 하나님 나라 백성으로서 한 것이었는데 결국은 하나님 나라에서 제외되었다.

> **18** 요한의 제자들과 바리새인들이 금식하고 있는지라 사람들이 예수께 와서 말하되 요한의 제자들과 바리새인의 제자들은 금식하는데 어찌하여 당신의 제자들은 금식하지 아니하나이까
> **18** On one occasion the followers of John the Baptist and the Pharisees were fasting. Some people came to Jesus and asked him, "Why is it that the disciples of John the Baptist and the disciples of the Pharisees fast, but yours do not?"

2:18 어찌하여 당신의 제자들은 금식하지 아니하나이까. 금식은 힘든 것이기 때문에 당시 경건한 행동의 중요한 척도였다. 성경에서 규정하고 있는 금식은 일년 중 한 번이다. 대속죄일이다. 그런데 포로로 잡혀 간 이후 이스라엘 백성들은 그것을 슬퍼하며 자발적으로 일 년에 네 번을 더하였다. 그리고 에스더의 명령으로 부림절을 지키며 금식하게 되어 총 6번의 금식일이 생겼다. 금식은 속죄일을 제외하고는 자발적인 것이다. 국가나 개인에게 어떤 특별한 일이 있을 때 정하여 금식하였다. 그런데 바리새인들은 이 당시 일주일에 이틀을 금식하고 있었다. 나라가 어려움에 처했다고 생각하는 사람도 있었겠지만 그렇게 금식하는 것이 조금 더 철저한 경건한 모습이라고 생각했기 때문일 것이다.

> **19** 예수께서 그들에게 이르시되 혼인 집 손님들이 신랑과 함께 있을 때에 금식할 수 있느냐 신랑과 함께 있을 동안에는 금식할 수 없느니라
> **19** Jesus answered, "Do you expect the guests at a wedding party to go without food? Of course not! As long as the bridegroom is with them, they will not do that.

2:19 혼인 집 손님들이 신랑과 함께 있을 때에 금식할 수 있느냐. 금식 자체는 하나님 앞에 서는 신앙적인 삶의 한 모습이다. 그래서 필요하다면 언제든지 할 수 있다. 그러나 혼인 잔치에서 금식하는 사람은 없다. 지금 예수님은 하나님 나라가 시작되었음을 선포하시는 분이다. 그 분은 하나님 나라 혼인 잔치의 신랑이시다. 신랑이신 그 분이 함께 있을 때 금식할 필요는 없다. 지금은 금식할 때가 아닌 것이다.

20 그러나 신랑을 빼앗길 날이 이르리니 그 날에는 금식할 것이니라
21 생베 조각을 낡은 옷에 붙이는 자가 없나니 만일 그렇게 하면 기운 새 것이 낡은 그것을 당기어 해어짐이 더하게 되느니라

20 But the day will come when the bridegroom will be taken away from them, and then they will fast.
21 "No one uses a piece of new cloth to patch up an old coat, because the new patch will shrink and tear off some of the old cloth, making an even bigger hole.

2:21 생베 조각을 낡은 옷에 붙이는 자가 없나니. 옷감을 만들 때 수축하지 않도록 가공처리를 해야 하는데 그런 가공처리가 아직 안 된 옷감을 '생베 조각'이라고 표현하고 있다. 그런 옷감으로 해어진 겉옷을 덧대었다가는 그 조각이 옷을 빨 때마다 수축되면서 오히려 옷을 더 찢어 놓을 것이다.

22 새 포도주를 낡은 가죽 부대에 넣는 자가 없나니 만일 그렇게 하면 새 포도주가 부대를 터뜨려 포도주와 부대를 버리게 되리라 오직 새 포도주는 새 부대에 넣느니라 하시니라

22 Nor does anyone pour new wine into used wineskins, because the wine will burst the skins, and both the wine and the skins will be ruined. Instead, new wine must be poured into fresh wineskins."

2:22 새 포도주는 새 부대에 넣느니라. 포도주 부대는 보통 부드러운 염소가죽으로 만드는데 오래된 포도주 부대는 탄력이 떨어져 포도주의 발효과정에 생기는 압력을 이길 수 없다. 물건만 따진다면 옷감에서는 새로 붙이는 생베 조각이 문제고, 포도주 부대에서는 기존의 포도주 부대가 탄력이 없어서 문제다. 그러기에 이것은 과거가 잘못이거나 새로운 것이 잘못이라고 말하고자 하시는 것이 아니다.

바리새인들이 지키고자 하였던 정결법은 과거로서 과거대로 옳은 것이다. 성경이 말하는 것보다 더 지키려고 하는 것도 바벨론 포로시기와 그 이후의 계속된 수난에 대해 이유를 찾고 방법을 찾는 과정에 생긴 경건한 방법이었다. 그들은 훌륭한 신앙인이었다. 그것이 낳은 교만과 위선이라는 부작용이 있었음에도 말이다. 금식은 때를 맞추어 해야 했다. 사실 모든 것이 때가 있다. 그리고 세상에서 가장 중요한 때는 주님이 오셔서 열어 가시는 복음의 때다. 그런데 바리새인들이 복음의 때를 보지 못하여 복음을 왜곡하고 있었다. 그것이 참으로 안타까운 일이었다.

23 안식일에 예수께서 밀밭 사이로 지나가실새 그의 제자들이 길을 열며 이삭

을 자르니

23 Jesus was walking through some cornfields on the Sabbath. As his disciples walked along with him, they began to pick the ears of corn.

2:23 제자들이 길을 열며 이삭을 자르니. 제자들이 밀의 알맹이를 따먹었다. 아마 일반적인 행동이었을 것이다. 그런데 문제는 그 날이 안식일이었다는 것이다.

24 바리새인들이 예수께 말하되 보시오 저들이 어찌하여 안식일에 하지 못할 일을 하나이까

24 So the Pharisees said to Jesus, "Look, it is against our Law for your disciples to do that on the Sabbath!"

2:24 어찌하여 안식일에 하지 못할 일을 하나이까. 바리새인들은 예수님의 제자들이 밀 이삭을 뜯어 먹은 것을 비난하였다. 예수님의 제자들은 이스라엘 규정에 익숙하기 때문에 그것에 벗어나는 행위는 하지 않았을 것이다. 그러기에 안식일에 밀 알맹이를 뜯어 먹는 것을 추수와 같은 일로 보아야 하는지 그렇지 않은지는 논란의 여지가 있다. 바리새인들은 그것을 추수로 보아 하지 말아야 하는 것으로 규정하고 있는 것이다. 그러한 것을 모든 사람이 받아들이는 것은 아니다. 그러나 바리새인들이 비난하기에는 좋은 먹잇감이 되었을 것이다.

25 예수께서 이르시되 다윗이 자기와 및 함께 한 자들이 먹을 것이 없어 시장할 때에 한 일을 읽지 못하였느냐
26 그가 아비아달 대제사장 때에 하나님의 전에 들어가서 제사장 외에는 먹어서는 안 되는 진설병을 먹고 함께 한 자들에게도 주지 아니하였느냐

25 Jesus answered, "Have you never read what David did that time when he needed something to eat? He and his men were hungry,
26 so he went into the house of God and ate the bread offered to God. This happened when Abiathar was the High Priest. According to our Law only the priests may eat this bread—but David ate it and even gave it to his men."

2:26 제사장 외에는 먹어서는 안 되는 진설병을 먹고 함께 한 자들에게도 주지 아니하였느냐. 다윗이 사울을 피해 피신할 때 대제사장 아히멜렉이 다윗과 그 일행에게 임재의 빵을 준 것에 대한 이야기다. 성경에서는 그것을 비난하는 내용이 없으며 이후 해석하는 이들도 그것을 비난하지 않았다. 왜 그랬을까? 그 인물이 위대한 왕 다윗이기 때문일 것이다. 또한 율법 정신을 생각하면 사울이 아니라 다윗을 돕는 것이 맞기 때

문일 것이다. 율법의 규정보다 더 강하게 지키려는 바리새인들에게 예수님은 그것에 대해 말씀하지 않으셨다. 대신 중요한 것은 율법 정신이다. 강하게 지키는 그것이 율법 정신을 더 강화시켜야 하는 것이지 어긋나서는 안 된다.

> **27** 또 이르시되 안식일이 사람을 위하여 있는 것이요 사람이 안식일을 위하여 있는 것이 아니니
> **27** And Jesus concluded, "The Sabbath was made for the good of human beings; they were not made for the Sabbath.

2:27 안식일이 사람을 위하여 있는 것이요. 사람을 위해서 하나님께서 안식을 세워 주셨다. 사람이 안식을 위해 세워진 것이 결코 아니다. 이것이 율법 정신이다. 그러니 안식일에 사람이 세워지는 일은 정당한 것이다. 물론 그것으로 인해 예배를 못하거나 하면 안 된다. 안식일에 예배하지 못하면 그것은 사람을 위한 것이 아니다. 제자들의 행동은 율법 규정을 어긋나지 않았으며 율법 정신에 어긋난 것도 아니다. 그런데 무엇이 문제인가?

> **28** 이러므로 인자는 안식일에도 주인이니라
> **28** So the Son of Man is Lord even of the Sabbath."

2:28 인자는 안식일에도 주인이니라. 메시야이신 예수님은 안식일을 세우신 분이다. 그러기에 자신의 해석이 절대적 옳음을 선포하시는 것이다. 이것은 자신의 권위에 대한 선포다. 다윗보다 더 크신 분이다. 물론 이것을 바리새인들은 믿지 않으니 바리새인들에게는 효과가 없을 것이다. 그래서 앞에서 먼저 율법 정신으로 설명하셨다. 그리고 그들이 믿든 믿지 않든 사실 선언을 하신 것이다. 안식일과 모든 것에 대한 유일한 해석자로서의 선포다.

3장

1 예수께서 다시 회당에 들어가시니 한쪽 손 마른 사람이 거기 있는지라
2 사람들이 예수를 고발하려 하여 안식일에 그 사람을 고치시는가 주시하고 있

거늘
1 Then Jesus went back to the synagogue, where there was a man who had a paralysed hand.
2 Some people were there who wanted to accuse Jesus of doing wrong; so they watched him closely to see whether he would heal the man on the Sabbath.

3:2 사람들이 예수를 고발하려. 바리새인이 중심이 되어 예수님을 의심의 눈초리로 지켜보았다. 예수님은 그것을 아주 잘 아신다. 그런데 예수님은 안식일에 한 사람을 고쳐 주셨다. 율법 정신을 가르치시기 위함이다.

3 예수께서 손 마른 사람에게 이르시되 한 가운데에 일어서라 하시고
3 Jesus said to the man, "Come up here to the front."

3:3 한 가운데에 일어서라 하시고. 이 사람은 일어났을 것이고 모든 사람의 시선이 집중되었을 것이다. 예수님은 이 일을 은밀하게 처리하지 않으시고 공개적으로 다루셨다.

4 그들에게 이르시되 안식일에 선을 행하는 것과 악을 행하는 것, 생명을 구하는 것과 죽이는 것, 어느 것이 옳으냐 하시니 그들이 잠잠하거늘
4 Then he asked the people, "What does our Law allow us to do on the Sabbath? To help or to harm? To save someone's life or to destroy it?" But they did not say a thing.

3:4 안식일에 선을 행하는 것과 악을 행하는 것...어느 것이 옳으냐 하시니. 이것은 아마 사람들이 다 알고 있는 율법의 정신에 대한 질문일 것이다. "보라 내가 오늘 생명과 복과 사망과 화를 네 앞에 두었나니"(신 30:15) 모세는 그가 전한 율법을 지키는 것이 생명이요 복(직역하면, 좋은 것)이라고 말하였다. 율법이 생명이 되고 좋은 것이요, 생명이 되고 좋은 것이 율법이 된다. 그렇다면 지금 회당에서 오랫동안 손이 마비된 병을 앓아 온 이 사람을 치료해주는 것은 지극히 좋은 일이다. 그가 낫는 것을 반대할 사람이 누가 있겠는가? 그렇다면 이것은 모두에게 좋은 일이다. 사람을 아름답게 창조하신 하나님의 창조 질서에 부합한다. 바리새인들도 이것을 알기 때문에 안식일에도 '생명에 관련된 위급한 것'에 대해서는 예외조항을 두었다. 그런데 '좋은 것에 대한 예외 조항'은 어렵고 주관적일 수 있기 때문에 두지 않았다. 그러나 이런 경우는 명백히 좋은 경우다. 그래서 이러한 율법 정신을 알기 때문에 '그들이 잠잠하였다'라고 말하고 있다.

5 그들의 마음이 완악함을 탄식하사 노하심으로 그들을 둘러 보시고 그 사람에게 이르시되 네 손을 내밀라 하시니 내밀매 그 손이 회복되었더라

5 Jesus was angry as he looked round at them, but at the same time he felt sorry for them, because they were so stubborn and wrong. Then he said to the man, "Stretch out your hand." He stretched it out, and it became well again.

3:5 그들의 마음이 완악함을 탄식하사. 바리새인들이 율법을 지키려고 하는 것 같으나 실상은 자기들의 체면과 밥통을 지키려는 것임이 드러났다. 그들이 알고 있는 진리에 침묵하는 것은 마음의 완악함을 드러내는 것이다. 그것을 예수님께서 강하게 책망하셨다.

6 바리새인들이 나가서 곧 헤롯당과 함께 어떻게 하여 예수를 죽일까 의논하니라

6 So the Pharisees left the synagogue and met at once with some members of Herod's party, and they made plans to kill Jesus.

3:6 바리새인들이 나가서 곧 헤롯당과 함께. 그들이 완악한 것이 더욱더 드러나는 것이 바로 이 행동이다. 그들은 종교적 파당이고 헤롯당은 정치적 정파다. 헤롯당은 헤롯 가문에 대한 정치적 지지자들이었고 주로 헬라 문화와 로마 문화 옹호론자였다. 바리새인들과는 많이 다르다. 그런데 예수님을 죽이는 일에 서로 한 마음이 되어 예수님을 죽이고자 하였다.

7 예수께서 제자들과 함께 바다로 물러가시니 갈릴리에서 큰 무리가 따르며
8 유대와 예루살렘과 이두매와 요단 강 건너편과 또 두로와 시돈 근처에서 많은 무리가 그가 하신 큰 일을 듣고 나아오는지라

7 Jesus and his disciples went away to Lake Galilee, and a large crowd followed him. They had come from Galilee, from Judea,
8 from Jerusalem, from the territory of Idumea, from the territory on the east side of the Jordan, and from the region round the cities of Tyre and Sidon. All these people came to Jesus because they had heard of the things he was doing.

3:8 예수님의 소문을 듣고 사람들이 갈릴리로 모여들었다. 갈릴리 남쪽의 예루살렘이 있는 유대 지역과, 이전의 에돔(이두매), 동쪽인 요단강 건너편의 베레아, 북쪽인 두로와 시돈에서까지 많은 무리가 모여들었다.

9 예수께서 무리가 에워싸 미는 것을 피하기 위하여 작은 배를 대기하도록 제자들에게 명하셨으니

9 The crowd was so large that Jesus told his disciples to get a boat ready for him, so that the people would not crush him.

3:9 미는 것을 피하기 위하여 작은 배를 대기하도록. 그렇지 않으면 사람들이 밀려들어 예수님께서 제대로 가르칠 수 없었기 때문일 것이다. 예수님은 복음(하나님 나라)을 가르치고자 하셨다. 그러나 사람들은 병이 낫고자 하였다. 병이 낫는 것은 복음의 일부분이다. 그러나 그들은 복음의 일부분으로서 병이 아니라 그냥 병이 낫는 것을 원하였다. 그들은 복음을 복음으로 몰랐기 때문이다. 복음을 복음으로 모르고 병이 낫기만 원하는 것은 무의미하다. 다시 병들 것이기 때문이다. 병이 나으면 매우 기쁘겠지만 조금 지나면 다시 아프고 또 슬퍼질 것이다.

10 이는 많은 사람을 고치셨으므로 병으로 고생하는 자들이 예수를 만지고자 하여 몰려왔음이더라

10 He had healed many people, and all those who were ill kept pushing their way to him in order to touch him.

3:10 많은 사람을 고치셨으므로 병으로 고생하는 자들이 예수를 만지고자. 병으로 고생하는 이들이 더욱더 예수님을 찾았다. 당시에는 사람을 고치는 제대로 된 병원이 없었다. 그런데 예수라는 사람이 병을 고치고 그를 만지기만 하여도 병이 낫는다는 소문이 났기 때문에 사람들이 모여들었다.

11 더러운 귀신들도 어느 때든지 예수를 보면 그 앞에 엎드려 부르짖어 이르되 당신은 하나님의 아들이니이다 하니

11 And whenever the people who had evil spirits in them saw him, they would fall down before him and scream, "You are the Son of God!"

3:11 귀신들도...당신은 하나님의 아들이니이다. 더러운 영이 말하는 것에 대해 이야기한다. 더러운 영이 말하는 내용은 정확히 맞다. 그러나 예수님께서 그들을 책망하신다.

12 예수께서 자기를 나타내지 말라고 많이 경고하시니라

12 Jesus sternly ordered the evil spirits not to tell anyone who he was.

3:12 많이 경고하시니라. 그런 말을 하는 것을 엄히 경고하셨다. 왜 그랬을까? 더러운 영이 선한 의도로 그렇게 하였을 리가 없기 때문이다. 더러운 영이 말하는 것이 정확히 맞았지만 그 주체와 의도와 때는 정확히 틀렸다. 예수님은 백성들이 믿음으로 고백하기를 원하신다. 그러나 악령이 하는 말은 고백이 아니라 사실을 말하는 것일 뿐이다. 악령은, 이스라엘 백성들이 예수님을 믿는 믿음을 갖도록 하기 위해서 그런 말을 하는 것이 아니다. 때의 문제 또한 그렇다. 사람들이 메시야에 대해 왕과 군사적인 이미지만 가지고 있었기에 적당하지 않다. 악령에 의해 복음이 교묘히 왜곡되는 것을 경고하시는 것이다.

예수님의 소문을 듣고 사람들이 모여들었지만 그것이 곧바로 믿음이 되는 것은 아니다. 그들은 여전히 복음을 전혀 모르고 있었다. 예수님께서는 그들에게 복음을 가르치기를 원하셨다. 복음은 병이 나았다고 바로 생기는 것이 아니다. 복음은 배워야 한다. 그래서 '제자'라는 헬라어의 어근은 '배우다'이다. 자신을 만지려는 사람들에게서 떨어지고자 작은 배까지 띄우면서 떨어지셔서 복음이 무엇인지 가르치시는 주님의 마음을 볼 수 있어야 한다. 악령처럼 기계적으로 아는 것은 무의미하다. 복음을 복음으로 아는 것이 중요하다. 복음을 믿음으로 알아야 한다.

> **13** 또 산에 오르사 자기가 원하는 자들을 부르시니 나아온지라
> **13** Then Jesus went up a hill and called to himself the men he wanted. They came to him,

3:13 산에 오르사. 예수님께서 홀로 산에 오르셨다. 산에 오르셔서 그가 세우기를 원하는 제자들을 따로 부르셨다. 나는 갈릴리에서 산을 생각하면 아르벨산을 생각한다. 갈릴리 호수 서쪽에서 산다운 산은 아르벨산이 유일하다. 팔복을 가르치신 배경도 이 산일 가능성이 높다. 산 정상에 서면 갈릴리 호수가 다 보이고 가까이에는 당시 헤롯 안티파스가 거주하던 수도 티베리아스도 잘 보였다. 그들은 땀을 뻘뻘 흘리며 아르벨산 정상에 올랐을 수도 있다.

> **14** 이에 열둘을 세우셨으니 이는 자기와 함께 있게 하시고 또 보내사 전도도 하며
> **14** and he chose twelve, whom he named apostles. "I have chosen you to be with me," he told them. "I will also send you out to preach,

3:14 자기와 함께 있게 하시고 또 보내사 전도도 하며. 예수님은 열두 제자를 세우셨다.

두 가지 목적을 위해서다. 예수님과 함께 하고, 보냄을 받아 전도하는 일을 위해서다. 이것의 목적은 하나다. 복음이다. 제자들은 이제 늘 예수님과 함께하며 복음을 배워야 한다. 몸으로 체득해야 한다. 그리고 복음을 전하는 사람이 되어야 한다. 물론 그렇게 배워도 그들은 복음을 다 이해하지 못할 것이다. 이후에 예수님이 십자가를 지시고 부활하신 이후에야 복음을 조금 더 온전히 이해하게 된다. 그때 지금 배우는 예수님의 말씀이 다시 새록새록 기억날 것이다. 지금 배우는 것이 그때 영양분이 될 것이다.

15 귀신을 내쫓는 권능도 가지게 하려 하심이러라
15 and you will have authority to drive out demons."

3:15 귀신을 내쫓는 권능. 악령에 사로잡힌 오늘날 흔히 '귀신들린 모습'에서 악령을 쫓는 것도 있겠지만 거짓의 악령이나 모든 악령의 영향권 아래에 사는 세상 나라의 모든 것을 포함한다 할 수 있다. 복음이 세워지는 모든 것이다. 제자들은 그런 힘을 가져야 한다. 빛이 어둠을 이기듯이 그것이 당연하다.

16 이 열둘을 세우셨으니 시몬에게는 베드로란 이름을 더하셨고
16 These are the twelve he chose: Simon (Jesus gave him the name Peter);

3:16 열둘을 세우셨으니. 그들은 이스라엘의 12지파를 상징한다. 그들의 출생지는 대부분 갈릴리다. 12지파에서 온 사람들이 아니다. 이전에 12지파를 세울 때는 늘 12지파에 속한 사람들이 대표하였다. 그러나 이번에는 그들에게서 올 필요가 없다. 그들에게 가는 사람들이기 때문이다. 여기에서 12지파는 사실 상징적이고 영적이다. 이스라엘만이 아니라 모든 믿는 사람을 대상으로 한다. **시몬에게는 베드로란 이름을 더하셨고.** 이제 12명의 이름을 기록하고 있다. 그들은 세상 나라가 아니라 하나님 나라의 장관이 되었다. 세상 나라에서 볼 때는 헤롯의 장관이나 로마 황제의 장관이 훨씬 더 가치 있게 보일 것이다. 그러나 제자들이 훨씬 더 가치 있다. 하나님 나라의 장관이다. 그들은 아직 하나님 나라를 모르는 이들에게 복음을 전하고 가르칠 책임이 있다.

17 또 세베대의 아들 야고보와 야고보의 형제 요한이니 이 둘에게는 보아너게 곧 우레의 아들이란 이름을 더하셨으며

18 또 안드레와 빌립과 바돌로매와 마태와 도마와 알패오의 아들 야고보와 및 다대오와 가나나인 시몬이며
17 James and his brother John, the sons of Zebedee (Jesus gave them the name Boanerges, which means "Men of Thunder");
18 Andrew, Philip, Bartholomew, Matthew, Thomas, James son of Alphaeus, Thaddaeus, Simon the Patriot,

3:18 제자들의 이름이 나열되어 있다. 제자들 중에 3명이 동명이인이다. 시몬과 야고보와 유다('다대오'는 야고보의 아들 유다)라는 이름을 가진 사람이 각각 2명 있다. 여기에만 기록된 이름도 있다. 그러나 그들은 가룟 유다만 빼고 모두 아주 훌륭히 제자의 사명을 감당하였다. 복음을 배우고 전하는 사명이다.

19 또 가룟 유다니 이는 예수를 판 자더라
20 집에 들어가시니 무리가 다시 모이므로 식사할 겨를도 없는지라
19 and Judas Iscariot, who betrayed Jesus.
20 Then Jesus went home. Again such a large crowd gathered that Jesus and his disciples had no time to eat.

3:20 무리가 다시 모이므로 식사할 겨를도 없는지라. 예수님은 복음이 필요한 사람들에게 다시 가르치시는 일을 하셨다. '식사할 겨를도 없을' 정도로 바쁘게 복음을 전하셨다.

21 예수의 친족들이 듣고 그를 붙들러 나오니 이는 그가 미쳤다 함일러라
21 When his family heard about it, they set out to take charge of him, because people were saying, "He's gone mad!"

3:21 예수의 친족들이...붙들러 나오니 그가 미쳤다 함일러라. 예수님의 가족들은 예수님을 '미쳤다'생각하였다. '미쳤다'는 것은 꼭 부정적 의미만 가지는 것은 아니다. 성령에 사로잡힌 것도 같은 표현을 사용한다. 그러나 일단 조금은 더 부정적 생각을 가지고 온 것 같다. 예수님의 활동이 예수님 자신에게 해가 되고 가족의 명예에 위험이 될수 있다고 생각한 것으로 보인다. 그래서 예수님을 조금 자중하게 하여 그러한 위험 요소를 막고자 하였던 것 같다. 마리아는 분명히 예수님의 메시야되심에 대해 어느 정도 알고 있었음에도 불구하고 무슨 일이 일어날지 모르는 두려움에 다른 자녀들의 행동을 적극적으로 말리지 않은 것 같다.

22 예루살렘에서 내려온 서기관들은 그가 바알세불이 지폈다 하며 또 귀신의 왕을 힘입어 귀신을 쫓아낸다 하니

22 Some teachers of the Law who had come from Jerusalem were saying, "He has Beelzebul in him! It is the chief of the demons who gives him the power to drive them out."

3:22 예루살렘에서 내려온 서기관. 당시 이스라엘은 헤롯 안티파스가 통치하는 갈릴리 지역과 로마 총독이 통치하는 유대 지역은 나라가 달랐지만 이스라엘 백성들에게는 성전이 있는 예루살렘이 그들의 마음의 수도였다. 각 지역마다 산헤드린이 있었으나 예루살렘 산헤드린은 종교적 문제에 있어 최고의 권위를 가지고 있었다. 그곳에서 성경 전문가인 서기관을 보내 예수님이 하시는 일을 조사하게 한 것으로 보인다. **귀신의 왕을 힘입어 귀신을 쫓아낸다 하니.** 예루살렘에서 온 서기관들은 예수님이 악령을 쫓아내는 것에 대해 나름대로 해석을 내놓았다. 예수님께서 악령을 내쫓는 것은 단순히 속임수로 사탄이 자신의 졸개들에게 명령하여 나가는 것일 뿐이라고 말한다. 사탄의 졸개들을 내쫓는 예수님은 사실 사탄에 사로잡힌 것이라고 주장한다.

23 예수께서 그들을 불러다가 비유로 말씀하시되 사탄이 어찌 사탄을 쫓아낼 수 있느냐

23 So Jesus called them to him and spoke to them in parables: "How can Satan drive out Satan?

3:23 사탄이 어찌 사탄을 쫓아낼 수 있느냐. 예수님은 악령의 우두머리를 '사탄'이라 말씀하시며 또한 그의 졸개들도 '사탄'이라고 표현하신다. 사탄의 수하들도 결국 사탄의 명령에 의해 움직이는 것이기 때문에 사탄과 그의 졸개들을 별개로 보지 않고 전부 사탄이라는 하나의 이름으로 지칭하고 계신다. 이것이 신약 성경에서 사탄에 대해 보는 시각이다.

24 또 만일 나라가 스스로 분쟁하면 그 나라가 설 수 없고
25 만일 집이 스스로 분쟁하면 그 집이 설 수 없고
26 만일 사탄이 자기를 거슬러 일어나 분쟁하면 설 수 없고 망하느니라

24 If a country divides itself into groups which fight each other, that country will fall apart.
25 If a family divides itself into groups which fight each other, that family will fall apart.
26 So if Satan's kingdom divides into groups, it cannot last, but will fall apart and come to an end.

3:26 사탄이 자기를 거슬러 일어나 분쟁하면 설 수 없고. 사탄이 자기 자신의 졸개들을 내쫓는 것은 기만이 아니라 분쟁이라고 말씀한다. 사탄이 사탄의 뜻대로 움직이기 때문에 그 안에 분쟁이 있을 수 없다. 그러니 자신이 사탄에 의해 사탄(사탄의 졸개)을 쫓아내는 것이 아님을 말씀하셨다.

> 27 사람이 먼저 강한 자를 결박하지 않고는 그 강한 자의 집에 들어가 세간을 강탈하지 못하리니 결박한 후에야 그 집을 강탈하리라
> 27 "No one can break into a strong man's house and take away his belongings unless he first ties up the strong 치man; then he can plunder his house.

3:27 결박한 후에야 그 집을 강탈하리라. 예수님께서 악령들을 쫓아내신 것은 예수님이 힘이 더 강하시기 때문에 가능한 것이라 말씀하셨다.

> 28 내가 진실로 너희에게 이르노니 사람의 모든 죄와 모든 모독하는 일은 사하심을 얻되
> 29 누구든지 성령을 모독하는 자는 영원히 사하심을 얻지 못하고 영원한 죄가 되느니라 하시니
> 28 "I assure you that people can be forgiven all their sins and all the evil things they may say
> 29 But whoever says evil things against the Holy Spirit will never be forgiven, because he has committed an eternal sin."

3:29 성령을 모독하는 자는 영원히 사하심을 얻지 못하고. 성령이 하시는 일에 대해 악의적이고 적대적으로 거짓말을 하는 것에 대한 엄한 경고다. 성경 어디에도 사탄이 악령을 쫓아내는 일은 없다. 게다가 악령이 쫓겨남으로 선한 일이 일어났다. 그러면 그것은 성령이 하시는 일이다. 그런데 성령을 악령이라 하면서 모함하였으니 그것은 참으로 큰 죄라고 선포하시는 것이다. 그들은 자신들의 이익을 위해 성령까지 모독하면서 거짓을 말하였다. 예루살렘에서 온 서기관은 하나님 나라에 대해 가장 잘 알 만한 사람이다. 권위 있는 사람이다. 그런데 그들은 복음에 대해 문외한이었다. 그들은 겉으로는 권위를 가진 사람이었으나 실제로는 복음을 몰라서 복음을 배우고 전하는 일을 할 수 없었다. 이전에는 그들이 복음(하나님 나라)을 가르치는 공식적 권위를 가진 사람이었으나 지금은 예수님의 제자들보다 훨씬 못하였다. 복음을 모르니 복음을 전할 자격이 없었다. 그들에게 더이상 희망을 두면 안 되었다.

30 이는 그들이 말하기를 더러운 귀신이 들렸다 함이러라

31 그 때에 예수의 어머니와 동생들이 와서 밖에 서서 사람을 보내어 예수를 부르니

30 (Jesus said this because some people were saying, "He has an evil spirit in him.")
31 Then Jesus' mother and brothers arrived. They stood outside the house and sent in a message, asking for him.

3:31 어머니와 동생들이 와서 밖에 서서. 가버나움 시몬의 집에는 이미 사람들로 가득하였다. 그래서 예수님을 데리러 온 예수님의 친족들이 안으로 더 들어갈 수 없었다. 그래서 어쩔 수 없이 사람을 보냈다. 그러나 이들이 밖에 있는 그 모습은 이미 그들의 위치를 상징적으로 잘 나타내 주고 있는 것 같다.

32 무리가 예수를 둘러 앉았다가 여짜오되 보소서 당신의 어머니와 동생들과 누이들이 밖에서 찾나이다

33 대답하시되 누가 내 어머니이며 동생들이냐 하시고

32 A crowd was sitting round Jesus, and they said to him, "Look, your mother and your brothers and sisters are outside, and they want you."
33 Jesus answered, "Who is my mother? Who are my brothers?"

3:32-33 누가 내 어머니이며 동생들이냐. 밖에 가족들이 왔다는 말에 예수님이 대답하신 말씀이다. 사람들에게 늘 호의와 긍휼로 가득하신 예수님이 조금은 냉철하게 말씀하시는 것 같다. 이것은 사람들에게 가르치시기 위한 것으로 보인다.

34 둘러 앉은 자들을 보시며 이르시되 내 어머니와 내 동생들을 보라

35 누구든지 하나님의 뜻대로 행하는 자가 내 형제요 자매요 어머니이니라

34 He looked at the people sitting round him and said, "Look! Here are my mother and my brothers!
35 Whoever does what God wants him to do is my brother, my sister, my mother."

3:35 하나님의 뜻대로 행하는 자가 내 형제요. 밖에 있는 육신의 형제가 아니라 하나님의 뜻을 따라 사는 사람이 형제라고 말씀하신다. 이것은 혈연관계를 부정하시는 말씀이 아니다. 이것은 혈연관계보다 더 중요한 복음 안에서의 형제를 말씀하시는 것이다. 사람들은 혈연관계를 중요하게 여긴다. 그러나 하나님 나라에서는 복음 관계가 더 중요하다. 혈연관계여도 복음을 모르면 하나님 나라 밖에 처하게 될 것이다. 오직 복음을 알아야 하나님 나라에서 영원히 함께 살게 된다.

4장

1 예수께서 다시 바닷가에서 가르치시니 큰 무리가 모여들거늘 예수께서 바다에 떠 있는 배에 올라 앉으시고 온 무리는 바닷가 육지에 있더라

2 이에 예수께서 여러 가지를 비유로 가르치시니 그 가르치시는 중에 그들에게 이르시되

3 들으라 씨를 뿌리는 자가 뿌리러 나가서

1 Again Jesus began to teach beside Lake Galilee. The crowd that gathered round him was so large that he got into a boat and sat in it. The boat was out in the water, and the crowd stood on the shore at the water's edge.

2 He used parables to teach them many things, saying to them:

3 "Listen! Once there was a man who went out to sow corn.

4:3 씨를 뿌리는 자. 예수님을 비롯한 복음을 전하는 자를 말하기 위해 말씀하시는 것이다. 씨를 뿌리는 사람은 동일한 '복음'이라는 씨를 뿌린다. 뿌리는 씨에는 전혀 문제가 없었다.

4 뿌릴새 더러는 길 가에 떨어지매 새들이 와서 먹어 버렸고

4 As he scattered the seed in the field, some of it fell along the path, and the birds came and ate it up.

4:4 길 가에 떨어지매. 뿌려진 씨 중에 길 가에 떨어진 씨가 있다. 씨를 뿌리면 그 위에 흙을 덮는다. 그런데 길에 떨어진 씨는 그냥 길에 노출되어 새가 와서 먹어버린다. '길'은 사람의 마음의 상태다. 복음을 듣기는 하였다. 그가 복음을 들었다는 것은 먼 거리를 와서 예수님의 말씀을 들었다는 것을 의미할 수도 있다. 어느정도 수고를 하였다. 그러나 복음을 들어도 전혀 복음으로 다가오지 않는 사람들이다.

5 더러는 흙이 얕은 돌밭에 떨어지매 흙이 깊지 아니하므로 곧 싹이 나오나

5 Some of it fell on rocky ground, where there was little soil. The seeds soon sprouted, because the soil wasn't deep.

4:5 돌밭에 떨어지매. 마음이라는 땅에 뿌려진 복음의 씨앗이 어떻게 되는지에 대해 말씀하신다. 밭에 씨를 뿌리지만 그 중에는 밑에 돌이 있는 곳이 있다. 그 위에 뿌려진 씨앗은 자라지 못하고 죽는다. **싹이 나오나.** 그가 복음을 받아들였다는 것을 의미

한다. 물론 이것은 진정으로 받아들인 것은 아니다. 겉모습만 복음을 받아들인 것으로 보일 뿐 실제는 아니다. 밑에 큰 돌이 있어 싹이 자라지 않는다. 열매가 없으면 복음을 받아들인 것이 아니다.

> 6 해가 돋은 후에 타서 뿌리가 없으므로 말랐고
> 7 더러는 가시떨기에 떨어지매 가시가 자라 기운을 막으므로 결실하지 못하였고
> 6 Then, when the sun came up, it burnt the young plants; and because the roots had not grown deep enough, the plants soon dried up.
> 7 Some of the seed fell among thorn bushes, which grew up and choked the plants, and they didn't produce any corn.

4:7 가시떨기. 씨를 하나씩 심는 것이 아니라 흩뿌릴 때는 밭의 가장자리에서는 정확히 기경한 밭에만 뿌려지는 것이 아니다. 밭의 가장 자리가 길일 수도 있고, 큰 돌이 심겨 있는 곳도 있을 수 있고, 가시덤불이 있을 수도 있다. 그곳으로 떨어지는 씨가 아까워 안쪽으로만 뿌리면 좋은 밭에도 떨어지지 않는 수가 있으니 길이나 돌 위에 조금씩 씨가 떨어지더라도 그곳 가까이에도 씨를 뿌린다.

> 8 더러는 좋은 땅에 떨어지매 자라 무성하여 결실하였으니 삼십 배나 육십 배나 백 배가 되었느니라 하시고
> 8 But some seeds fell in good soil, and the plants sprouted, grew, and produced corn: some had thirty grains, others sixty, and others a hundred."

4:8 삼십 배나 육십 배나 백 배가 되었느니라. 씨앗이 큰 결실을 맺으면 아주 크게 맺는다. 이전에 나쁜 땅에서 결실이 없는 모든 것을 만회하고도 남는다. 좋은 땅도 서로 결실의 양이 다르다. 그러나 최소가 30배다. 농사를 지어본 사람은 안다. 작은 씨앗 하나가 얼마나 많은 열매를 맺는지. 참 대단하다. 복음이 그러하다. 그러기에 복음을 전하거나 듣는 사람은 결실을 기대해야 한다. 사실 씨 뿌리는 사람은 모두 결실을 기대하면서 뿌리는 것이다. 그러기에 씨앗을 받아들이는 사람들도 그것이 맺을 위대한 결실을 생각해야 한다.

> 9 또 이르시되 들을 귀 있는 자는 들으라 하시니라
> 10 예수께서 홀로 계실 때에 함께 한 사람들이 열두 제자와 더불어 그 비유들에 대하여 물으니

11 이르시되 하나님 나라의 비밀을 너희에게는 주었으나 외인에게는 모든 것을 비유로 하나니

12 이는 그들로 보기는 보아도 알지 못하며 듣기는 들어도 깨닫지 못하게 하여 돌이켜 죄 사함을 얻지 못하게 하려 함이라 하시고

9 And Jesus concluded, "Listen, then, if you have ears!"

10 When Jesus was alone, some of those who had heard him came to him with the twelve disciples and asked him to explain the parables.

11 "You have been given the secret of the Kingdom of God," Jesus answered. "But the others, who are on the outside, hear all things by means of parables,

12 so that, 'They may look and look, yet not see; they may listen and listen, yet not understand. For if they did, they would turn to God, and he would forgive them.'"

4:11-12 비유. 왜 비유로 하실까? 숨기시기 위해서일까? 아니다. 예수님께서 비유로 말씀하신 것은 오히려 더 드러내기 위함이다. 비유의 특징은 그것에 관심이 없는 사람은 이해하지 못하고 끝난다. 설명한 것보다 더 알지 못하고 끝날 것이다. 그러나 관심이 있는 사람에게는 더 깊이 이해하게 된다. 처음부터 설명한 것보다 더 많이 이해하게 될 것이다. 더 많이 고민하였기 때문이다. 결국 비유는 복음에 관심을 가진 사람이 더 잘 이해하도록 하기 위함이다. 씨가 뿌려진 '땅'은 결국 복음에 얼마나 더 많은 관심과 헌신을 가지고 있는지에 대한 것이다. 말씀을 최고의 위치에 두고 관심과 헌신을 한다면 그 사람에게 들려진 복음은 100배의 결실을 맺게 될 것이다. 그러나 복음에 무관심한 사람은 길가의 땅으로 끝날 것이다.

13 또 이르시되 너희가 이 비유를 알지 못할진대 어떻게 모든 비유를 알겠느냐

14 뿌리는 자는 말씀을 뿌리는 것이라

15 말씀이 길 가에 뿌려졌다는 것은 이들을 가리킴이니 곧 말씀을 들었을 때에 사탄이 즉시 와서 그들에게 뿌려진 말씀을 빼앗는 것이요

13 Then Jesus asked them, "Don't you understand this parable? How, then, will you ever understand any parable?

14 The sower sows God's message.

15 Some people are like the seeds that fall along the path; as soon as they hear the message, Satan comes and takes it away.

4:15 사탄이 즉시 와서...말씀을 빼앗는 것이요. 사람의 완고한 마음이 사탄이 그 안에서 작용하고 있는 것이라 말씀한다. 완고한 마음이 깨지는 것이 참 어렵다. 자신의 완고한 마음 때문에 하나님 앞에 눈물로 기도하는 시간들이 필요하다.

16 또 이와 같이 돌밭에 뿌려졌다는 것은 이들을 가리킴이니 곧 말씀을 들을 때에 즉시 기쁨으로 받으나

17 그 속에 뿌리가 없어 잠깐 견디다가 말씀으로 인하여 환난이나 박해가 일어나는 때에는 곧 넘어지는 자요

16 Other people are like the seeds that fall on rocky ground. As soon as they hear the message, they receive it gladly.
17 But it does not sink deep into them, and they don't last long. So when trouble or persecution comes because of the message, they give up at once.

4:17 말씀으로 인하여 환난이나 박해가 일어나는 때에는 곧 넘어지는 자. 복음의 말씀을 듣고 기뻐하기까지 하였다. 꽤 신앙이 있는 것 같다. 그런데 복음으로 인하여 환난을 당하면 그것을 이기지 못하는 사람이 있다. 복음이 말하는 하나님이 아니라 여전히 자기 자신의 당장의 편함이 더 중요한 사람이다.

18 또 어떤 이는 가시떨기에 뿌려진 자니 이들은 말씀을 듣기는 하되
19 세상의 염려와 재물의 유혹과 기타 욕심이 들어와 말씀을 막아 결실하지 못하게 되는 자요

18 Other people are like the seeds sown among the thorn bushes. These are the ones who hear the message,
19 but the worries about this life, the love for riches, and all other kinds of desires crowd in and choke the message, and they don't bear fruit.

4:18-19 가시떨기...염려와 재물의 유혹과 기타 욕심이 들어와 말씀을 막아. 어떤 씨는 억센 가시 뿌리가 있는 곳에 떨어졌다. 가시나무는 억세고 발육이 좋아서 씨앗이 크게 자라지 못하게 한다. 염려와 유혹과 욕심이 있으면 자라기는 하지만 작게 자라고 결국 결실이 없다. 염려나 유혹이 작은 것 같지만 큰 역할을 한다. 사실 많은 사람이 이에 해당할 것이다.

20 좋은 땅에 뿌려졌다는 것은 곧 말씀을 듣고 받아 삼십 배나 육십 배나 백 배의 결실을 하는 자니라

20 But other people are like the seeds sown in good soil. They hear the message, accept it, and bear fruit: some thirty, some sixty, and some a hundred."

4:20 좋은 ...결실을 하는 자니라. 이것은 두 가지를 담고 있다. 첫째 복음을 받아들이면 결실이 있다는 것이다. 결실이 없으면 복음을 받아들인 것이 아니다. 두 번째는 좋

은 땅에 뿌려진 씨는 아주 큰 결실을 맺는다는 것이다. 나쁜 땅에서 입은 손해를 다 채우고도 남는다. 그렇게 힘들다가도 어느 날 놀라운 열매를 맺는다. 이 땅에서 힘들 어도 새 하늘과 새 땅에서 보면 그곳에 참여함이 얼마나 영광스러운 일인지 놀라면 서 기뻐할 것이다. 말씀을 듣는 외적인 시간, 받아들이는 내면의 움직임, 100배의 결 실을 맺는 환희의 순간 등이 있어야 한다. 그냥 지나가면 안 된다.

말씀을 읽을 때 열심히 그림을 그리면서 읽으라. 논리적으로 이해하라. 깊이 묵상하 고 기도하면서 그것이 내 안에 단단히 세워지도록 씨름하라. 실제적으로 삶 가운데 결실을 맺는 것을 보라.

> 21 또 그들에게 이르시되 사람이 등불을 가져오는 것은 말 아래에나 평상 아래 에 두려 함이냐 등경 위에 두려 함이 아니냐
> 21 Jesus continued, "Does anyone ever bring in a lamp and put it under a bowl or under the bed? Doesn't he put it on the lamp-stand?

4:21 등불을 가져오는 것은 말 아래에나 평상 아래에 두려 함이냐. 등불을 켜는 것은 방 안을 비추기 위함이다. 등불을 켜서 바구니로 덮어 좁은 그 안을 비추고자 하는 것이 아니다. 등경 위에 두어 방 전체를 비추기 위함이다. 예수님께서 이 세상에 복음을 가 지고 오셨다. 그것은 일부의 사람에게만 말씀하시고자 하시는 것이 아니다. 예수님은 할 수만 있다면 더 많은 사람들이 복음을 듣고 하나님 나라 백성이 되기를 원하신다. 그것이 우리의 희망이다. 하나님께서는 구원받는 사람이 적은 것을 기뻐하시는 것이 아니라 더 많은 것을 기뻐하신다. 그러기에 우리가 마음의 밭만 조금 가꾸면 우리는 복음의 큰 결실을 맺을 수 있다.

> 22 드러내려 하지 않고는 숨긴 것이 없고 나타내려 하지 않고는 감추인 것이 없 느니라
> 23 들을 귀 있는 자는 들으라
> 22 Whatever is hidden away will be brought out into the open, and whatever is covered up will be uncovered.
> 23 Listen, then, if you have ears!"

4:23 귀를 열어야 한다. 눈을 떠야 한다. 복음을 위하여 하나님의 외아들이 오셨다. 복음을 위하여 세상의 제2창조와 같은 놀라운 일이 가장 정점에 있고 세상이 개벽하 고 있다. 그런데도 여전히 복음에 무지하다면 그것은 참으로 어리석은 것이다.

24 또 이르시되 너희가 무엇을 듣는가 스스로 삼가라 너희의 헤아리는 그 헤아림으로 너희가 헤아림을 받을 것이며 더 받으리니

24 He also said to them, "Pay attention to what you hear! The same rules you use to judge others will be used by God to judge you—but with even greater severity.

4:24 너희의 헤아리는 그 헤아림으로 너희가 헤아림을 받을 것이며. 예수님께서 말씀하신 것들이나 앞에서 나온 씨가 뿌려진 땅 이야기는 그리 어려운 이야기가 아니다. 그들의 상식으로 어느정도 이해 가능하다. 문제는 그들이 진지하게 듣지 않는다는 것이다. 또한 금세 바뀐다는 것이다. 오늘날 사람들이 복음을 듣는다. 내용이 어렵지 않다. 그러나 들으면서 딴 생각을 한다. 진지한 관심이 없다. 그래서 들어도 그냥 지나친다. 그것이 옳다고 '아멘'하기도 한다. 그러나 돌아서면 바쁜 다른 일들 때문에 잊어버린다. 말씀을 따르는 것이 옳다고 생각한다. 그러나 여러 핑계를 대면서 순종하지 않는다.

25 있는 자는 받을 것이요 없는 자는 그 있는 것까지도 빼앗기리라

25 Those who have something will be given more, and those who have nothing will have taken away from them even the little they have."

4:25 있는 자는 받을 것이요. 복음을 듣고 열매를 맺는 사람은 더 많은 것을 더 받아들인다. 마음의 준비가 되어 있기 때문에 복음의 말씀을 듣고 하나하나가 다 열매가 된다. 그러나 복음에 대해 마음의 준비가 되어 있지 않은 사람은 그것을 거부한다. 그래서 결국 있는 것까지 다 빼앗긴다. 복음을 들을 기회마저도 잃게 된다. 결국 교회에서 발길이 멀어지게 된다.

26 또 이르시되 하나님의 나라는 사람이 씨를 땅에 뿌림과 같으니

26 Jesus went on to say, "The Kingdom of God is like this. A man scatters seed in his field.

4:26 씨를 땅에 뿌림과 같으니. 농촌에서는 땅이 있는데 농사를 짓지 않으면 주변 사람들이 수군거린다. 멀쩡한 땅을 놔둔다고 비난한다. 그 땅에 씨를 뿌리면 보통 100배의 결실이 생기는데 놀리니 농부의 입장에서 보면 땅이 너무 아까운 것이다. 그것처럼 씨를 좋은 땅에 뿌리기만 하면 엄청난 결실을 맺는다. 그러니 하나님 나라라는 복음의 씨를 어찌 땅에 뿌리지 않겠는가?

27 그가 밤낮 자고 깨고 하는 중에 씨가 나서 자라되 어떻게 그리 되는지를 알지 못하느니라

27 He sleeps at night, is up and about during the day, and all the while the seeds are sprouting and growing. Yet he does not know how it happens.

4:27 그가 밤낮 자고 깨고 하는 중에 씨가 나서. 농부가 땅에 씨를 뿌리고 나서 하는 것은 아무것도 없다. 나는 주말에 설교준비를 하면서 약간의 텃밭을 가꾼다. 땅에 씨를 뿌리고 몇 주가 지나고 가면 씨가 싹이 되어 나와 있는 것을 보곤 한다. 그것을 위해 내가 한 것은 아무것도 없다. 단지 도시에서 내 할 일을 하였을 뿐이다. 그런데 밭에서는 그동안 씨가 싹이 되어 나온다. 아주 신기하다.

28 땅이 스스로 열매를 맺되 처음에는 싹이요 다음에는 이삭이요 그 다음에는 이삭에 충실한 곡식이라

28 The soil itself makes the plants grow and bear fruit; first the tender stalk appears, then the ear, and finally the ear full of corn.

4:28 땅이 스스로 열매를 맺되. 땅이 스스로 열매를 맺는다. 물론 잡초를 조금 뽑아주고 어떤 경우는 물을 준다. 그러나 그런 경우는 아주 제한적이다. 잡초 제거도 아주 조금이고 물을 주는 경우도 매우 드물다. 심어 놓으면 진짜 '스스로' 열매를 맺는다. 어찌 그 작은 씨가 싹이 되고, 그 싹이 이삭이 되고, 그 이삭이 곡식이 되는지 그 과정은 결코 알지 못한다. 그러나 시간이 흐르면서 그렇게 된다.

29 열매가 익으면 곧 낫을 대나니 이는 추수 때가 이르렀음이라

29 When the corn is ripe, the man starts cutting it with his sickle, because harvest time has come.

4:29 열매가 익으면 곧 낫을 대나니. 씨가 다 자라면 결실하는 때가 있다. 때로는 씨를 심는 것이 귀찮아 심지 않을 때가 있다. 그런데 결실의 때가 되어 옆 집이 열매를 먹는 것을 보면 매우 부럽다. 옆 집은 단지 작은 씨를 뿌린 것일 뿐인데 저렇게 많은 결실을 맺으니 나도 내년에는 씨를 뿌리리라 생각을 하게 된다. 텃밭에서는 그것이 가능하다. 그러나 인생에서는 그것이 불가능할 것이다. 인생의 추수 때는 하나님 앞에 심판받을 때 이기 때문이다. 한 번의 심판이다. 지금까지 얼마나 결실을 맺었는가? 사람들은 믿음의 결실을 별로 부러워하지 않는다. 그러나 지금 현재에서 보더라도 어떤

사람은 엄청난 믿음의 열매를 맺었고 어떤 사람은 아예 없다. 그것의 차이는 매우 크다. 오늘 뿌리는 복음의 씨는 우리 안에서와 다른 사람의 안에서 엄청난 열매를 맺는다. 씨 하나 뿌린 것인데 100배의 결실을 맺듯이 우리가 오늘 뿌리는 복음의 씨는 엄청난 열매를 맺는다.

> **30 또 이르시되 우리가 하나님의 나라를 어떻게 비교하며 또 무슨 비유로 나타낼까**
> 30 "What shall we say the Kingdom of God is like?" asked Jesus. "What parable shall we use to explain it?

4:30 우리가 하나님의 나라를 어떻게 비교하며. 예수님은 사람들에게 복음이 얼마나 놀라운 것인지 가르치셨다. 그런데 사람들이 잘 이해하지 못하여 그들에게 어찌 가르쳐야 할지 생각하셨다. 오늘날도 그렇다. 예수님이 말씀하셨던 복음이 실현되었다. 그런데도 불구하고 사람들은 여전히 복음을 복음으로 이해하지 못하는 경향이 많다. 어쩌면 복음은 너무 위대해서 더 모르는 것 같다.

> **31 겨자씨 한 알과 같으니 땅에 심길 때에는 땅 위의 모든 씨보다 작은 것이로되**
> 31 It is like this. A man takes a mustard seed, the smallest seed in the world, and plants it in the ground.

4:31 겨자씨...땅에 심길 때에는 땅의 모든 씨보다 작은 것이로되. 겨자씨는 매우 작다. 그래서 당시 일반적으로 가장 작은 씨로 여겼다. '땅에 심길 때'는 예수님께서 복음을 말씀하셔서 사람들의 마음에 심겨질 때와 같다. 예수님께서 말씀하실 때 사람들은 큰 관심 없이 들었다. 병을 고치실 때는 눈이 휘둥그레졌을 것이다. 그러나 복음을 말씀하실 때는 그냥 들었을 것이다. 위대한 말씀이지만 작게 들렸을 것이다.

> **32 심긴 후에는 자라서 모든 풀보다 커지며 큰 가지를 내나니 공중의 새들이 그 그늘에 깃들일 만큼 되느니라**
> 32 After a while it grows up and becomes the biggest of all plants. It puts out such large branches that the birds come and make their nests in its shade."

4:32 심긴 후에는 자라서 모든 풀보다 커지며. '겨자'는 우리 주변에서는 제주도 유채꽃을 생각하면 좋다. 보통 사람들은 유채와 겨자를 잘 구분하지 못할 정도로 크기나

모양과 색깔이 비슷하다. 겨자는 줄기가 가늘긴 하지만 의외로 키가 제법 크다. **공중의 새들이 그 그늘에 깃들일 만큼.** 구약 성경에서 공중의 새는 이방인들에 대한 비유로 자주 사용된다. 복음은 실로 매우 커서 어떤 사람들이든지 그 안에서 쉴 수 있다. 다 자란 겨자식물은 작은 새들이 몰려다니며 앉아 쉬기엔 충분하다. 겨자씨를 생각할 때는 상상도 할 수 없는 모습이었다. 복음이 말하는 하나님 나라를 비유로 말할 때 올리브 나무나 백향목처럼 큰 나무를 말하면 좋을 것 같은데 예수님은 식물에 불과한 겨자로 말씀하셨다. 그것은 갈릴리 근처에서 겨자식물을 쉽게 볼 수 있었다는 사실과 아마 씨가 작다는 특성 때문인 것으로 보인다. 예수님께서 말씀하실 때 사람들은 복음을 겨자씨처럼 작고 보잘것없는 것으로 여겼다.

오늘날도 복음은 진짜 겨자씨다. 너무 작아서 사람들에게 거의 보이지 않는다. 사람들에게 말씀을 가르치는 것이 참 어렵다. 도무지 들으려 하지를 않는다. 그래서 겨자씨다. 그러나 그 작은 겨자씨가 사람들 안에서 역사한다. 그래서 씨에 비해서는 비교할 수 없을 정도로 커져서 사람들에게 역사하는 경우가 있다. 복음이 위대하기 때문이다. 말씀 한 구절이 한 사람의 인생을 바꾼다. 그 말씀 때문에 세상에서 아주 크게 성공한 사람이 되는 것은 아니어도 사람 안에서 그 사람을 바꾼다. 그래서 잔잔하지만 위대한 사람이 된다. 하나님의 사람이 된다. 세상이 보기에 크지 않지만 복음이 낳은 위대한 생산성이다.

33 예수께서 이러한 많은 비유로 그들이 알아 들을 수 있는 대로 말씀을 가르치시되
34 비유가 아니면 말씀하지 아니하시고 다만 혼자 계실 때에 그 제자들에게 모든 것을 해석하시더라

33 Jesus preached his message to the people, using many other parables like these; he told them as much as they could understand.
34 He would not speak to them without using parables, but when he was alone with his disciples, he would explain everything to them.

2. 예수님의 권위
(4:35-5:43)

35 그 날 저물 때에 제자들에게 이르시되 우리가 저편으로 건너가자 하시니
35 On the evening of that same day Jesus said to his disciples, "Let us go across to the other side of the lake."

4:35 그 날 저물 때에. 예수님께서 그렇게 복음의 위대성에 대해 말씀하신 그 날과 연결시키고 있다. 예수님께서 복음의 위대함을 말씀하시고 이어서 그 복음의 왕되신 예수님의 행하심을 통해 복음의 위대성을 더 빛나게 하는 4가지 사건으로 연결하고 있다.

36 그들이 무리를 떠나 예수를 배에 계신 그대로 모시고 가매 다른 배들도 함께 하더니
37 큰 광풍이 일어나며 물결이 배에 부딪쳐 들어와 배에 가득하게 되었더라
36 So they left the crowd; the disciples got into the boat in which Jesus was already sitting, and they took him with them. Other boats were there too.
37 Suddenly a strong wind blew up, and the waves began to spill over into the boat, so that it was about to fill with water.

4:37 큰 광풍이 일어나며. 갈릴리 바다는 바람이 갑자기 거세게 불 때가 자주 있었다. 당시 배가 주로 작은 배였기 때문에 그런 광풍에 취약하였다.

38 예수께서는 고물에서 베개를 베고 주무시더니 제자들이 깨우며 이르되 선생님이여 우리가 죽게 된 것을 돌보지 아니하시나이까 하니
38 Jesus was in the back of the boat, sleeping with his head on a pillow. The disciples woke him up and said, "Teacher, don't you care that we are about to die?"

4:38 예수께서는 고물에서 베개를 베고 주무시더니. 예수님은 배 뒷편에서 모래주머니를 베개 삼아 주무시고 계셨다. 배에 물이 들어왔는데도 주무시는 것을 보면 많이 피곤하셨다는 것을 볼 수 있다. 말하는 것이 사람을 많이 피곤하게 한다. 예수님은 그렇게 열심히 복음을 전하셨다. 사람들이 위대한 복음을 알고 살아가기를 원하셨기 때문

일 것이다. **제자들이 깨우며 이르되 선생님이여 우리가 죽게 된 것을 돌보지 아니하시나**
이까. 제자들이 예수님께서 일어나시기를 기다리다 급하여 흔들어 깨웠다. 자신들이
죽게 되었으니 어떤 도움이든 주시길 바랐다. 그들은 무엇을 바랐을까? 예수님께서
지금까지 놀라운 일을 하셨지만 지금 무엇을 하실 수 있을 것이라고 생각했을까?

> **39** 예수께서 깨어 바람을 꾸짖으시며 바다더러 이르시되 잠잠하라 고요하라
> 하시니 바람이 그치고 아주 잔잔하여지더라
> **39** Jesus stood up and commanded the wind, "Be quiet!" and he said to the waves, "Be
> still!" The wind died down, and there was a great calm.

4:39 예수께서 깨어 바람을 꾸짖으시며. 예수님은 바람을 꾸짖으셨다. 세상에 바람을
꾸짖을 수 있는 분이 어디 있을까? 오직 하나님만이 바람을 꾸짖으실 수 있다. 홍해
를 꾸짖으신 분이 하나님이다. "이에 홍해를 꾸짖으시니 곧 마르니 그들을 인도하여
바다 건너가기를 마치 광야를 지나감 같게 하사"(시 106:9) 하나님께서 홍해를 꾸짖
으시니 마른 것처럼 예수님께서 갈릴리 바다를 꾸짖으시니 '바람이 그치고 아주 잔
잔하여지더라'고 말한다. 예수님은 성자 하나님으로 성부 하나님과 함께 세상을 창조
하셨다. 창조주께서 피조물인 바다에게 '잔잔하라' 하시니 그 말씀에 순종하여 잔잔
하게 된 것이다.

> **40** 이에 제자들에게 이르시되 어찌하여 이렇게 무서워하느냐 너희가 어찌 믿
> 음이 없느냐 하시니
> **40** Then Jesus said to his disciples, "Why are you frightened? Have you still no faith?"

4:40 어찌하여 이렇게 무서워하느냐 너희가 어찌 믿음이 없느냐. 예수님은 하나님 나라
에 대해 말씀하셨다. 무엇보다 복음을 가르치시는 예수님이 바로 '하나님'이시다. 모
든 것은 하나님 나라 안에서 다시 정립될 것이다. 예수님의 복음이 제2창조와 같다.
그러니 폭풍과 같은 것에 대해 그리 두려워할 필요가 없었다. 예수님이 그들과 함께
하시기 때문이다. 아직 할 일이 많이 있었다. 복음이 이렇게 전해지다가 꽃도 피지 않
고 끝나지는 않을 것이다. 그동안 그들이 복음에 대한 말씀을 들었으니 메시야이신
예수님에 대해 그들은 믿음을 가져야 했다. 예수님과 예수님이 전하시는 복음에 대한
믿음이 필요하였다. 그러나 복음이 아직 열매를 맺지 못하고 있었다.

41 그들이 심히 두려워하여 서로 말하되 그가 누구이기에 바람과 바다도 순종하는가 하였더라

41 But they were terribly afraid and said to one another, "Who is this man? Even the wind and the waves obey him!"

4:41 그가 누구이기에 바람과 바다도 순종하는가. 그들은 분명히 복음에 대해 들었다. 하나님 나라의 왕이신 예수님께서 바람과 바다를 명령하시는 것은 당연하다. 그런데 말로 듣는 것과 눈으로 보는 것은 달랐다. 눈으로 보자 그들은 심히 두려워하였다. 복음의 힘이 피부로 다가온 것이다. 우리는 예수님과 하나님 나라를 믿는다. 그런데 실제로는 그것을 피부로 느끼지 못하는 경우가 많다. 그래서 삶에서 시험을 겪고 여러 일들을 겪으며 그때 가서야 그 위대함을 깨닫게 된다. 중요한 것은 광풍이 멎은 것이 아니다. 그들이 지금 예수님과 복음의 힘을 경험하고 있다는 사실이다. 하나님 나라가 그들에게 왔다는 사실이다. 복음이다.

5장

1 예수께서 바다 건너편 거라사인의 지방에 이르러

1 Jesus and his disciples arrived on the other side of Lake Galilee, in the territory of Gerasa.

5:1 거라사인의 지방에 이르러. '거라사'의 정확한 위치는 모르나 갈릴리 동편의 한 이방인 지역인 것은 분명하다. 이곳에 왜 가셨을까? 이 당시 예수님의 사역은 유대인 지역에 집중되어 있었다. 그런데 이곳에 가셔서 한 사람을 만나신다. 어쩌면 그 사람을 찾아 가셨는지도 모른다.

2 배에서 나오시매 곧 더러운 귀신 들린 사람이 무덤 사이에서 나와 예수를 만나니라
3 그 사람은 무덤 사이에 거처하는데 이제는 아무도 그를 쇠사슬로도 맬 수 없게 되었으니

2 As soon as Jesus got out of the boat, he was met by a man who came out of the burial caves there. This man had an evil spirit in him
3 and lived among the tombs. Nobody could keep him chained up any more;

5:3 쇠사슬로도 맬 수 없게 되었으니. 그는 아주 강한 악령에 사로잡혀 쇠사슬로도 맬

수 없는 상태였다.

> 4 이는 여러 번 고랑과 쇠사슬에 매였어도 쇠사슬을 끊고 고랑을 깨뜨렸음이러라 그리하여 아무도 그를 제어할 힘이 없는지라
> 5 밤낮 무덤 사이에서나 산에서나 늘 소리 지르며 돌로 자기의 몸을 해치고 있었더라
> 4 many times his feet and hands had been chained, but every time he broke the chains and smashed the irons on his feet. He was too strong for anyone to control him.
> 5 Day and night he wandered among the tombs and through the hills, screaming and cutting himself with stones.

5:5 돌로 자기의 몸을 해치고 있었더라. 아주 강한 악령에 사로잡힌 이 사람은 괴로움 속에서 돌로 자신을 긁으면서 살았다. 너무 괴로워 차라리 돌로 찢는 고통으로 그 고통을 잊을까 하여 긁었을 것이다. 그는 절망 속에 있었다. 그는 악령에 철저히 매여 있었다.

> 6 그가 멀리서 예수를 보고 달려와 절하며
> 7 큰 소리로 부르짖어 이르되 지극히 높으신 하나님의 아들 예수여 나와 당신이 무슨 상관이 있나이까 원하건대 하나님 앞에 맹세하고 나를 괴롭히지 마옵소서 하니
> 8 이는 예수께서 이미 그에게 이르시기를 더러운 귀신아 그 사람에게서 나오라 하셨음이라
> 9 이에 물으시되 네 이름이 무엇이냐 이르되 내 이름은 군대니 우리가 많음이니이다 하고
> 6 He was some distance away when he saw Jesus; so he ran, fell on his knees before him,
> 7 and screamed in a loud voice, "Jesus, Son of the Most High God! What do you want with me? For God's sake, I beg you, don't punish me!"
> 8 (He said this because Jesus was saying, "Evil spirit, come out of this man!")
> 9 So Jesus asked him, "What is your name?" The man answered, "My name is 'Mob'—there are so many of us!"

5:9 네 이름이 무엇이냐. 예수님께서 이름을 물으시고 악령이 대답한다는 것은 예수님께서 악령을 완전히 통제하신다는 것을 의미한다. **내 이름은 군대니.** 악령은 자신의 이름을 '군대(레기온)'라고 대답하였다. 이 단어는 당시 로마 군대의 가장 큰 단위를 말한다. 구성원이 3000명에서 6000명까지 된다. 이것은 악령의 숫자가 정확히 그렇게 많다는 의미이기 보다는 그 사람 안에 많은 악령들이 있다는 것을 의미하고 또한

로마 군대처럼 강하다는 것을 내포하고 있을 것이다.

> **10** 자기를 그 지방에서 내보내지 마시기를 간구하더니
> **11** 마침 거기 돼지의 큰 떼가 산 곁에서 먹고 있는지라
> **12** 이에 간구하여 이르되 우리를 돼지에게로 보내어 들어가게 하소서 하니
> **13** 허락하신대 더러운 귀신들이 나와서 돼지에게로 들어가매 거의 이천 마리 되는 떼가 바다를 향하여 비탈로 내리달아 바다에서 몰사하거늘
> **10** And he kept begging Jesus not to send the evil spirits out of that region.
> **11** There was a large herd of pigs near by, feeding on a hillside.
> **12** So the spirits begged Jesus, "Send us to the pigs, and let us go into them."
> **13** He let them go, and the evil spirits went out of the man and entered the pigs. The whole herd—about 2,000 pigs in all—rushed down the side of the cliff into the lake and was drowned.

5:13 귀신들이 나와서 돼지에게로 들어가매. 그들은 가까이에 있는 돼지 떼에게 들어가길 원하였고, 한 사람 안에 있던 많은 악령이 돼지 떼에게 들어갔다. 악령이 돼지에게 들어가자마자 돼지들도 괴로워 바다로 뛰어들어갔다.

예수님은 복음의 왕으로서 어떤 악한 악령도 명령하실 수 있고 다스리시는 분이다. 아무리 강한 악령이라도 예수님과 복음 앞에서는 힘이 없다. 우리의 삶을 파괴하는 것이 있는가? 예수님과 복음 앞에 가지고 나오라. 그러면 우리를 파괴하던 것들이 그치고 복음의 빛이 찬란하게 빛날 것이다.

> **14** 치던 자들이 도망하여 읍내와 여러 마을에 말하니 사람들이 어떻게 되었는지를 보러 와서
> **14** The men who had been taking care of the pigs ran away and spread the news in the town and among the farms. People went out to see what had happened,

5:14 치던 자들이 도망하여 읍내와 여러 마을에 말하니. 돼지를 치던 사람들은 돼지 떼가 몰살한 것에 대해 자신들의 잘못이 아님을 변명하며 보고해야 했을 것이다.

> **15** 예수께 이르러 그 귀신 들렸던 자 곧 군대 귀신 지폈던 자가 옷을 입고 정신이 온전하여 앉은 것을 보고 두려워하더라
> **15** and when they came to Jesus, they saw the man who used to have the mob of demons in him. He was sitting there, clothed and in his right mind; and they were all afraid.

5:15 군대 귀신 지폈던 자가 옷을 입고 정신이 온전하여 앉은 것을 보고. 돼지 치던 사람들의 말을 듣고 사람들이 몰려들었다. 그들은 악령에 사로잡혀 있던 사람을 알고 있었을 것이다. 그 사람이 정신이 멀쩡하여 있는 것을 보고 더욱더 놀라웠을 것이다.

> 16 이에 귀신 들렸던 자가 당한 것과 돼지의 일을 본 자들이 그들에게 알리매
> 17 그들이 예수께 그 지방에서 떠나시기를 간구하더라
> 16 Those who had seen it told the people what had happened to the man with the demons, and about the pigs.
> 17 So they asked Jesus to leave their territory.

5:17 예수께 그 지방에서 떠나시기를 간구하더라. 예수님을 붙잡아야 정상일 것 같은데 '떠나시라' 말하였다. 그들은 일어난 일을 통해 진리를 본 것이 아니라 재물의 손해를 보았다. 그들은 온전한 정신을 갖게 된 사람을 축하하기보다는 그들이 잃은 재산을 슬퍼하였다. 사실 사람들이 많이 그렇다. 진리보다는 재물에 더 많은 관심을 가지고 있다. 한 사람의 영혼보다는 재물에 더 많은 관심을 보인다. 그들은 돈 때문에 예수님을 거부하였다. 오늘날 많은 사람들이 여전히 돈 때문에 예수님을 거절하고 있다. 진리를 거절한다.

> 18 예수께서 배에 오르실 때에 귀신 들렸던 사람이 함께 있기를 간구하였으나
> 18 As Jesus was getting into the boat, the man who had had the demons begged him, "Let me go with you!"

5:18 예수께서 배에 오르실 때. 그들의 거부 소리를 듣고 바로 타고 오신 배에 올라타셨다. 거라사 안 쪽으로 들어가지도 못하시고 바로 배를 타고 떠나시게 되었다. 예수님은 그들의 복음의 거부를 허락하셨다. 복음은 오직 믿음으로 받아들이는 사람에게만 주어지는 선물이다. 어쩌면 예수님은 제자들에게 2000마리의 돼지 떼가 바다에 내려 달려가 몰살하는 아주 특이한 경험을 통해 복음의 강함을 가르치고자 하신 것 같다. 아니면 악령 걸렸던 그 한 사람을 위해 오신 것일 수 있다. **귀신 들렸던 사람이 함께 있기를 간구하였으나.** 악령 들린 것에서 해방된 사람은 제 정신이 되어 예수님을 따르기를 원하였다. 그가 복음의 강함을 몸으로 체험하였기 때문일 것이다.

> 19 허락하지 아니하시고 그에게 이르시되 집으로 돌아가 주께서 네게 어떻게

큰 일을 행하사 너를 불쌍히 여기신 것을 네 가족에게 알리라 하시니

19 But Jesus would not let him. Instead, he told him, "Go back home to your family and tell them how much the Lord has done for you and how kind he has been to you."

5:19 집으로 돌아가 주께서 네게 어떻게 큰 일을 행하사 너를 불쌍히 여기신 것을 네 가족에게 알리라. 그는 이스라엘에서 일어나고 있는 복음의 큰 일에 대해 이방지역인 그의 마을에서 짧지만 강하게 경험하였다. 복음이 모든 사람을 향하여 가진 긍휼에 대해 알리라는 말씀을 들었다.

20 그가 가서 예수께서 자기에게 어떻게 큰 일 행하셨는지를 데가볼리에 전파하니 모든 사람이 놀랍게 여기더라

20 So the man left and went all through the Ten Towns, telling what Jesus had done for him. And all who heard it were amazed.

5:20 예수께서 자기에게 어떻게 큰 일 행하셨는지를 데가볼리에 전파하니. 그 지역의 큰 10개 도시인 데가볼리에 예수님과 행하신 그 일을 전하게 된다. 그것이 복음은 되지 못하였을 것이다. 하나님 나라의 내용이 전해지지 않았을 것이기 때문이다. 복음이 되지 못하고 단지 전설처럼 전해지게 되었을 것이다. 그런데 이 이야기는 이후 칠빵소어 사건의 배경이 되는 것 같다. 이 사람 때문에 이방지역인 그곳에 예수님에 대한 이야기가 소문이 났고 예수님이 오셨을 때 많은 사람이 몰려들게 된 이유가 되었을 것이다. 몰려들어 오랫동안 말씀을 듣게 되었고 그래서 오빵이어에 버금가는 칠빵소어의 놀라운 일이 일어나게 된다.

21 예수께서 배를 타시고 다시 맞은편으로 건너가시니 큰 무리가 그에게로 모이거늘 이에 바닷가에 계시더니
22 회당장 중의 하나인 야이로라 하는 이가 와서 예수를 보고 발 아래 엎드리어

21 Jesus went back across to the other side of the lake. There at the lakeside a large crowd gathered round him.
22 Jairus, an official of the local synagogue, arrived, and when he saw Jesus, he threw himself down at his feet

5:22 예수를 보고 발 아래 엎드리어. 예수님 앞에 엎드린 것은 그의 겸손함과 더불어 절박함을 나타내고 있다. 회당장이니 어느 정도 안정적 위치의 사람이다. 그는 문제 없이 잘 살고 있었을 것이다. 그러나 지금 이렇게 엎드려야만 하는 절박한 일이 생겼다.

23 간곡히 구하여 이르되 내 어린 딸이 죽게 되었사오니 오셔서 그 위에 손을 얹으사 그로 구원을 받아 살게 하소서 하거늘
23 and begged him earnestly, "My little daughter is very ill. Please come and place your hands on her, so that she will get well and live!"

5:23 내 어린 딸이 죽게 되었사오니...그로 구원을 받아 살게 하소서. 사랑하는 딸이 죽음 직전에서 사경을 헤매고 있었다. 그러니 아버지로서 참으로 절박하게 요청하고 있다. 어쩌면 그는 가버나움의 회당장일 수 있다. 그렇다면 예수님께서 가르치시는 것을 많이 들었을 것이다. 그래서 딸이 죽을 지경에 이르자 예수님이 생각난 것 같다.

24 이에 그와 함께 가실새 큰 무리가 따라가며 에워싸 밀더라
25 열두 해를 혈루증으로 앓아 온 한 여자가 있어
24 Then Jesus started off with him. So many people were going along with Jesus that they were crowding him from every side.
25 There was a woman who had suffered terribly from severe bleeding for twelve years,

5:25 예수님께서 회당장의 집에 가고 계실 때 길에서 한 여인을 만나셨다. **열두 해를 혈루증으로 앓아 온 한 여자.** 회당장의 딸의 나이는 12살인데 이 여인은 12년 동안 혈루증으로 고통을 당하여 오던 여인이다. 오랜 세월 고통 속에서 살아온 것이다.

26 많은 의사에게 많은 괴로움을 받았고 가진 것도 다 허비하였으되 아무 효험이 없고 도리어 더 중하여졌던 차에
26 even though she had been treated by many doctors. She had spent all her money, but instead of getting better she got worse all the time.

5:26 의사에게 많은 괴로움을 받았고 가진 것도 다 허비하였으되. 이 당시의 혈루병은 몸의 아픔만이 아니라 의식적으로 부정한 것 때문에 사람을 만날 수 없어 정신적으로도 심한 고통을 당하였을 것이다. 그래서 고치려고 낳은 돈을 사용하였으나 결국 고치지 못하고 병은 더 심각해지고 마음도 더 괴로움이 쌓여갔던 것으로 보인다. 이 여인만 그렇게 아플까? 세상은 수많은 아픔으로 가득하다. 육신의 병 종류가 매우 다양하다. 마음의 병도 매우 다양하다. 가난함은 사람을 비참하게 한다. 세상의 수많은 것이 우리를 속인다. 그럴듯한 약속을 하는 것 같기도 하다가 어느새 나를 무너지게 한다. 그래서 복음이 필요하다.

27 예수의 소문을 듣고 무리 가운데 끼어 뒤로 와서 그의 옷에 손을 대니

27 She had heard about Jesus, so she came in the crowd behind him,

5:27 예수의 소문을 듣고...뒤로 와서 그의 옷에 손을 대니. 이 여인은 회당장처럼 엎드려 요청할 자격이 없었다. 사실은 혈루증 때문에 이렇게 밖으로 나와 사람들 속에 섞여 있어도 안 되는 처지였다. 이 여인은 군중 속에 있다는 것 자체가 대단히 큰 모험이고 위험한 일이었다. 그래서 이 여인은 예수님의 뒤에서 기회를 엿보다 필사적으로 옷 술만 살짝 만졌다.

28 이는 내가 그의 옷에만 손을 대어도 구원을 받으리라 생각함일러라
29 이에 그의 혈루 근원이 곧 마르매 병이 나은 줄을 몸에 깨달으니라

28 saying to herself, "If I just touch his clothes, I will get well."
29 She touched his cloak, and her bleeding stopped at once; and she had the feeling inside herself that she was healed of her trouble.

5:29 혈루 근원이 곧 마르매 나은 줄을 몸에 깨달으니라. 단지 옷 술만 만졌을 뿐인데 나았다.

30 예수께서 그 능력이 자기에게서 나간 줄을 곧 스스로 아시고 무리 가운데서 돌이켜 말씀하시되 누가 내 옷에 손을 대었느냐 하시니

30 At once Jesus knew that power had gone out of him, so he turned round in the crowd and asked, "Who touched my clothes?"

5:30 누가 내 옷에 손을 대었느냐. 예수님은 왜 이 여인을 찾으셨을까? 이 여인이 병이 낫는 것만으로는 복음이 되지 못하기 때문이다. 병이 나은 것 만도 분명히 매우 좋은 소식이었겠지만 그것으로 끝나면 안 된다. 진짜 복음은 이제 다시는 그런 일로 짓눌리지 말아야 한다는 것이다. 영원히 그러한 아픔이 없는 나라로 들어가야 한다는 것이다.

오늘 형편이 조금 나아지는 것으로 만족하지 말아야 한다. 오늘 다른 사람보다 조금 나은 것으로 끝나서는 안 된다. 사람들에게는 오직 복음이 필요하다. 복음만이 사람들의 아픔을 영원히 해결해 준다. 그러기에 이러한 일을 통해 복음을 알아야 한다. 우리의 일을 통해서 문제가 해결되는 것만이 아니라 그 일을 통해 복음을 아는 것이 중요하다.

31 제자들이 여짜오되 무리가 에워싸 미는 것을 보시며 누가 내게 손을 대었느냐 물으시나이까 하되

32 예수께서 이 일 행한 여자를 보려고 둘러 보시니

33 여자가 자기에게 이루어진 일을 알고 두려워하여 떨며 와서 그 앞에 엎드려 모든 사실을 여쭈니

34 예수께서 이르시되 딸아 네 믿음이 너를 구원하였으니 평안히 가라 네 병에서 놓여 건강할지어다

31 His disciples answered, "You see how the people are crowding you; why do you ask who touched you?"

32 But Jesus kept looking round to see who had done it.

33 The woman realized what had happened to her, so she came, trembling with fear, knelt at his feet, and told him the whole truth.

34 Jesus said to her, "My daughter, your faith has made you well. Go in peace, and be healed of your trouble."

5:34 딸아 네 믿음이 너를 구원하였으니. 지금까지 하나님 나라의 왕이신 예수님께서 무엇을 하실 수 있는지를 기록하였다. 광풍을 잠잠하게 하고, 강한 악령을 쫓아내신다. 죽은 자를 살리신다. 그리고 병든 자를 살리신다. 병든 자가 고침을 받는 것이 가장 약한 것 같다. 그러나 이 경우만 여인의 믿음과 관련되어 있다. 다른 것들은 믿음과 관련 없이 예수님의 권능이 드러났다. 그런데 이번만 여인의 믿음을 보시고 치료하여 주셨다. 어쩌면 그래서 가장 귀하다. 가장 중요한 것은 믿음이다. 우리의 삶에서 어떤 기적적인 일이 일어나지 않았을 수도 있다. 그러나 그곳에서 내가 믿음으로 반응하고 믿음을 알게 되었다면 그것은 무엇보다 더 강력한 기적이 일어난 것이다. 복음이 가장 크고 중요한 것이기 때문이다. 자신의 삶에 드라마 같은 일이 없을지라도 그 속에서 복음을 기록해 보라. 그러면 인생이 매우 존귀하고 위대함이 담길 것이다.

35 아직 예수께서 말씀하실 때에 회당장의 집에서 사람들이 와서 회당장에게 이르되 당신의 딸이 죽었나이다 어찌하여 선생을 더 괴롭게 하나이까

35 While Jesus was saying this, some messengers came from Jairus' house and told him, "Your daughter has died. Why bother the Teacher any longer?"

5:35 당신의 딸이 죽었나이다. 회당장과 함께 길을 가고 있을 때에 집에서 회당장의 딸이 이미 죽었음을 알리는 소식이 전해졌다. 딸이 죽었으니 회당장은 더욱더 절망감을 느꼈을 것이다. 그 아픔을 무엇으로 표현할 수 있을까?

36 예수께서 그 하는 말을 곁에서 들으시고 회당장에게 이르시되 두려워하지 말고 믿기만 하라 하시고

36 Jesus paid no attention to what they said, but told him, "Don't be afraid, only believe."

5:36 두려워하지 말고 믿기만 하라. 예수님은 아마 온 몸을 떨며 눈물을 흘리고 있었을 회당장에게 두려워하지 말라고 말씀하셨다. 대신 자신을 믿으라 하셨다. 이 말씀은 광풍으로 두려워하던 제자들에게 하신 말씀과 같은 말씀이다. 세상은 두려운 일이 많다. 그런데 예수님은 그 제자들에게 또한 지금 회당장에게 '두려워하지 말라'고 말씀한다. 왜 두려워하지 말아야 할까? 복음이 왔기 때문이다. 세상의 어려움은 이제 더이상 사람을 슬프게 하지 못한다. 예수님이 오셨기 때문이다. 복음이 왔기 때문이다.

37 베드로와 야고보와 야고보의 형제 요한 외에 아무도 따라옴을 허락하지 아니하시고
38 회당장의 집에 함께 가사 떠드는 것과 사람들이 울며 심히 통곡함을 보시고

37 Then he did not let anyone else go on with him except Peter and James and his brother John.
38 They arrived at Jairus' house, where Jesus saw the confusion and heard all the loud crying and wailing.

5:38 떠드는 것과 사람들이 울며 심히 통곡함을 보시고. 집은 이미 장례식이 시작되었다. 어떤 의미에서 세상은 장례식장과 같다. 사실 세상 모든 사람들이 이미 영혼이 죽은 사람이다. 단지 시간만 남았을 뿐이다. 세상 모든 사람들은 모두 시간만 다를 뿐 모든 사람들의 마지막은 울며 심히 통곡해야 한다. 그러나 그것은 복음이 없을 때의 이야기다. 복음이 시작되었다. 이제 다르다. 예수님은 이 소녀를 통해 그것을 가르치실 것이다. 소녀가 살아나는 것이 중요한 것이 아니라 사실 복음이 가진 생명을 배우는 것이 중요하다.

39 들어가서 그들에게 이르시되 너희가 어찌하여 떠들며 우느냐 이 아이가 죽은 것이 아니라 잔다 하시니
40 그들이 비웃더라 예수께서 그들을 다 내보내신 후에 아이의 부모와 또 자기와 함께 한 자들을 데리시고 아이 있는 곳에 들어가사
41 그 아이의 손을 잡고 이르시되 달리다굼 하시니 번역하면 곧 내가 네게 말하노니 소녀야 일어나라 하심이라
42 소녀가 곧 일어나서 걸으니 나이가 열두 살이라 사람들이 곧 크게 놀라고 놀

라거늘

43 예수께서 이 일을 아무도 알지 못하게 하라고 그들을 많이 경계하시고 이에 소녀에게 먹을 것을 주라 하시니라

39 He went in and said to them, "Why all this confusion? Why are you crying? The child is not dead—she is only sleeping!"
40 They laughed at him, so he put them all out, took the child's father and mother and his three disciples, and went into the room where the child was lying.
41 He took her by the hand and said to her, "Talitha, koum," which means, "Little girl, I tell you to get up!"
42 She got up at once and started walking around. (She was twelve years old.) When this happened, they were completely amazed.
43 But Jesus gave them strict orders not to tell anyone, and he said, "Give her something to eat."

5:41-42 손을 잡고 이르시되 달리다굼 하시니...소녀가 곧 일어나서 걸으니. 예수님께서 죽은 자의 손을 잡고 단지 '소녀야 일어나라'하시니 소녀가 일어났다. '달리다굼'이라는 아람어를 발음하여 '소녀(헬, 탈리다)'와 '일어나다(헬, 코움)'로 구성되어 있다. 소녀에게 말씀하시기를 죽음에서 일어나라 하셨다. 우리들에게 말씀하실 것이다. 죽음이 그 소녀를 더이상 붙잡고 있지 못하였다. 이것은 하나님 나라의 왕이신 예수님께서 죽음을 정복하셨음을 의미한다. 이 소녀가 죽음에서 일어난 것은 이제 이후로 복음 안에 있는 사람들은 모두 죽음을 이겼다는 것을 의미한다. 그러니 비록 육체적인 죽음으로 마치게 되어도 그렇게 두려워할 필요가 없다. 이미 복음 안에서는 영원한 생명을 가지고 있기 때문이다. 우리는 더이상 죽으면 어찌 되는지 모르지 않다. 죽으면 지옥에 가는 것이 아니다. 복음 안에서는 죽으면 영생에 간다. 복음이 말하는 영원한 하나님 나라에서 영원한 생명을 누리게 된다. 그래서 이 소녀를 살리신 것은 소녀를 살린 것만이 아니라 우리 안에 있는 죽음에 대한 두려움에서 우리를 건지신 것이다. 이제 우리에게 필요한 것은 두려워하지 말고 믿는 것이다.

3. 갈릴리 사역 마무리
(6:1-6:56)

6장

1 예수께서 거기를 떠나사 고향으로 가시니 제자들도 따르니라

1 Jesus left that place and went back to his home town, followed by his disciples.

6:1 고향. 이 단어는 과거에 태어나서 자란 곳이거나 지금 살고 있는 곳을 의미한다. 예수님의 경우 과거에 오랫동안 사셨던 곳을 의미할 것이다. 현재는 예수님과 그 가족이 가버나움으로 이사한 것으로 보인다. 오랫동안 나사렛에서 사셨었기 때문에 나사렛에 가셨다. 나사렛의 인구는 300명 정도로 오늘날 시골의 '리'정도에 해당하는 인구다. 작은 마을은 주로 친척들이 많이 살았다. 현재도 예수님의 누이들이 살았으니 누이로 인한 결혼관계로 맺어진 사람들 만도 많았을 것이다. 예수님은 30년 이상을 사신 나사렛에 큰 애정을 가지고 계셨을 것이다. 그래서 나사렛에 가셔서 회당에서 가르치셨다.

2 안식일이 되어 회당에서 가르치시니 많은 사람이 듣고 놀라 이르되 이 사람이 어디서 이런 것을 얻었느냐 이 사람이 받은 지혜와 그 손으로 이루어지는 이런 권능이 어찌됨이냐

2 On the Sabbath he began to teach in the synagogue. Many people were there; and when they heard him, they were all amazed. "Where did he get all this?" they asked. "What wisdom is this that has been given him? How does he perform miracles?

6:2 많은 사람이 듣고 놀라. 예수님의 가르침이 아주 뛰어나 사람들이 놀랐다. **어디서 이런 것을 얻었느냐 이 사람이 받은 지혜와 그 손으로 이루어지는 이런 권능이 어찌됨이냐.** 예수님이 하시는 말씀이나 이루어진 일이나 도무지 이전의 예수님의 모습과는 완전히 달라서 놀랐다.

3 이 사람이 마리아의 아들 목수가 아니냐 야고보와 요셉과 유다와 시몬의 형제가 아니냐 그 누이들이 우리와 함께 여기 있지 아니하냐 하고 예수를 배척한지라
3 Isn't he the carpenter, the son of Mary, and the brother of James, Joseph, Judas, and Simon? Aren't his sisters living here?" And so they rejected him.

6:3 목수. 그들이 알고 있던 예수님은 율법을 공부한 학자가 아니라 거친 일을 하던 '기술자'였다. '목수'로 번역한 단어(헬, 테크톤)는 기술자를 의미하는 단어인데 목수와 석수 다 번역 가능하나 석수로 번역하는 것이 더 나을 것 같다. 이스라엘은 나무보다는 돌로 집을 짓기 때문에 돌로 건축하는 일에 불려 다니던 일꾼을 의미할 것이다. 목수와 석수일을 동시에 하였을 수도 있다. 여하튼 예수님을 '목수가 아니냐'라고 말하는 것은 얕잡아 보는 말이다. 사람들은 이전에 그들이 알던 예수님에 대해 말하였다. '마리아의 아들' '목수' '시몬의 형제' '누이들이 우리와 함께 여기 있지 아니하냐' 등의 말로 서로 이야기하였다. 예수님께서 전하시는 복음은 뒤로 두고 주변의 것들만 이야기하였다. **예수를 배척한지라.** 그들은 예수님의 가르침을 받아들이지 않았다. 배척하였다. 예수님의 가르침이 분명 놀라웠지만 그래도 받아들이지 않았다. 그들은 이전에 그들이 예수님을 보아왔던 것에 너무 익숙해 있었다. 그들은 이전에 그들이 알고 있던 예수님에 대한 이미지를 벗어나지 못하였다. 그래서 예수님께서 공생애를 시작하시고 전하시는 복음을 받아들이지 못했다. 복음이 아니라 단지 예수님의 전 모습만 생각하였다.

4 예수께서 그들에게 이르시되 선지자가 자기 고향과 자기 친척과 자기 집 외에서는 존경을 받지 못함이 없느니라 하시며
4 Jesus said to them, "Prophets are respected everywhere except in their own home town and by their relatives and their family."

6:4 선지자가 자기 고향과 자기 친척과 자기 집 외에서는 존경을 받지 못함이 없느니라. 예수님은 그 상황을 그들이 잘 알고 있는 한 격언으로 말씀하셨다. 선지자들이 하나님의 말씀을 전할 때 사람들은 잘 받아들이지 않았다. 그들이 알고 있던 이전 모습에 익숙해 있기 때문이다.

5 거기서는 아무 권능도 행하실 수 없어 다만 소수의 병자에게 안수하여 고치

실 뿐이었고

5 He was not able to perform any miracles there, except that he placed his hands on a few sick people and healed them.

6:5 거기서는 아무 권능도 행하실 수 없어. 예수님은 나사렛에서 복음의 권능을 활발히 행하지 않으셨다. '행하실 수 없다'고까지 말씀한다. 왜 그럴까? 사람들의 믿음이 없었기 때문이다. 예수님의 과거 모습에 갇혀 현재의 모습을 믿지 못하였기 때문에 복음의 능력이 그들 안에 나타나지 않은 것이다.

앞 부분(4:1-5:43)에서는 복음이 얼마나 대단한 지에 대해 말하였다. 복음이 겨자씨만 하게 들려지지만 그것이 결실을 맺을 때 대단한 열매를 맺는다는 것을 말하였다. 바다를 잔잔하게 하고, 수천의 악령을 쫓아내시고, 죽은 자를 살리시고, 오랜 기간 병든 자를 치료하셨다. 예수님은 하나님 나라의 왕이셔서 그 모든 것을 쉽게 행하셨다. 복음이 빛났다. 이제 복음이 자명하게 보였다. 복음의 시대가 된 것 같았다. 그러나 가장 사랑스러운 나사렛에서 거절되셨다. 사람들에게 복음의 위대함이 드러나지 않았다. 그들이 믿지 않았기 때문이다. 복음은 동일하였으나 그들에게 믿음이 없음으로 복음이 빛나지 않았다. 믿음이 없으면 복음이 결코 복음이 되지 못한다. 오직 믿음이 있어야만 복음이 복음 된다.

6 그들이 믿지 않음을 이상히 여기셨더라 이에 모든 촌에 두루 다니시며 가르치시더라

6 He was greatly surprised, because the people did not have faith. Then Jesus went to the villages round there, teaching the people.

6:6 모든 촌에 두루 다니시며. 오히려 더 많은 곳을 다니시면서 가르치셨다. 사람들이 복음을 배척하는 것은 안타까운 일이다. 고향 사람들이 복음을 배척하는 것은 더욱 마음을 아프게 할 수 있다. 그런데 그래도 복음은 전해져야 한다. 오직 복음만이 생명의 길이기 때문이다.

7 열두 제자를 부르사 둘씩 둘씩 보내시며 더러운 귀신을 제어하는 권능을 주시고

7 He called the twelve disciples together and sent them out two by two. He gave them authority over the evil spirits

6:7 예수님께서 다시 가버나움에 돌아오셨다. 근방에 제자들을 파송하셨다. 갈릴리 지역에서의 전도 마무리 성격이다.

> 8 명하시되 여행을 위하여 지팡이 외에는 양식이나 배낭이나 전대의 돈이나 아무 것도 가지지 말며
> 8 and ordered them, "Don't take anything with you on your journey except a stick—no bread, no beggar's bag, no money in your pockets.

6:8 지팡이 외에는 양식이나...아무 것도 가지지 말며. 출애굽 때의 상황을 상기시킨다. 그때 하나님의 백성들이 비장한 각오를 해야 했듯이 제자들도 그런 마음으로 세상을 향해 나가야 한다. 그들은 늘 환영받지는 않을 것이다. 그러나 분명한 것은 그들이 전하는 복음을 절실하게 필요로 하는 사람들이 있을 것이며 그들에게는 생명의 은인이 될 것이다. 지팡이는 지금 그들이 가지고 있는 것을 말하는 것이고 험한 곳을 오를 때 필수이기 때문에 지팡이만 가지라 하셨을 것이다. 그런데 양식, 배낭, 돈 또한 전도를 나갈 때 필수다. 그런데 그것을 가지지 말라고 말씀하셨다. 곧 무엇인가 추가하지 말고 최소한의 모습으로 나가라는 말씀이다. 이것은 복음에 대한 확신이고 믿음이다.

이것은 '거지 전도' 같은 전도 방법을 말하는 것이 아니다. 복음을 복음으로 믿는 사람들이 살아갈 중요한 방향을 말한다. 복음(하나님 나라)을 전하고 세상 나라의 깃을 얻으려 하지 말아야 한다. 복음과 세상 나라의 것을 교환하는 것은 참으로 어리석은 일이다. 어떤 복음 전도자들은 호화생활을 한다. 그것은 복음에 합당하지 않다. 물론 금욕적으로 살아야 하는 것은 아니다. 그러나 최소한 복음을 세상 나라의 무엇과 바꾸려고 하지 말아야 한다. 복음을 오염시키지 말아야 한다. 화려함이 아니라 믿음으로 받아들이는 복음이 위대하다.

> 9 신만 신고 두 벌 옷도 입지 말라 하시고
> 10 또 이르시되 어디서든지 누구의 집에 들어가거든 그 곳을 떠나기까지 거기 유하라
> 9 Wear sandals, but don't carry an extra shirt."
> 10 He also said, "Wherever you are welcomed, stay in the same house until you leave that place.

6:10 누구의 집에 들어가거든 그 곳을 떠나기까지 거기 유하라. 이것은 더 좋은 숙소가 있다고 그곳으로 옮기지 말라는 것이다. 장소가 더 좋으면 복음을 전하기 더 좋다는

말로 합리화하지 말고 처음 머물렀던 집에 머물러야 한다.

> **11** 어느 곳에서든지 너희를 영접하지 아니하고 너희 말을 듣지도 아니하거든 거기서 나갈 때에 발 아래 먼지를 떨어버려 그들에게 증거를 삼으라 하시니
> **11** If you come to a town where people do not welcome you or will not listen to you, leave it and shake the dust off your feet. That will be a warning to them!"

6:11 너희 말을 듣지도 아니하거든 거기서 나갈 때에 발 아래 먼지를 떨어버려. 제자들이 복음을 전할 때도 거부하는 사람들이 분명히 있을 것이다. 복음은 참으로 위대하지만 거부하는 사람들이 분명히 있다. 복음을 거부함으로 놓치는 것은 온전히 그들 책임이다. 그것을 '발 아래 먼지를 털어 버리는 것'으로 상징하는 것이다. 그들의 거부를 절망하지 말고 복음이 필요한 사람을 찾아 나서야 한다. 복음을 믿으면 영원히 행복한 생명이 있는데 어찌 주저하고 있겠는가? 복음이 거부당할 때 낙심하지 말고 당당하고 행복한 마음으로 복음을 자랑해야 한다.

> **12** 제자들이 나가서 회개하라 전파하고
> **13** 많은 귀신을 쫓아내며 많은 병자에게 기름을 발라 고치더라
> **12** So they went out and preached that people should turn away from their sins.
> **13** They drove out many demons, and rubbed olive oil on many sick people and healed them.

6:13 어쩌면 악령에 사로잡혀 자기 파괴적인 삶을 살고 있고, 어떤 사람은 커다란 병에 걸렸다가 자신이 가던 길이 얼마나 소망 없는 지를 생각하게 되어 하나님 나라를 바라보게 되기도 할 것이다. 그렇다면 그들의 연약함은 복이다.

> **14** 이에 예수의 이름이 드러난지라 헤롯 왕이 듣고 이르되 이는 세례 요한이 죽은 자 가운데서 살아났도다 그러므로 이런 능력이 그 속에서 일어나느니라 하고
> **14** Now King Herod heard about all this, because Jesus' reputation had spread everywhere. Some people were saying, "John the Baptist has come back to life! That is why he has this power to perform miracles."

6:14 이에 예수의 이름이 드러난지라. 헤롯은 자신의 영토 갈릴리에서 일어나고 있는 복음 전파에 대한 소식을 들었다. **헤롯.** 헤롯 안티파스를 말한다. 그의 아버지 헤롯

대왕이 사마리아 여인과의 사이에서 난 아들이다. 그는 갈릴리와 베레아 지역의 왕이다. 그런데 로마의 아우구스투스는 헤롯 대왕에게는 왕이라는 칭호를 주었지만, 그가 죽고 주전 4년에 그의 나라를 4개로 분할하여 헤롯의 아들들에게 줄 때는 왕이라는 칭호를 주지 않았다. 그래서 엄격하게 말하면 왕이 아니다. 왕보다 낮은 계급으로서 로마의 통치를 위임받은 관리인 정도밖에 되지 않는다. 이후에 유대와 사마리아 지역을 통치하는 헤롯 아그립바는 왕 칭호를 받았지만 헤롯 안티파스는 끝내 왕 칭호를 받지 못했다. 그는 주전 4년부터 주후 39년까지 통치했기 때문에 이 당시 오랫동안 통치하고 있었다. **세례 요한이 죽은 자 가운데서 살아났도다.** 그는 세례 요한을 영적인 거인으로 생각하며 두려워하였다. 그가 세례 요한을 죽였기 때문에 더욱 더 집착증 같은 두려움을 가지고 있었다.

> **15** 어떤 이는 그가 엘리야라 하고 또 어떤 이는 그가 선지자니 옛 선지자 중의 하나와 같다 하되
> **15** Others, however, said, "He is Elijah." Others said, "He is a prophet, like one of the prophets of long ago."

6:15 어떤 이는 그가 엘리야...선지자. 헤롯의 옆에 있던 사람들이 예수님을 엘리야와 같은 큰 선지자로 또는 일반 선지자로 생각하였다. 그들은 예수님을 통해 일어나고 있는 일이 심상치 않은 일이라는 것을 알고 있었다. 그러나 '거기까지'다. 세속의 사람들도 영적인 일에 부분적인 관심을 가지고 있다. 막연한 두려움을 가지고 있다. 그래서 영적인 일에 대해 이런저런 자신들만의 의견을 내놓기도 한다. 그러나 복음은 영적인 느낌으로 되는 것이 아니다. 그들의 영적인 느낌은 어리석어 오히려 복음을 더 억압하였다. 전혀 맞지 않는 생각으로 복음을 대하였기 때문에 그들은 복음을 알지 못하였고 오히려 억압하였다.

> **16** 헤롯은 듣고 이르되 내가 목 벤 요한 그가 살아났다 하더라
> **16** When Herod heard it, he said, "He is John the Baptist! I had his head cut off, but he has come back to life!"

6:16 내가 목 벤 요한 그가 살아났다. 헤롯 안티파스는 끝까지 자신의 생각을 굽히지 않았다. 예수라는 사람은 분명히 자신이 죽인 세례 요한이 살아난 것이라고 생각하였다. 두려움으로 떨었을 것이다. 그는 영적인 두려움을 가지고 있었다. 그러나 그것

은 복음에 대한 무지에서 나오는 두려움이었다. 그래서 복음을 두려워하였지만 복음을 전혀 몰랐다. 복음은 분명한 지식을 기반으로 한다. 복음은 영원하도록 실재하는 하나님 나라에 대한 이야기다. 그것은 막연한 생각이나 느낌으로 알 수 있는 것이 아니다. 그래서 복음을 알기 위해서는 복음의 주인이신 하나님께서 말씀하시는 것을 잘 살펴보아야 한다. 순종해야 한다.

이 부분은 예수님께서 제자를 파송하신 후 돌아와서 보고하기 전까지 그 중간 부분이다. 그 중간에 헤롯의 반응과 헤롯이 이전에 세례 요한을 죽인 이야기를 집어 넣어 구성하고 있다. 왜 헤롯이 세례 요한을 죽인 이전의 이야기를 복음을 전하는 일의 중간에 집어 넣었을까? 복음을 예비적으로 전하던 세례 요한이 그것 때문에 죽임당한 것을 전하면서 '복음과 복음에 대한 억압'과의 관계를 말하고자 하는 것으로 보인다.

> **17** 전에 헤롯이 자기가 동생 빌립의 아내 헤로디아에게 장가 든 고로 이 여자를 위하여 사람을 보내어 요한을 잡아 옥에 가두었으니
> **17** Herod himself had ordered John's arrest, and he had him chained and put in prison. Herod did this because of Herodias, whom he had married, even though she was the wife of his brother Philip.

6:17 헤롯이 자기가 동생 빌립의 아내 헤로디아에게 장가 든 고로. 헤롯 안티파스는 로마에 갔다가 자신의 배다른 동생 헤롯 빌립의 아내 헤로디아와 사랑에 빠졌다. 그래서 자신의 아내와 이혼하고 자신의 제수인 헤로디아와 결혼하는 세기의 불장난 사랑을 하였다. 당시 사해 바다 동쪽에서 상당히 강한 힘을 가지고 있던 나바티안 왕국의 왕의 딸이 헤롯의 아내였다. 그는 자신의 딸이 하루 아침에 헤롯 안티파스에게 버림받는 것을 보고 전쟁을 일으켰다. 그렇게 헤롯 안티파스는 대단한 모험을 하면서 헤로디아와 결혼하였다.

> **18** 이는 요한이 헤롯에게 말하되 동생의 아내를 취한 것이 옳지 않다 하였음이라
> **18** John the Baptist kept telling Herod, "It isn't right for you to be married to your brother's wife!"

6:18 요한이...동생의 아내를 취한 것이 옳지 않다. 헤롯은 헤로디아를 위해 전쟁도 불사하였는데 아무 힘도 없는 세례 요한이 자신의 결혼을 사람들에게 비방하고 다니자 그를 옥에 가두었다. 세례 요한이 헤롯의 행위를 성경에 어긋난다고 책망하였기 때문이다.

19 헤로디아가 요한을 원수로 여겨 죽이고자 하였으되 하지 못한 것은

20 헤롯이 요한을 의롭고 거룩한 사람으로 알고 두려워하여 보호하며 또 그의 말을 들을 때에 크게 번민을 하면서도 달갑게 들음이러라

21 마침 기회가 좋은 날이 왔으니 곧 헤롯이 자기 생일에 대신들과 천부장들과 갈릴리의 귀인들로 더불어 잔치할새

22 헤로디아의 딸이 친히 들어와 춤을 추어 헤롯과 그와 함께 앉은 자들을 기쁘게 한지라 왕이 그 소녀에게 이르되 무엇이든지 네가 원하는 것을 내게 구하라 내가 주리라 하고

19 So Herodias held a grudge against John and wanted to kill him, but she could not because of Herod.

20 Herod was afraid of John because he knew that John was a good and holy man, and so he kept him safe. He liked to listen to him, even though he became greatly disturbed every time he heard him.

21 Finally Herodias got her chance. It was on Herod's birthday, when he gave a feast for all the chief government officials, the military commanders, and the leading citizens of Galilee.

22 The daughter of Herodias came in and danced, and pleased Herod and his guests. So the king said to the girl, "What would you like to have? I will give you anything you want."

6:22 네가 원하는 것을 내게 구하라 내가 주리라. 헤롯은 자신의 생일에 아주 멋있는 춤을 춘 헤로디아의 딸에게 무엇이든 청하면 들어주겠다는 약속을 하였다.

23 또 맹세하기를 무엇이든지 네가 내게 구하면 내 나라의 절반까지라도 주리라 하거늘

24 그가 나가서 그 어머니에게 말하되 내가 무엇을 구하리이까 그 어머니가 이르되 세례 요한의 머리를 구하라 하니

25 그가 곧 왕에게 급히 들어가 구하여 이르되 세례 요한의 머리를 소반에 얹어 곧 내게 주기를 원하옵나이다 하니

23 With many vows he said to her, "I swear that I will give you anything you ask for, even as much as half my kingdom!"

24 So the girl went out and asked her mother, "What shall I ask for?" "The head of John the Baptist," she answered.

25 The girl hurried back at once to the king and demanded, "I want you to give me here and now the head of John the Baptist on a dish!"

6:25 세례 요한의 머리를 소반에 얹어 곧 내게 주기를 원하옵나이다. 헤로디아의 딸은 헤로디아의 계략에 따라 세례 요한의 머리를 요구하였다. 헤롯 안티파스는 그 일로 인하여 근심하였다. 그가 세례 요한에 대한 존경심과 두려움을 가지고 있었기 때문이다. 그러나 많은 사람들 앞에서 약속한 자신의 체면이 더 컸다.

26 왕이 심히 근심하나 자기가 맹세한 것과 그 앉은 자들로 인하여 그를 거절할 수 없는지라

26 This made the king very sad, but he could not refuse her because of the vows he had made in front of all his guests.

6:26 심히 근심. 이 단어는 예수님이 겟세마네에서 근심하실 때의 모습에 사용된 단어다. 그만큼 헤롯이 크게 근심하고 있었음을 보여준다. 그러나 헤롯은 결국 세례 요한을 죽였다.

27 왕이 곧 시위병 하나를 보내어 요한의 머리를 가져오라 명하니 그 사람이 나가 옥에서 요한을 목 베어

27 So he sent off a guard at once with orders to bring John's head. The guard left, went to the prison, and cut John's head off;

6:27 왕이 곧 시위병 하나를 보내어 요한의 머리를 가져오라. 왕의 명령에 병사는 가서 세례 요한의 머리를 잘랐다. 복음의 큰 일꾼인 세례 요한은 그렇게 맥없이 쉽게 죽임을 당하였다.

두 여인의 계략과 헤롯의 가벼운 약속 때문에 세례 요한이 너무 허망하게 죽임을 당하였다. 이것을 어찌 설명할 수 있을까? 세속의 계략과 힘에 의해 세례 요한이 그렇게 힘 없이 무너지는 모습을 보면서 복음의 나약함을 생각할 수 있다. 그러나 이것은 복음의 나약함이 아니라 강함이다. 복음 때문에 그렇게 죽임을 당하였는데도 불구하고 복음은 멈추지 않았다. 최소한 세례 요한은 억울하고 힘이 없어 당한 것 같다. 그러나 그렇지 않다. 그것은 이 땅의 세상 위주의 생각이다. 세례 요한은 죽음으로 불쌍하게 된 것이 아니라 영원한 하나님 나라에 들어갔다. 복음을 위하여 참으로 영광스럽게 살았고 죽을 때도 복음을 위하여 영광스럽게 죽은 것이다.

28 그 머리를 소반에 얹어다가 소녀에게 주니 소녀가 이것을 그 어머니에게 주니라
29 요한의 제자들이 듣고 와서 시체를 가져다가 장사하니라
30 사도들이 예수께 모여 자기들이 행한 것과 가르친 것을 낱낱이 고하니

28 then he brought it on a dish and gave it to the girl, who gave it to her mother.
29 When John's disciples heard about this, they came and took away his body, and buried it.
30 The apostles returned and met with Jesus, and told him all they had done and taught.

6:30 제자들이 돌아와서 자신들이 가르치고 행한 일을 보고하였다. 그들은 매우 열심히 복음전도 사역을 하고 온 것으로 보인다. 매우 성공적인 사역이었던 것으로 보인다.

31 이르시되 너희는 따로 한적한 곳에 가서 잠깐 쉬어라 하시니 이는 오고 가는 사람이 많아 음식 먹을 겨를도 없음이라
31 There were so many people coming and going that Jesus and his disciples didn't even have time to eat. So he said to them, "Let us go off by ourselves to some place where we will be alone and you can rest for a while."

6:31 한적한 곳에 가서 잠깐 쉬어라. 제자들만 보낸 것을 의미하는 것이 아니라 예수님께서 함께 한적한 곳으로 가시자는 말씀이다. **오고 가는 사람이 많아.** 예수님이 계신 것을 알고 사람들이 모여든 것을 말한다. **음식 먹을 겨를도 없음이라.** 제자들이 열심히 일하고 돌아왔는데 예수님께 오니 또 사람들이 너무 많이 모여서 음식 먹을 겨를도 없었다. 그래서 그들은 많이 지쳐 있었고 그것을 알고 예수님께서 한적한 곳으로 가자고 말씀하신 것이다.

제자들이 복음을 위해 열심히 일하였으니 지치지 말고 힘이 샘솟듯 솟으면 좋을 것 같다. 그러나 예수님은 그들에게 새 힘을 주신 것이 아니라 한적한 곳으로 쉬러 가시는 것을 선택하셨다. 그들이 쉬어야 하기 때문이다. 복음을 위하여 일하였는데 왜 이렇게 어려운 일이 생길까? 이런 질문을 받을 때가 있다. 그러나 복음을 위하여 일하면 몸이 피곤하지 않고, 어려운 일이 생기지 않는 것이 아니다. 복음을 위하여 일하였으면 복음을 위한 그것이 하늘에 쌓일 것이다. 그것이 복이다. 세속의 나라에서 무엇인가 보상이 있어야 복이 되는 것이 아니다. 하늘에서 보상이 있어야 복이다. 하늘에서의 복이 크고 영원하기 때문이다.

32 이에 배를 타고 따로 한적한 곳에 갈새
33 그들이 가는 것을 보고 많은 사람이 그들인 줄 안지라 모든 고을로부터 도보로 그 곳에 달려와 그들보다 먼저 갔더라
32 So they started out in a boat by themselves for a lonely place.
33 Many people, however, saw them leave and knew at once who they were; so they went from all the towns and ran ahead by land and arrived at the place ahead of Jesus and his disciples.

6:32-33 그들이 가는 것을 보고...도보로 그곳에 달려와 그들보다 먼저 갔더라. 이번에

는 건너편에 가신 것이 아니라 해안선을 따라 북쪽으로 올라가셨다. 그리 먼 길이 아니다. 사람들은 배가 북쪽으로 움직이는 것을 보고 그 배를 따라 뛰다시피 하여 가서 예수님 일행보다 먼저 도착하였다.

> **34** 예수께서 나오사 큰 무리를 보시고 그 목자 없는 양 같음으로 인하여 불쌍히 여기사 이에 여러 가지로 가르치시더라
>
> **34** When Jesus got out of the boat, he saw this large crowd, and his heart was filled with pity for them, because they were like sheep without a shepherd. So he began to teach them many things.

6:34 예수께서...불쌍히 여기사 이에 여러 가지로 가르치시더라. 예수님은 그들을 피해 배를 타고 한적한 곳으로 가시기 위해 오셨다. 그런데 한적한 그곳은 이미 많은 사람이 모여 기다리고 있었다. 피하기 위해 오셨는데 많은 사람이 있으니 답답할 수도 있다. 그러나 예수님은 위로를 찾는 그들의 모습을 보시고 불쌍히 여기셨다. 그래서 피곤한 몸을 안고 또 가르치셨다.

> **35** 때가 저물어가매 제자들이 예수께 나아와 여짜오되 이 곳은 빈 들이요 날도 저물어가니
>
> **35** When it was getting late, his disciples came to him and said, "It is already very late, and this is a lonely place.

6:35 때가 저물어가매. 외진 곳에 많은 사람들이 모여 있었다. 예수님은 그들에게 열심히 가르치고 계셨다. 그런데 이제 때가 되었는데 그들이 돌아갈 생각을 하지 않았다.

> **36** 무리를 보내어 두루 촌과 마을로 가서 무엇을 사 먹게 하옵소서
>
> **36** Send the people away, and let them go to the nearby farms and villages in order to buy themselves something to eat."

6:36 무리를 보내어. 제자들은 무리를 빨리 보내야 한다고 주장하였다. 그러나 예수님은 늦은 시간 사람들이 배고픈 배를 움켜잡고 먼 곳을 가야 한다는 사실에 마음이 쓰이셨다. 그래서 놀라운 일을 생각하셨다.

37 대답하여 이르시되 너희가 먹을 것을 주라 하시니 여짜오되 우리가 가서 이 백 데나리온의 떡을 사다 먹이리이까

37 "You yourselves give them something to eat," Jesus answered. They asked, "Do you want us to go and spend two hundred silver coins on bread in order to feed them?"

6:37 너희가 먹을 것을 주라...우리가 가서 이백 데나리온의 떡을 사다 먹이리이까. 먹을 것을 주라는 예수님의 말씀에 제자들은 놀라서 이천만원이나 되는 돈을 들여서 빵을 사와 나누어 주라는 것인지 반문하였다. 예수님은 제자들에게 어떤 양식이 있는지 물으셨다. 사람들은 이렇게 시간이 흐를 것을 예상하지 못해서 음식을 준비하지 못했고 어떤 한 소년이 가진 아주 적은 양의 도시락 하나가 있었을 뿐이었다.

38 이르시되 너희에게 떡 몇 개나 있는지 가서 보라 하시니 알아보고 이르되 떡 다섯 개와 물고기 두 마리가 있더이다 하거늘
39 제자들에게 명하사 그 모든 사람으로 떼를 지어 푸른 잔디 위에 앉게 하시니
40 떼로 백 명씩 또는 오십 명씩 앉은지라
41 예수께서 떡 다섯 개와 물고기 두 마리를 가지사 하늘을 우러러 축사하시고 떡을 떼어 제자들에게 주어 사람들에게 나누어 주게 하시고 또 물고기 두 마리도 모든 사람에게 나누시매

38 So Jesus asked them, "How much bread have you got? Go and see." When they found out, they told him, "Five loaves and also two fish."
39 Jesus then told his disciples to make all the people divide into groups and sit down on the green grass.
40 So the people sat down in rows, in groups of a hundred and groups of fifty.
41 Then Jesus took the five loaves and the two fish, looked up to heaven, and gave thanks to God. He broke the loaves and gave them to his disciples to distribute to the people. He also divided the two fish among them all.

6:41 떡 다섯 개와 물고기 두 마리를 가지사 하늘을 우러러 축사하시고 떡을 떼어 제자들에게 주어. 빵 다섯개와 물고기 두 마리밖에 없었는데 그것으로 만 명 이상의 사람들이 먹었다. 배불리 먹고 남았다. 어떻게 이런 일이 가능하게 되었을까? 이 사건은 참으로 놀라워 사복음서 모두에 기록된 유일한 기적 이야기다. 어떻게 이런 일이 가능하게 되었을까? 그런데 마가는 이것을 아주 담담하게 전하고 있다. 사람들은 빵과 물고기가 어떻게 그렇게 많아졌는지 생생한 과정에 더 관심을 가질 것이다. 그런데 그런 것에 대해서는 전혀 기록하고 있지 않다.

42 다 배불리 먹고
42 Everyone ate and had enough.

6:42 다 배불리 먹고. 오빵이어의 기적은 참으로 놀라운 일이다. 이것은 복음의 풍성함을 가르친다. 복음 안에서는 이제 모든 것이 풍성하다. 하나님 나라에 어찌 배고픔이나 궁핍함이 있겠는가? 그것을 만 명이나 되는 사람이 한꺼번에 경험하였다. 그런데 이때 대부분의 사람들은 착각하였다. 이들은 믿음이 없는 헤롯과 믿음이 있는 제자들 사이 중간에 위치한 사람들이다. 그들은 예수님을 찾아왔고 오빵이어의 기적을 통해 음식까지 먹었다. 그러나 그들 중에 복음의 풍성함에 참여한 사람들은 적었다. 그들은 단지 한끼 먹고 끝난 사람이 대부분이었다. 그들은 오빵이어 기적의 현장에 있었지만 이것을 한 끼의 배부름으로 만족하고 끝났다. 이것은 오빵이어의 낭비다. 이 사건을 통해서 백성들이 깨달아야 하는 것은 복음의 풍성함이다. 한끼의 배부름이 아니라 복음 안에 있는 '영원한 배부름'을 깨달아야 했다. 주님이 말씀하시는 복음 안에 영원한 배부름이 담겨 있고, 믿기만 하면 그들은 복음의 백성이 되어 영원한 배부름 속에 살게 된다는 것을 알아야 하는데 그것을 놓쳤다.

43 남은 떡 조각과 물고기를 열두 바구니에 차게 거두었으며
44 떡을 먹은 남자는 오천 명이었더라
43 Then the disciples took up twelve baskets full of what was left of the bread and the fish.
44 The number of men who were fed was 5,000.

6:44 떡을 먹은 남자. 오늘날 신앙인에게 오빵이어가 자신들의 이야기이어야 한다. 오빵이어는 한 끼의 배부름을 위해 주어진 것이 아니라 영원한 배부름을 위해 주어진 것이다. 그것을 이해하지 못하는 사람은 오빵이어의 식사가 다른 한 끼와 다르지 않다. 결코 다르지 않다. 그러나 그것을 이해하는 사람에게는 이후에 배고픔이 없는 영원한 양식이 된다.

오늘날 그 사건을 대하는 사람들에게도 마찬가지다. 오빵이어라는 흥미진진한 기적으로만 여긴다면 하나의 이야기에 불과할 것이다. 오직 그 의미를 알고 그 기적의 의미대로 천국에서의 풍성한 양식을 소유하게 됨을 기뻐하는 사람에게 그 기적은 옛날 하나의 이야기가 아닌 오늘의 영원한 양식이 될 것이다. 나는 식사기도를 할 때 그것을 오빵이어의 기적보다 더 큰 기적으로 감사히 먹겠다고 기도할 때가 많다.

45 예수께서 즉시 제자들을 재촉하사 자기가 무리를 보내는 동안에 배 타고 앞서 건너편 벳새다로 가게 하시고

45 At once Jesus made his disciples get into the boat and go ahead of him to Bethsaida, on the other side of the lake, while he sent the crowd away.

6:45 예수께서 즉시 제자들을 재촉하사. 사람들이 예수님께 열광하였다. 그러나 예수님은 급히 사람들과 멀어지고자 하셨다. 왜 그러셨을까? 그들의 열광이 믿음에서 나온 것이 아니기 때문이다. 많은 사람이 열광하면 좋은 열매 같다. 성도들이 목회자에게 열광하면 좋을 것 같다. 세상 사람들이 교회에 열광하면 좋을 것 같다. 그러나 그러한 열광은 위험하다. 열광하는 사람에게도 위험하며, 열광을 받는 사람도 위험하다. 오늘날 그러한 열광으로 망하고 있는 사람들을 많이 본다. 그들이 열광하는 것은 복음 때문이 아니었다. 그들이 열광한 것은 세속에 속한 한 끼의 식사 때문이었다. 그것처럼 세속에 속한 번영이나 거짓에 열광하는 것은 매우 위험하다. **건너편 벳새다로 가게 하시고.** 벳새다는 아마 두 곳이 있었던 것으로 여겨진다. 호수 북쪽 요단강 우편과 오늘날 오병이어 기념교회가 세워진 타브가 지역이다. 전통적으로는 타브가 지역만 벳새다로 여겨 이곳에서 오빵이어의 기적이 일어난 것으로 여기지만 호수 북쪽에서 오빵이어의 기적이 있었던 것으로 보이기 때문에 여기에서 벳새다는 타브가 지역의 벳새다를 의미하는 것으로 보인다.

46 무리를 작별하신 후에 기도하러 산으로 가시니라
47 저물매 배는 바다 가운데 있고 예수께서는 홀로 뭍에 계시다가
48 바람이 거스르므로 제자들이 힘겹게 노 젓는 것을 보시고 밤 사경쯤에 바다 위로 걸어서 그들에게 오사 지나가려고 하시매

46 After saying goodbye to the people he went away to a hill to pray.
47 When evening came, the boat was in the middle of the lake, while Jesus was alone on land.
48 He saw that his disciples were straining at the oars, because they were rowing against the wind; so some time between three and six o'clock in the morning he came to them, walking on the water. He was going to pass them by,

6:48 바람이 거스르므로 제자들이 힘겹게 노 젓는 것을 보시고. 해질녘에 제자들이 배를 타고 떠났다. 그러면 얼마 안 가 벳새다에 도착할 수 있다. 그런데 제자들은 맞바람 때문에 힘겹게 노를 저었다. **밤 사경.** 새벽 3시-6시를 말한다. 거의 9시간 이상을 배를 젓고 있었다. 걸어가는 것이 훨씬 더 빨랐을 것이다.

49 제자들이 그가 바다 위로 걸어 오심을 보고 유령인가 하여 소리 지르니

49 but they saw him walking on the water. "It's a ghost!" they thought, and screamed.

6:49 유령인가 하여 소리 지르니. 제자들은 예수님이 바다를 걸어 오시는 것을 보고 환영이라고 생각한 것 같다. 당시에 환영을 보는 것은 좋지 못한 징조로 여겼다.

50 그들이 다 예수를 보고 놀람이라 이에 예수께서 곧 그들에게 말씀하여 이르시되 안심하라 내니 두려워하지 말라 하시고

50 They were all terrified when they saw him. Jesus spoke to them at once, "Courage!" he said. "It is I. Don't be afraid!"

6:50 내니 두려워하지 말라. 예수님이 바다 위를 걸어 오시리라는 것을 전혀 생각하지 못해 두려워하고 있던 그들에게 예수님이심을 말씀하셨다.

51 배에 올라 그들에게 가시니 바람이 그치는지라 제자들이 마음에 심히 놀라니

51 Then he got into the boat with them, and the wind died down. The disciples were completely amazed,

6:51 제자들이 마음에 심히 놀라니. 그들은 바다 위를 걸어오신 예수님을 보고 심히 놀랐다. 그리고 마태복음을 보면 베드로가 바다를 걷는 시도를 하여 조금 걷다가 빠진 이야기가 있다. 그러한 일들을 통해 제자들은 매우 놀랐을 것이다. 놀람이 매우 강조된 표현이다.

52 이는 그들이 그 떡 떼시던 일을 깨닫지 못하고 도리어 그 마음이 둔하여졌음이러라

52 because they had not understood the real meaning of the feeding of the **5,000**; their minds could not grasp it.

6:52 그 마음이 둔하여졌음이러라. 제자들이 매우 놀라는 것은 믿음이 없기 때문이라는 말씀이다. 그들이 바로 앞에서 오빵이어의 기적을 직접 보았는데 아직도 복음을 믿는 일에 있어 부족한 부분이 있음을 말하는 것이다. 오빵이어의 기적 때문에 예수님을 왕으로 삼으려던 사람들은 복음에 대한 무지 때문이었다. 위험한 열정이었다. 그리고 지금 여전히 제자들도 복음에 대한 이해의 부족이 있음을 볼 수 있다. 많이 알

고 있는 것 같은 제자들에게 필요한 것은 여전히 믿음이었다. 복음을 더 깊이 알기 위해 그들에게 믿음이 필요하였다.

53 건너가 게네사렛 땅에 이르러 대고
53 They crossed the lake and came to land at Gennesaret, where they tied up the boat.

6:53 게네사렛. 북서쪽에 있는 벳새다 바로 옆 지역으로 바람 때문에 조금 옆쪽의 해안으로 도착하게 된 것으로 보인다. 게네사렛은 막달라 지역을 포함한 평야 지역을 지칭하는 말이며 당시 매우 발달하였고 사람이 많이 살았던 지역이다.

54 배에서 내리니 사람들이 곧 예수신 줄을 알고
55 그 온 지방으로 달려 돌아 다니며 예수께서 어디 계시다는 말을 듣는 대로 병든 자를 침상째로 메고 나아오니
54 As they left the boat, people recognized Jesus at once.
55 So they ran throughout the whole region; and wherever they heard he was, they brought to him sick people lying on their mats.

6:55 예수께서 어디 계시다는 말을 듣는 대로 병든 자를 침상째로 메고 나아오니. 예수님의 명성이 자자하였는데 오빵이어익 기저은 기름에 불을 붙이는 격이 되었을 것이다. 온 지역에서 예수님께 몰려들었다. 이전에는 침상 채 메고 오는 경우가 드물었으나 이제는 일반화가 되었다. 사람들이 몰려들었으나 그 안에 함정이 있다. 사람들이 '병든 자'를 데리고 왔다. 사람들은 지금 여전히 병든 자의 치료를 바라고 있다. 복음을 듣고 배우려고 하는 것이 아니라 병든 자를 치료하고자 하였다. 물론 병든 자를 치료하는 것이 더 급한 일이었을 것이다. 그러나 인생은 급한 것보다 중요한 것을 생각할 줄 알아야 한다. 그렇게 급한 것을 위해 좇아가다 보면 복음을 잃기 쉽다. 그들이 예수님의 가르침을 들을 기회는 지금이 마지막이었다.

56 아무 데나 예수께서 들어가시는 지방이나 도시나 마을에서 병자를 시장에 두고 예수께 그의 옷 가에라도 손을 대게 하시기를 간구하니 손을 대는 자는 다 성함을 얻으니라
56 And everywhere Jesus went, to villages, towns, or farms, people would take those who were ill to the market places and beg him to let them at least touch the edge of his cloak; and all who touched it were made well.

6:56 병자를 시장에 두고...손을 대는 자는 다 성함을 얻으니라. 예수님의 갈릴리 사역을 종합하여 요약하는 구절이다. 예수님은 병든 이들을 불쌍히 여기셔서 치료하여 주셨다. 그들 속에 복음이 아니라 여전히 세속의 마음으로 병을 고치고자 하는 것을 보시면서도 불쌍히 여기셔서 치료하여 주셨다. 병이 치료되는 사람이 믿음이 없으면 그것은 세속의 치료로 끝난다. 예수님이 직접 치료하여 주셨어도 그렇다. 그들의 병이 치료되는 것을 통해 복음을 향한 믿음으로 발전하였으면 그것이 가장 좋은 결과일 것이다. 그런데 많은 이들은 여전히 복음에 대한 믿음이 없었던 것으로 보인다. 예수님의 갈릴리 사역은 그렇게 마쳤다.

4. 이방인 전도 사역
(7:1-8:21)

7:1-8:21까지는 이방선교 사역에 대한 이야기다. 예수님은 갈릴리 사역을 마치시고 예루살렘에 올라가시기 전 간략하게 이방인 사역을 하신다. 이방인 사역의 시작점은 거룩에 대한 이야기다. 이스라엘 사람들 특히 바리새인들은 이방인을 향해 아주 큰 벽을 쌓고 있었다. 그 벽을 허무는 가장 중요한 계기는 장로의 전통에 대한 관점이다. 그들은 말씀이 아니라 장로의 전통으로 이방인을 향해 아주 높은 벽을 쳐 놓고 있었기 때문이다.

7장

> 1 바리새인들과 또 서기관 중 몇이 예루살렘에서 와서 예수께 모여들었다가
> 2 그의 제자 중 몇 사람이 부정한 손 곧 씻지 아니한 손으로 떡 먹는 것을 보았더라
> 3 (바리새인들과 모든 유대인들은 장로들의 전통을 지키어 손을 잘 씻지 않고서는 음식을 먹지 아니하며
> 1 Some Pharisees and teachers of the Law who had come from Jerusalem gathered round Jesus.
> 2 They noticed that some of his disciples were eating their food with hands that were ritually unclean—that is, they had not washed them in the way the Pharisees said people should.
> 3 (For the Pharisees, as well as the rest of the Jews, follow the teaching they received from their ancestors: they do not eat unless they wash their hands in the proper way;

7:3 장로들의 전통. '미쉬나'를 의미한다. 말씀을 해석한 것이 '미드라쉬'이며, 말씀을 더 잘 지키기 위해 다양한 것을 더 첨가하여 새로 규정한 구전 율법이 '미쉬나'이다. 이것을 장로들의 전통, 구전 율법, 미쉬나 등으로 부른다. **손을 잘 씻지 않고서는 음식을 먹지 아니하며.** 본래 음식을 먹을 때 손을 씻는 것은 제사를 드리는 제사장들이 씻는 것과, 일반 사람들이 화목제를 드리고 나서 가져온 고기를 함께 먹을 때 먹는 사람들이 손을 씻는 것이 있다. 그러나 장로들의 전통은 그 율법을 더 확장하였다. 제사

장들이 성전에서 하는 것처럼 일반 사람들은 자신들의 집이 성전이기 때문에 자신들의 집에서 또한 그래야 한다고 가르쳤다.

> 4 또 시장에서 돌아와서도 물을 뿌리지 않고서는 먹지 아니하며 그 외에도 여러 가지를 지키어 오는 것이 있으니 잔과 주발과 놋그릇을 씻음이러라)
>
> 4 nor do they eat anything that comes from the market unless they wash it first. And they follow many other rules which they have received, such as the proper way to wash cups, pots, copper bowls, and beds.)

7:4 시장에서 돌아와서도 물을 뿌리지 않고서는 먹지 아니하며. 시장에서 다양한 사람들을 만난다. 자신들의 정결법을 지키지 않는 사람들과도 접촉을 할 것이기 때문에 시장에서 돌아오면 반드시 손을 씻어야 했다. 쿰란에 살았던 엣센파의 경우는 몸 전체를 씻어야 했다. 그래서 그들은 이방인과는 결코 어울리거나 접촉하려 하지 않았다. 결국 이방인에게는 말씀을 전할 기회도 없었다. 이방인이 개종하겠다고 오지 않는 이상 그들이 먼저 이방인들에게 나가는 법은 없었다. 그들이 말하는 하나님의 나라는 이방인들에게 매우 폐쇄적이었다. **잔과 주발과 놋그릇을 씻음이러라.** 그릇에 대한 정결 규례가 매우 많았다. 이것은 성경 어디에도 없다. 그러나 미쉬나에는 그릇의 정결법 항목이 아주 많다. 그들은 그렇게 거룩을 이루고자 하였다. 그러나 그것이 진정 무엇을 위한 거룩일까? 거룩은 '내가 거룩하니 너희도 거룩하라'는 말씀이 원칙이어야 한다. 하나님의 거룩을 닮아가는 것이 되어야 한다. 내가 닮아가고, 다른 사람이 하나님의 거룩을 닮아가도록 해야 한다. 그러나 그들의 거룩은 다른 방향으로 가고 있었다.

> 5 이에 바리새인들과 서기관들이 예수께 묻되 어찌하여 당신의 제자들은 장로들의 전통을 준행하지 아니하고 부정한 손으로 떡을 먹나이까
> 6 이르시되 이사야가 너희 외식하는 자에 대하여 잘 예언하였도다 기록하였으되 이 백성이 입술로는 나를 공경하되 마음은 내게서 멀도다
>
> 5 So the Pharisees and the teachers of the Law asked Jesus, "Why is it that your disciples do not follow the teaching handed down by our ancestors, but instead eat with ritually unclean hands?"
> 6 Jesus answered them, "How right Isaiah was when he prophesied about you! You are hypocrites, just as he wrote: 'These people, says God, honour me with their words, but their heart is really far away from me.

7:6 입술로는 나를 공경하되 마음은 내게서 멀도다. 유대인들이 거룩을 추구하였다. 거룩은 본래 하나님을 공경하기 위한 것이다. 그들이 거룩을 말하고 있으니 입술로는 하나님을 공경하는 것 같으나 실제로는 그렇지 않았다. 그들의 거룩은 하나님을 닮은 것이 아니라 자신들의 고집과 성채를 쌓는 것이었다. 사랑하기 위한 거룩이 아니라 미워하기 위한 것 같은 거룩이었다. 하나님께서 말씀하시는 거룩과 거리가 멀었다.

> 7 사람의 계명으로 교훈을 삼아 가르치니 나를 헛되이 경배하는도다 하였느니라
> 8 너희가 하나님의 계명은 버리고 사람의 전통을 지키느니라
> 7 It is no use for them to worship me, because they teach human rules as though they were God's laws!'
> 8 "You put aside God's command and obey human teachings."

7:8 하나님의 계명은 버리고 사람의 전통을 지키느니라. 유대인들이 지키는 미쉬나는 좋은 의도였다. 그들은 말씀을 더 잘 지키기 위해 미쉬나를 만들었다. 시작은 에스라다. 그들은 더욱더 철저히 말씀을 지키고 하나님의 백성으로 살기를 원하였다. 그러나 예수님은 그들의 미쉬나가 말씀을 더 철저히 지키는데 사용되지 못하고 오히려 말씀을 버리는데 사용되었다고 말씀하신다. 사람의 전통에 대한 강조가 지나쳐 말씀의 자리에 전통이 자리잡게 되었다. 말씀은 사라지고 전통만 남았다.

> 9 또 이르시되 너희가 너희 전통을 지키려고 하나님의 계명을 잘 저버리는도다
> 10 모세는 네 부모를 공경하라 하고 또 아버지나 어머니를 모욕하는 자는 죽임을 당하리라 하였거늘
> 9 And Jesus continued, "You have a clever way of rejecting God's law in order to uphold your own teaching.
> 10 For Moses commanded, 'Respect your father and your mother,' and, 'Whoever curses his father or his mother is to be put to death.'

7:10 모세는 네 부모를 공경하라. 율법에서 부모를 공경하는 것은 매우 중요한 법이다. 가장 중요한 법이고 자명한 법이다. 그런데 그것마저 미쉬나를 적용하여 어겼다.

> 11 너희는 이르되 사람이 아버지에게나 어머니에게나 말하기를 내가 드려 유익하게 할 것이 고르반 곧 하나님께 드림이 되었다고 하기만 하면 그만이라 하고
> 11 But you teach that if a person has something he could use to help his father or mother, but says, 'This is Corban' (which means, it belongs to God),

7:11 내가 드려 유익하게 할 것이 고르반 곧 하나님께 드림이 되었다고 하기만 하면 그만이라. 부모를 공경해야 할 돈을 자신의 탐욕을 채우는 곳에 사용하기 위해 부모보다 하나님이 우선이라는 것을 악용하였다. 하나님께 드리기로 서약을 하고 나면, 아직 안 드렸어도 하나님의 것이기 때문에 그 돈으로 부모를 공경해야 할 의무가 사라진다 생각하였다. 함정은 서약이라는 것에 있다. 서약만 하였지 아직 하나님께 드린 것은 아니다. 단지 서약만 하여 부모에게 해야 할 의무를 다하지 않는 용도로 악용되는 경우가 많았다. 고르반 법은 성경 어디에도 없다. 미쉬나에서 정한 것이다. 이것의 악용으로 인해 결국 미쉬나의 법으로 부모를 공경하라는 말씀을 어기는 경우가 많았다.

12 자기 아버지나 어머니에게 다시 아무 것도 하여 드리기를 허락하지 아니하여
13 너희가 전한 전통으로 하나님의 말씀을 폐하며 또 이같은 일을 많이 행하느니라 하시고
12 he is excused from helping his father or mother.
13 In this way the teaching you pass on to others cancels out the word of God. And there are many other things like this that you do."

7:13 전통으로 하나님의 말씀을 폐하며. 그들은 전통으로 말씀을 폐하였다. 그것은 사람의 법으로 하나님의 법을 폐한 것이다. **이같은 일을 많이 행하느니라.** 이러한 것이 '고르반'만이 아니라 여러 방면으로 많이 행해지고 있었다. 그들은 하나님의 법을 폐하고 있었다. 그들에게 중요한 것은 하나님의 말씀을 회복하는 것이다. 하나님의 법으로 돌아가야 한다. 하나님의 법을 잘 지키기 위해 미쉬나를 만들었는데 그것이 말씀을 폐하고 있었다. 그렇다면 이제 미쉬나를 폐하고 말씀으로 돌아가야 한다. 근본으로 돌아가야 한다. 근본으로 돌아가야 이방인을 향한 하나님의 사랑도 다시 볼 수 있게 될 것이다. 모든 인류를 향한 하나님의 사랑을 다시 볼 수 있게 된다.

14 무리를 다시 불러 이르시되 너희는 다 내 말을 듣고 깨달으라
14 Then Jesus called the crowd to him once more and said to them, "Listen to me, all of you, and understand.

7:14 음식에 대한 정결법은 유대인과 이방인이 함께하지 못하는 가장 큰 이유 중에 하나였다. 이후 제자들이 복음을 전할 때도 이것이 제일 문제였다. 이제 가르치시는 음식에 대한 정결법은 이후에 제자들이 이방인을 향한 두껍고 두꺼운 벽을 깨트릴 수 있게 되는 기초가 될 것이다. **무리를 다시 불러 이르시되.** 바리새인과의 논쟁 이후

무리들에게 가르치셨다. 마치 시내산 아래에서 하나님께서 무리들에게 십계명을 선포하신 것과 같다.

> **15** 무엇이든지 밖에서 사람에게로 들어가는 것은 능히 사람을 더럽게 하지 못하되
>
> **15** There is nothing that goes into a person from the outside which can make him ritually unclean. Rather, it is what comes out of a person that makes him unclean."

7:15 밖에서 사람에게로 들어가는 것은 능히 사람을 더럽게 하지 못하되. 이것은 장로의 전통에 대한 말씀을 넘어 율법 정신에 대한 말씀이다. 앞에서 말씀하신 것이 장로의 전통이 율법을 어기는 것에 대한 것이었는데 이것은 율법의 정결법을 넘어 율법의 완성에 대한 말씀이다. 율법의 정결법이 복음의 시대 즉 율법의 완성의 시대에 이르러 이제 무효라는 위대한 선언이다.

> **16** 사람 안에서 나오는 것이 사람을 더럽게 하는 것이니라 하시고
> **17** 무리를 떠나 집으로 들어가시니 제자들이 그 비유를 묻자온대
> **18** 예수께서 이르시되 너희도 이렇게 깨달음이 없느냐 무엇이든지 밖에서 들어가는 것이 능히 사람을 더럽게 하지 못함을 알지 못하느냐
> **19** 이는 마음으로 들어가지 아니하고 배로 들어가 뒤로 나감이라 이러므로 모든 음식물을 깨끗하다 하시니라
>
> **17** When he left the crowd and went into the house, his disciples asked him to explain this saying.
> **18** "You are no more intelligent than the others," Jesus said to them. "Don't you understand? Nothing that goes into a person from the outside can really make him unclean,
> **19** because it does not go into his heart but into his stomach and then goes on out of the body." (In saying this, Jesus declared that all foods are fit to be eaten.)

7:19 모든 음식물을 깨끗하다 하시니라. 율법은 분명히 먹을 음식과 먹지 말아야 할 음식을 구분하였다. "너희는 이러한 고기를 먹지 말고 그 주검도 만지지 말라 이것들은 너희에게 부정하니라"(레 11:8) 먹지 말아야 할 음식을 먹으면 '부정'하였다. 여기에서 알아야 할 것은 부정과 죄악은 다르다는 사실이다. 예수님은 이제 그림자가 아니라 본체로 오신 분이다. 그래서 이전에는 어린 아이가 칼을 만지면 안 되듯이 이스라엘 백성이 세상에서 섞이지 않도록 정결법을 통해 그들이 가야 할 길을 가르쳐 주셨다. 그러나 예수님이 오신 이후에는 이제 세상속으로 들어가야 할 때다. 복음이 시

작되었기 때문이다. 그래서 정결법의 시효 만료를 선언하시고 세상으로 들어가 그들에게 복음을 전하도록 하시는 것이다. 이것이 매우 어려운 일이었기에 제자들은 완전히 이해하지 못하였다가 이후에야 이해할 수 있게 된다. '모든 음식이 정하다'는 선언은 예수님께서 법을 세우시는 분이요, 율법의 완성자로 오셨기 때문에 가능하다. 예수님이 오심으로 복음이 시작되었다. 복음의 법이 선포되었다.

20 또 이르시되 사람에게서 나오는 그것이 사람을 더럽게 하느니라
20 And he went on to say, "It is what comes out of a person that makes him unclean.

7:20 복음 시대에 사람들이 정결을 위해 주의해야 할 것을 말씀하셨다. **사람에게서 나오는 그것이 사람을 더럽게 하느니라.** 이전에는 사람에게 들어가는 음식이 정결법의 중심이었지만 복음 시대에는 사람에게서 나오는 것이 정결의 중심이 된다.

21 속에서 곧 사람의 마음에서 나오는 것은 악한 생각 곧 음란과 도둑질과 살인과
21 For from the inside, from a person's heart, come the evil ideas which lead him to do immoral things, to rob, kill,

7:21 사람의 마음에서 나오는 것은 악한 생각. 마음에서 나오는 많은 부정한 것이 사람을 부정하게 만든다. 만약 사람이 마음을 지키면 밖에서 들어가는 음식이 그를 부정하게 만들지 못한다. 그러나 마음에서 나오는 것은 그 사람을 부정하게 만든다. 그 사람을 더욱더 악한 길로 가게 만든다.

22 간음과 탐욕과 악독과 속임과 음탕과 질투와 비방과 교만과 우매함이니
22 commit adultery, be greedy, and do all sorts of evil things; deceit, indecency, jealousy, slander, pride, and folly—

7:22 간음과 탐욕. 이러한 것은 철저히 한 사람의 마음에서 나온다. 그러한 생각을 깨끗하게 하지 못하고 끌려가면 결국 그 사람은 완전히 더럽혀지게 된다. 부정하게 여기는 음식이 입에 들어가더라도 그 사람을 탐욕하게 만들지는 못한다. 그러나 마음에서 나오는 탐욕은 그 사람을 탐욕에 찌들게 만들 수 있다. 그래서 사람에게 중요한 것은 이제 마음 관리다.

23 이 모든 악한 것이 다 속에서 나와서 사람을 더럽게 하느니라

23 all these evil things come from inside a person and make him unclean."

7:23 속에서 나와서 사람을 더럽게 하느니라. 악이 사람의 속에서 나와서 그 사람의 삶을 더럽고 부정하게 만든다. 그러기에 복음 시대에 사람이 조심해야 하는 것은 외부의 무엇을 먹고 마시는 것이 아니라 내부의 '마음에서 무엇을 생각하느냐'이다. 이제 자신의 마음을 잘 관리해야 한다. 마음을 잘 관리해야 정결한 사람이 될 수 있다.

24 예수께서 일어나사 거기를 떠나 두로 지방으로 가서 한 집에 들어가 아무도 모르게 하시려 하나 숨길 수 없더라

24 Then Jesus left and went away to the territory near the city of Tyre. He went into a house and did not want anyone to know he was there, but he could not stay hidden.

7:24 예수님께서 갈릴리 지역을 떠나 이방인 지역으로 가셨다. **두로 지방으로 가서.** 갈릴리 사역을 마치시고, 마지막 여정인 예루살렘으로 올라가시기 전 이방지역을 순회하신 이야기다. 이방선교 사역에 대한 문을 열어 놓으시기 위함으로 보인다.

25 이에 더러운 귀신 들린 어린 딸을 둔 한 여자가 예수의 소문을 듣고 곧 와서 그 발 아래에 엎드리니

25 A woman, whose daughter had an evil spirit in her, heard about Jesus and came to him at once and fell at his feet.

7:25 소문을 듣고 곧 와서 그 발 아래에 엎드리니. 예수님에 대한 소문이 이미 두로 지역에도 많이 퍼진 것을 알 수 있다. '그 발 아래에 엎드린 것'은 겸손의 모습이다. 그 지역은 이방인이 주로 살았지만 유대인도 살고 있었다. 3장 8절에서는 예수님께서 갈릴리에서 사역하실 때 두로에서도 사람이 왔었던 것을 말하고 있다.

26 그 여자는 헬라인이요 수로보니게 족속이라 자기 딸에게서 귀신 쫓아내 주시기를 간구하거늘
27 예수께서 이르시되 자녀로 먼저 배불리 먹게 할지니 자녀의 떡을 취하여 개들에게 던짐이 마땅치 아니하니라

26 The woman was a Gentile, born in the region of Phoenicia in Syria. She begged Jesus to drive the demon out of her daughter.
27 But Jesus answered, "Let us first feed the children. It isn't right to take the children's

food and throw it to the dogs."

7:27 자녀로 먼저 배불리 먹게 할지니. 이것은 선교의 우선순위에 대한 말씀이다. 그러나 '먼저'라는 구절을 통해 그것은 유대인 선교에서 끝나는 것이 아니라 '다음'이 있음을 엿볼 수 있다. **자녀의 떡을 취하여 개들에게 던짐이 마땅치 아니하니라.** 당시 유대인들은 이방인을 '개'로 여겼다. 오늘날의 '욕'의 의미 보다는 '부정한 것의 상징'으로 그렇게 표현하였다. 그래서 이방인들과 접촉을 하지 않았다. 이방인과 접촉하면 함께 부정해지기 때문이다. 사실 유대인이 이 여인을 그렇게 함부로 말할 수 없는 것은 경제적으로는 두로 사람이 훨씬 더 잘 살았기 때문이다. 당시 두로 사람들은 갈릴리 지역을 경제적으로 지배하였다. 착취하였다. 그래서 유대인들은 그들을 '배부른 깡패'로 생각했다. 게다가 이 여인은 '수로보니게(시리아 출신의 페니키아 사람) 족속'으로 아마 부유한 계층 여인이었던 것으로 보인다. '개'로 표현된 것은 흔히 사용하는 표현보다는 '애완견(헬, 키나리온)'이라는 다른 단어를 사용했다. 그래서 아마 예수님은 유대인들이 주로 사용하는 '개'라는 이미지를 사용하면서도 조금은 완화하여 단어를 선택하신 것으로 보인다. 이것은 일종의 시험이었던 것으로 보인다.

> **28** 여자가 대답하여 이르되 주여 옳소이다마는 상 아래 개들도 아이들이 먹던 부스러기를 먹나이다
> 28 "Sir," she answered, "even the dogs under the table eat the children's leftovers!"

7:28 상 아래 개들도 아이들이 먹던 부스러기를 먹나이다. 여인은 절박하였기에 다시 요청하였다. 자녀들이 먼저 먹지만 그 이후에 개들이 남은 것을 먹는 것처럼 자신의 딸에게도 은혜를 베풀어 달라고 간청하였다.

> **29** 예수께서 이르시되 이 말을 하였으니 돌아가라 귀신이 네 딸에게서 나갔느니라 하시매
> 29 So Jesus said to her, "Because of that answer, go back home, where you will find that the demon has gone out of your daughter!"

7:29 귀신이 네 딸에게서 나갔느니라. 마태복음에는 '네 믿음이 크도다'라고 말씀하신 것으로 되어 있다. 예수님은 이 여인의 믿음을 높이 평가하셨다. 그래서 복음의 열매가 이루어지게 하셨다. 복음은 결코 이방인들에게 닫혀 있지 않았다. 전략적으로 유

대인들이 복음을 먼저 들어야 하는 것이 맞다. 그들은 오래전부터 메시야를 기다려왔다. 복음을 기다려왔다. 그러나 그것이 이방인에게 막혀 있다는 뜻은 아니다. 시기적으로 유대인들에게 먼저 전해지고 이후에는 이방인들에게 전해져야 한다. 그래서 예수님은 예루살렘에 가시기 전에 마지막으로 이방인 지역을 순회하고 계신다. 오늘날 복음은 모든 사람에게 동일하게 전해져야 한다. 유대인 우선성은 이 당시만 그러하다. 오늘날은 이스라엘 백성의 우선성이나 어떤 민족의 우선성도 없다. 모든 사람에게 복음이 필요하기 때문이다.

30 여자가 집에 돌아가 본즉 아이가 침상에 누웠고 귀신이 나갔더라
31 예수께서 다시 두로 지방에서 나와 시돈을 지나고 데가볼리 지방을 통과하여 갈릴리 호수에 이르시매
30 She went home and found her child lying on the bed; the demon had indeed gone out of her.
31 Jesus then left the neighbourhood of Tyre and went on through Sidon to Lake Galilee, going by way of the territory of the Ten Towns.

7:31 데가볼리 지방을 통과하여 갈릴리 호수에 이르시매. 데가볼리는 '10개 도시'를 말하는 것이며 도시가 서로 많이 떨어져 있기 때문에 정확히 어느 지역인지는 모른다. 그러니 갈릴리 호수에 오신 것을 보면 호수 근치의 데가볼리 도시였을 것이다. 데가볼리는 모두 이방인 도시다. 예수님은 멀리 데가볼리 지역으로 가셨다.

32 사람들이 귀 먹고 말 더듬는 자를 데리고 예수께 나아와 안수하여 주시기를 간구하거늘
32 Some people brought him a man who was deaf and could hardly speak, and they begged Jesus to place his hands on him.

7:32 사람들이 귀 먹고 말 더듬는 자를 데리고 예수께 나아와. 그곳에도 여전히 예수님을 찾는 사람들이 있었다. 그들도 복음이 필요하기 때문이다. 세상 모든 사람들은 복음이 필요하다.

33 예수께서 그 사람을 따로 데리고 무리를 떠나사 손가락을 그의 양 귀에 넣고 침을 뱉어 그의 혀에 손을 대시며
34 하늘을 우러러 탄식하시며 그에게 이르시되 에바다 하시니 이는 열리라는

뜻이라

33 So Jesus took him off alone, away from the crowd, put his fingers in the man's ears, spat, and touched the man's tongue.
34 Then Jesus looked up to heaven, gave a deep groan, and said to the man, "Ephphatha," which means, "Open up!"

7:34 하늘을 우러러 탄식하시며. '탄식'은 귀먹고 말 못 하는 사람의 비참한 모습 때문에 안타까워하시는 모습이다. 말을 못 하는 것은 사람의 본래 모습이 아니다. 사람은 본래 모두 건강하고 행복해야 한다. 그러기에 그러한 비참한 모습 때문에 아파하시는 것이다. **에바다 하시니 이는 열리라는 뜻이라.** 예수님은 그의 귀와 입이 열리도록 선포하셨다. 어쩌면 이것은 이방 세상 모든 사람들을 향한 외침이기도 할 것이다. 사람들의 마음이 열리고, 영혼이 갇힌 곳이 열려서 구원받는 백성이 되는 것이 예수님의 진정한 뜻이기 때문이다. 예수님은 어쩌면 이 사람을 찾아가신 것 같다. 이전에 수천의 악령에 사로잡혀 있던 데가볼리 지역의 한 사람을 찾아가셔서 고치시고 바로 떠나신 것처럼 이번에도 그런 성격이 강해 보인다. 오늘날에도 진정 불쌍한 사람을 찾아가신다. 전혀 믿음과 거리가 먼 것 같은 사람이 어느 날 그의 삶이 '에바다'가 되는 것을 본다.

35 그의 귀가 열리고 혀가 맺힌 것이 곧 풀려 말이 분명하여졌더라
36 예수께서 그들에게 경고하사 아무에게도 이르지 말라 하시되 경고하실수록 그들이 더욱 널리 전파하니
37 사람들이 심히 놀라 이르되 그가 모든 것을 잘하였도다 못 듣는 사람도 듣게 하고 말 못하는 사람도 말하게 한다 하니라

35 At once the man was able to hear, his speech impediment was removed, and he began to talk without any trouble.
36 Then Jesus ordered the people not to speak of it to anyone; but the more he ordered them not to, the more they spoke.
37 And all who heard were completely amazed. "How well he does everything!" they exclaimed. "He even causes the deaf to hear and the dumb to speak!"

7:37 사람들이 심히 놀라 이르되 그가 모든 것을 잘하였도다. '잘(헬, 칼로스)'이 강조된 문장이다. 이 단어는 하나님께서 창조하실 때 '보기에 좋았더라(히, 토브)'에 상응한다. 마치 하나님께서 창조하시고 '참 좋았더라'고 말씀하시는 것과 같다. 사람들이 보기에도 그러하였다. 세상은 그렇게 바뀌어야 한다. 어찌 사람이 말을 못하고 살아서야 되겠는가? 사람은 창조 때의 본래 모습으로 회복되어야 한다. 사람은 본래 죽음의 존재가 아니다. 죽음은 가장 비참한 것이다. 복음은 그들을 영원한 생명의 존재로 바

꾼다. 그것이 진짜 사람의 본래 모습이다. 보기에 좋은 것이다. 우리는 그것을 회복해야 한다. 세상 모든 사람들에게 가장 필요한 것이다.

8장

1 그 무렵에 또 큰 무리가 있어 먹을 것이 없는지라 예수께서 제자들을 불러 이르시되

1 Not long afterwards another large crowd came together. When the people had nothing left to eat, Jesus called the disciples to him and said,

8:1 그 무렵에. 데가볼리 지역에 있던 때를 의미하는 것으로 보인다. 이방인 지역이다. 이전에 이 지역에서 군대 악령에 들린 사람을 고치셨었다. 그때는 사람들이 즉시 떠나기를 원하여 떠나셨었다. 이번에는 입과 귀가 먼 사람을 치료하셨다. 그런데 사람들이 몰려들었다. 그리고 말씀을 들었다. **큰 무리가 있어.** 많은 사람이 복음을 전하시는 예수님의 말씀을 들었다.

2 내가 무리를 불쌍히 여기노라 그들이 나와 함께 있은 지 이미 사흘이 지났으나 먹을 것이 없도다

2 "I feel sorry for these people, because they have been with me for three days and now have nothing to eat.

8:2 내가 무리를 불쌍히 여기노라. 사흘이나 함께 있었기에 그들이 싸 온 음식도 다 떨어졌을 것이다. 그런데도 떠나지 않고 예수님 말씀을 들으려고 함께하고 있는 그들을 보며 예수님은 긍휼히 여기는 마음을 가지셨다. **그들이 나와 함께 있은 지 이미 사흘이 지났으나.** 이방 지역인 데가볼리에서 사람들이 예수님이 전하시는 복음 이야기를 듣고 있었다. 그 이야기가 달콤하였는지 그들은 집에 갈 줄을 몰랐다. '사흘'이나 되었다고 말한다. 최소한 하루 또는 이틀을 들에서 잠을 잔 것이다. 그들은 이전에 전혀 듣지 못했던 복음 이야기를 들었다. 하나님 나라가 있다는 것을 들었다. 세상 왕이 다스리는 나라와 다르다. 하나님께서 다스리는 나라다. 그들 중에는 세상 나라의 지긋지긋한 모습에 신물이 난 사람도 있을 것이다. 가난과 탐욕과 고통과 죽음의 세상이다. 그런데 하나님 나라는 모든 백성이 '영원한 행복을 누리는 나라'라고 예수님이 말씀

하셨다. 세상에 그런 나라가 있을까? 그들은 처음 들어보는 그 나라에 대해 생각했을 것이다. 진짜라면 그것보다 더 좋은 것이 있을까? 더 듣고 싶어 집에 가지 않았다. 캄캄한 밤을 지새면서 하늘에 가득한 수많은 별을 보며 하나님 나라를 생각하였을 것이다. 진정 하나님 나라가 있다면 그것은 그들에게 복음이었다. 그들은 어쩌면 그날 참 행복하였을 것이다. 그런 나라가 있다는 것을 생각만 해도 행복했을 것이다. 그래서 그렇게 그 자리를 떠나지 못하고 예수님과 가까이에서 그대로 잠을 청하였다.

3 만일 내가 그들을 굶겨 집으로 보내면 길에서 기진하리라 그 중에는 멀리서 온 사람들도 있느니라
4 제자들이 대답하되 이 광야 어디서 떡을 얻어 이 사람들로 배부르게 할 수 있으리이까
5 예수께서 물으시되 너희에게 떡 몇 개나 있느냐 이르되 일곱이로소이다 하거늘
6 예수께서 무리를 명하여 땅에 앉게 하시고 떡 일곱 개를 가지사 축사하시고 떼어 제자들에게 주어 나누어 주게 하시니 제자들이 무리에게 나누어 주더라
7 또 작은 생선 두어 마리가 있는지라 이에 축복하시고 명하사 이것도 나누어 주게 하시니
3 If I send them home without feeding them, they will faint as they go, because some of them have come a long way."
4 His disciples asked him, "Where in this desert can anyone find enough food to feed all these people?"
5 "How much bread have you got?" Jesus asked. "Seven loaves," they answered.
6 He ordered the crowd to sit down on the ground. Then he took the seven loaves, gave thanks to God, broke them, and gave them to his disciples to distribute to the crowd; and the disciples did so.
7 They also had a few small fish. Jesus gave thanks for these and told the disciples to distribute them too.

8:6-7 떡 일곱 개...작은 생선 두어 마리. 여기에서 생선은 오빵이어에서의 생선(헬, 익투스)과 다른 단어(헬, 익투디온)다. '작은'을 의미하는 접미사가 붙어있다. '두어(헬, 올리고스)'는 '조금'이라는 뜻이다. 직역하면 '작은 생선 조금' 또는 '생선 조각 조금'이다. 그래서 나는 이것을 '칠빵소어'라 부른다. 예수님은 그것을 축사하시고 사람들에게 나누어 주게 하셨다.

8 배불리 먹고 남은 조각 일곱 광주리를 거두었으며
8 Everybody ate and had enough—there were about 4,000 people. Then the disciples took up seven baskets full of pieces left over. Jesus sent the people away

8:8 배불리 먹고. 사천 명의 사람이 배불리 먹었다. 빵 일곱 개와 생선의 작은 쪼가리 조금 있었을 뿐인데 그것으로 수 천의 사람들이 배불리 먹었다. 매우 놀라운 일이다. 그날 한 끼의 식사는 그들이 먹었던 수많은 식사와 달랐다. 그들이 들었던 복음이 눈 앞에서 가시적으로 일어났다. 예수님께서 말씀하신 복음이 그들 안에 아주 짧은 순간이지만 경험되는 순간이었다. 어떤 이들에게는 그것이 그들의 꿈이 시작되는 순간이었을 것이다. 몇 명이나 꿈꾸기 시작했을까? 오늘날 이 글을 읽으면서 꿈꾸기 시작하는 사람이 몇 명이나 될까?

예수님이 말씀하신 하나님 나라는 어찌 보면 결코 이루어질 수 없는 꿈같은 이야기였다. 현실 밖의 이야기였다. 그러나 칠빵소어의 사건을 통해 그것이 현실이 되었다. 결코 이루어지지 않을 것 같은 복음이 실제 복음이 되었다. 짧은 순간이지만 현실로 보였다. 이제 그들이 잡고 싶은 복음이 되었다. 잘 몰랐고 이방인이었다. 그러나 예수님은 그들의 열심을 보시고 칠빵소어의 기적으로 복음을 경험하게 하셨다. 그들은 복음을 경험하였고 꿈꾸게 되었다. 오늘날 우리들은 복음을 경험할 때 그것을 낭비하지 말아야 한다. 칠빵소어도 한 끼의 식사로 낭비될 수 있다. 그냥 한 끼 먹은 것일 뿐이다. 그러나 어찌 그것을 한 끼 식사로 끝내서야 되겠는가? 그것은 한 끼의 식사가 아니라 복음이다. 예배를 드리는 어느 순간에, 말씀을 읽다가, 기도하다가 우리는 복음의 순간들을 경험한다. 그것을 낭비하지 마라. 꿈으로 간직하라. 꿈꾸면서 살라. 아주 큰 꿈이다. 비현실적인 것 같지만 가장 현실적인 꿈이다. 가장 큰 꿈이다. '복음'이라는 꿈을 놔두고 대체 어디에서 무엇을 하고 있는가? 이 꿈을 꾸라. 이 꿈은 위대하며 반드시 이루어진다.

> **9** 사람은 약 사천 명이었더라 예수께서 그들을 흩어 보내시고
> **10** 곧 제자들과 함께 배에 오르사 달마누다 지방으로 가시니라
> **10** and at once got into a boat with his disciples and went to the district of Dalmanutha.

8:10 달마누다 지방으로 가시니라. '달마누다'는 아마 마가단(막달라) 지역을 의미할 것이다. 막달라 마리아의 고향이다. 이전에 갈리리 사역을 마치셨던 게네사렛과도 거의 같은 지역이다.

> **11** 바리새인들이 나와서 예수를 힐난하며 그를 시험하여 하늘로부터 오는 표적을 구하거늘

11 Some Pharisees came to Jesus and started to argue with him. They wanted to trap him, so they asked him to perform a miracle to show that God approved of him.

8:11 바리새인들이 나와서 예수를 힐난하며. 바리새인들이 또 와서 예수님께 시비를 걸었다. **시험하여.** 그들은 예수님을 시험하기 위해 표적을 구하였다. 사실 예수님께서 지금까지 행하신 일들은 그분의 말씀이 맞다는 증거로서 표적이 되고도 남는다. 그들은 또 표적을 구하면서 어떻게든 예수님을 거부할 이유를 찾고 있었다. **하늘로부터 오는 표적을 구하거늘.** 그들은 예수님이 말씀하시는 복음이 맞다면 그것이 맞다는 증거로 표적(기적)을 요구하였다. 방금 칠빵소어라는 엄청난 기적을 행하시고 오시는 것인데 그것도 모르고 표적을 구하고 있다. 특별계시가 여전히 전해지던 시기에 선지자가 그가 주장하는 것이 옳다는 것을 증명하기 위해 기적을 행하는 것을 표적이라고 말한다. 예수님이 말씀하시는 것이 아주 파격적이니 그것이 맞다는 증거를 요구한 것이다. 그러나 그들은 순수한 마음으로 표적을 구한 것이 아니다. 그들은 예수님이 말씀하시는 복음을 믿기 위해 표적을 구한 것이 아니다.

12 예수께서 마음속으로 깊이 탄식하시며 이르시되 어찌하여 이 세대가 표적을 구하느냐 내가 진실로 너희에게 이르노니 이 세대에 표적을 주지 아니하리라 하시고
13 그들을 떠나 다시 배에 올라 건너편으로 가시니라
12 But Jesus gave a deep groan and said, "Why do the people of this day ask for a miracle? No, I tell you! No such proof will be given to these people!"
13 He left them, got back into the boat, and started across to the other side of the lake.

8:12 예수께서 마음속으로 깊이 탄식하시며. 이곳에 오시기 바로 직전 데가볼리에서는 사람들을 '긍휼히' 여기셨다. 그들은 이방인이었으나 복음을 열린 마음으로 찾았기 때문이다. 그들의 배고픔을 보시고 긍휼히 여기셔서 그들이 요구하지 않았어도 칠빵소어 기적을 통해 그들에게 먹을 것을 주셨다. 그것은 어떤 것보다 더 큰 표적이다. 그러나 이스라엘의 땅에 들어와서 율법을 잘 지키는 것으로 소문난 바리새인을 보고 깊이 탄식하셨다. 그들이 거짓되기 때문이다. **이 세대에 표적을 주지 아니하리라.** 바리새인들에게는 더 이상의 표적이 필요하지 않다. 그들은 표적이라고 말하고 있지만 사실은 복음을 거부할 이유를 찾고 있었기 때문이다. 바리새인들도 꿈을 꾸고 있었을 것이다. 지금 있는 그 자리에서 조금만 더 열심히 살면 무엇인가 더 이루어질 수 있을 것 같았다. 사람들의 존경을 더 많이 받을 것 같았다. 그러나 그들이 꿈꾸고 있는 것

은 세속의 나라다. 언어는 종교적이다. 하나님 나라인 것 같다. 그러나 그들의 꿈은 더이상 하나님 나라가 아니었다. 세속 나라였다. 조금만 더 성취하면 이루어질 것 같은 꿈을 가지고 있었다. 그러나 그 꿈은 결코 이루어지지 않을 것이다. 세속 나라에서 구원은 없다. 나이를 먹으면 먹을수록 그 꿈은 나이와 함께 사라질 것이다.

무엇을 꿈꾸고 있는가? 신앙인이라고 하면서도 세속의 것에 한정되어 있는 것을 많이 본다. 그것은 결코 이루어지지 않을 뿐만 아니라 허망한 것이다. 우리의 꿈은 오직 복음에 연결되어야 한다. 세상에서 열심히 섬기고 사는 이유는 오직 영원한 하나님 나라를 꿈꾸기 때문이어야 한다. 복음이 위대한 꿈이다. 위대한 꿈을 결코 놓치지 말아야 한다.

14절-21절은 이방전도의 마지막을 장식하는 이야기로서 7:1-23에서 바리새인들을 경고한 이야기와 함께 이방인 지역 전도사역의 처음과 끝의 역할을 한다. 7:1-23에서는 바리새인들이 강조하는 장로들의 율법이나 음식법이 아니라 말씀과 말씀의 완성이 기준이 되어야 함을 말씀하셨다. 그리고 여기에서는 바리새인에 대한 이야기로 그들이 가지고 있는 탐욕을 경계해야 함에 대한 이야기다. 이것은 모두 이방인 전도사역을 함에 있어 중요한 기준이 된다.

> **14** 제자들이 떡 가져오기를 잊었으매 배에 떡 한 개밖에 그들에게 없더라
> **15** 예수께서 경고하여 이르시되 삼가 바리새인들의 누룩과 헤롯의 누룩을 주의하라 하시니
> **14** The disciples had forgotten to bring enough bread and had only one loaf with them in the boat.
> **15** "Take care," Jesus warned them, "and be on your guard against the yeast of the Pharisees and the yeast of Herod."

8:15 바리새인들의 누룩과 헤롯의 누룩을 주의하라. '누룩'은 무엇을 의미할까? 누룩은 금세 빵 전체에 영향을 미친다. 작은 것이 큰 영향을 미친다. 바리새인과 헤롯은 성격이 매우 다른 두 집단인데 두 집단을 하나로 묶어 말씀하신다. 무엇을 말하고자 하시는 것일까? '바리새인의 누룩'은 아마 그들의 명예욕을 의미하고, '헤롯의 누룩'은 권력욕을 의미하는 것으로 보인다. 그들의 욕심은 바른 열정이기 보다는 헛된 욕망이었다. 탐욕이었다. 그래서 한 마디로 줄이면 탐욕이라 할 수 있다. 탐욕은 모든 사람들

사이에 아주 뿌리 깊은 죄다. 탐욕이 우리 안에 들어오면 우리를 쉽게 파괴한다. 탐욕의 종류가 어떠하든 그렇다. 이것은 전도하는 사람이나 전도의 대상이 되는 사람도 모두 경계해야 하는 것이다. 세속에서의 탐욕은 복음과 더욱 멀어지게 한다.

> **16 제자들이 서로 수군거리기를 이는 우리에게 떡이 없음이로다 하거늘**
> 16 They started discussing among themselves: "He says this because we haven't any bread."

8:16 예수님께서 '바리새인의 누룩과 헤롯의 누룩'을 조심하라 말씀하시자 제자들은 그들이 빵을 준비하지 못한 것을 알아차렸다. 그래서 예수님의 누룩 이야기가 귀에 들어오지 않았다. **제자들이 서로 수군거리기를.** 서로 눈치를 주면서 빵이 없는 것을 걱정하였다.

> **17 예수께서 아시고 이르시되 너희가 어찌 떡이 없음으로 수군거리느냐 아직도 알지 못하며 깨닫지 못하느냐 너희 마음이 둔하냐**
> 17 Jesus knew what they were saying, so he asked them, "Why are you discussing about not having any bread? Don't you know or understand yet? Are your minds so dull?

8:17 어찌 떡이 없음으로 수군거리느냐 아직도 알지 못하며 깨닫지 못하느냐. 그러면서 오빵이어와 칠빵소어 이야기를 꺼내셨다. 이것은 무엇을 책망하시는 것일까? 빵에 대한 염려로 예수님의 가르치심을 간과하는 모습에 대한 책망으로 보인다. 사실 빵을 준비하지 못하였기에 굶을 수도 있다. 문제는 문제다. 그러나 말씀을 귀담아 듣지 못할 정도로 문제는 아니다. 우리가 세상을 살다 보면 여러 문제들이 생긴다. 그러한 문제는 문제가 분명하다. 그러한 문제로 어려운 일이 생긴다. 그러나 더 큰 일은 말씀 앞에 서는 것임을 기억해야 한다. 제자들의 걱정을 아시고 예수님이 오빵이어의 기적을 말씀하신 것은 예수님께서 또 오빵이어의 기적 같은 것을 통해 빵을 만들 것이니 걱정하지 말라는 말씀이 아니다. 그것은 그리 중요한 것이 아니니 그 염려 때문에 말씀을 흘려보내지 말라는 말씀이다. 사람은 많은 염려로 복음을 가린다. 그러나 힘든 것이 있다는 것은 복음이 필요한 것을 의미한다. 그래서 더욱 더 복음을 구해야 한다. 대안이 없을 때는 염려해야 했지만 이제 복음이 있으니 어려움이 있어도 복음이 우선이다. 복음 안에서 평안할 수 있어야 한다.

18 너희가 눈이 있어도 보지 못하며 귀가 있어도 듣지 못하느냐 또 기억하지 못하느냐

19 내가 떡 다섯 개를 오천 명에게 떼어 줄 때에 조각 몇 바구니를 거두었더냐 이르되 열둘이니이다

20 또 일곱 개를 사천 명에게 떼어 줄 때에 조각 몇 광주리를 거두었더냐 이르되 일곱이니이다

21 이르시되 아직도 깨닫지 못하느냐 하시니라

18 You have eyes—can't you see? You have ears—can't you hear? Don't you remember

19 when I broke the five loaves for the five thousand people? How many baskets full of leftover pieces did you take up?" "Twelve," they answered.

20 "And when I broke the seven loaves for the four thousand people," asked Jesus, "how many baskets full of leftover pieces did you take up?" "Seven," they answered.

21 "And you still don't understand?" he asked them.

2부

예루살렘으로 올라가는 길

(8:22-10:52)

'예루살렘으로 올라가는 길' 단락이다. 이 단락의 처음과 끝에 맹인을 치유하는 이야기를 하신다. 맹인 치유 이야기가 처음과 끝에 있어 이것이 한 단락인 것을 더 확실히 알 수 있다.

1. 맹인 치유
(8:22-26)

진리를 보지 못하는 세상에 대한 예수님의 눈뜨게 하심의 가르침 단락의 시작으로 육체적 맹인을 치유하신다.

> **22** 벳새다에 이르매 사람들이 맹인 한 사람을 데리고 예수께 나아와 손 대시기를 구하거늘
> **22** They came to Bethsaida, where some people brought a blind man to Jesus and begged him to touch him.

8:22 벳새다에 이르매. 여기에서의 벳새다는 아마 갈릴리 호수 북동쪽의 벳새다를 의미하는 것으로 보인다. 북쪽이라고 말해도 될 정도로 거의 북쪽이다. 오빵이어 기적을 행하였던 지역이다. 이곳에서 예루살렘으로 올라가시는 여정이 시작된다. 예루살렘으로 가시는 이유는 대속의 사역을 감당하기 위해서다. 그 길을 가시면서 제자들을 훈련시키신다. 제자들이 복음에 눈을 뜨도록 하신다. 그래서 이제 자신의 대속의 죽으심에 대해 가르쳐 주신다. **맹인 한 사람.** 그는 보지 못하였다. 그것은 마치 지금 제자들이 잘 보지 못하는 것을 잘 반영한다. 세상 사람들이 보지 못하는 것을 반영한다. 세상 사람들은 복음에 대해 눈을 떠야 한다. 그런데 복음에 눈을 뜨는 것이 쉽지 않다. 주님의 대속의 죽으심과 부활까지 경험하고 나서야 제자들의 눈은 완전히 뜨게 될 것이다.

> **23** 예수께서 맹인의 손을 붙잡으시고 마을 밖으로 데리고 나가사 눈에 침을 뱉으시며 그에게 안수하시고 무엇이 보이느냐 물으시니
> **24** 쳐다보며 이르되 사람들이 보이나이다 나무 같은 것들이 걸어 가는 것을 보나이다 하거늘
> **25** 이에 그 눈에 다시 안수하시매 그가 주목하여 보더니 나아서 모든 것을 밝히 보는지라
> **26** 예수께서 그 사람을 집으로 보내시며 이르시되 마을에는 들어가지 말라 하

시니라

23 Jesus took the blind man by the hand and led him out of the village. After spitting on the man's eyes, Jesus placed his hands on him and asked him, "Can you see anything?"
24 The man looked up and said, "Yes, I can see people, but they look like trees walking about."
25 Jesus again placed his hands on the man's eyes. This time the man looked intently, his eyesight returned, and he saw everything clearly.
26 Jesus then sent him home with the order, "Don't go back into the village."

8:25 그 눈에 다시 안수하시매 그가 주목하여 보더니. 아주 특이하게 치료가 두 번에 걸쳐 일어났다. 다른 사람의 경우 모든 치료가 단번에 일어났다. 그런데 이 사람의 경우 보게 되는 과정이 두 번의 안수로 점진적으로 되었다. 어쩌면 점진적으로 보는 이 치유 과정은 앞으로 일어날 제자들이 복음에 눈을 뜨는 과정을 상징적으로 보여주는 것 같다. 지금 제자들은 복음에 대해 많이 배웠다. 경험하였다. 이제 곧 베드로의 위대한 고백까지 있게 된다. 그러한 위대한 고백이 있고 나서 예수님은 그들에게 자신의 죽으심을 말씀하여 주셨다. 그런데 제자들은 그것을 이해하는데 오래 걸렸다. 잘 알지 못하였다. 복음에 또 한 번의 눈을 뜨는 시간이 필요한 것 같다. **모든 것을 밝히 보는지라.** 제자들이 복음에 대해 밝히 보게 될 날은 언제일까? 예수님은 맹인의 눈을 뜨게 해 주시면서 제자들이 복음의 깊이에 눈을 뜨기를 원하셨던 것 같다. 눈 뜨는 과정은, 예루살렘에 올라가는 마지막 길인 여리고에서 예루살렘으로 올라가시면서 만난 바디매오의 눈을 뜨게 하시면서 더욱더 절정에 이른다. 그러나 제자들은 여전히 눈을 제대로 뜨지 못하고 있었다.

우리는 복음에 눈을 떠야 한다. 복음에 눈을 뜬 것 같은데 그렇지 못할 때가 많다. 그래서 복음을 더 많이 배우고 경험해야 한다. 그래야 복음의 맛을 알고 복음의 기쁨을 알게 된다. 눈을 뜬 사람이 어찌 눈을 감았던 상태를 부러워하겠는가? 눈을 뜨면 완전히 신세계다. 복음은 그런 신세계다. 복음은 맹인이었던 사람이 눈을 뜨게 된 것보다 더 큰 사건이다. 더 놀랍고 기쁜 일이다. 그런데 복음이 기쁘지 않다면 아직 눈을 제대로 뜨지 않았기 때문이다. 그래서 우리는 복음의 모든 것을 밝히 보는 것이 필요하다.

2. 베드로의 고백
(8:27-9:1)

27 예수와 제자들이 빌립보 가이사랴 여러 마을로 나가실새 길에서 제자들에게 물어 이르시되 사람들이 나를 누구라고 하느냐
28 제자들이 여짜와 이르되 세례 요한이라 하고 더러는 엘리야, 더러는 선지자 중의 하나라 하나이다
29 또 물으시되 너희는 나를 누구라 하느냐 베드로가 대답하여 이르되 주는 그리스도시니이다 하매
27 Then Jesus and his disciples went away to the villages near Caesarea Philippi. On the way he asked them, "Tell me, who do people say I am?"
28 "Some say that you are John the Baptist," they answered; "others say that you are Elijah, while others say that you are one of the prophets."
29 "What about you?" he asked them. "Who do you say I am?" Peter answered, "You are the Messiah."

8:29 너희는 나를 누구라 하느냐. 예수님의 질문에 베드로는 '주는 그리스도시니이다'라고 대답하였다. 제자들은 이제 예수님에 대한 확실한 '믿음'을 가지게 되었다. 예수님께서 그의 대답을 들으시고 이제 '믿음의 길'에 대해 말씀하여 주셨다.

30 이에 자기의 일을 아무에게도 말하지 말라 경고하시고
31 인자가 많은 고난을 받고 장로들과 대제사장들과 서기관들에게 버린 바 되어 죽임을 당하고 사흘 만에 살아나야 할 것을 비로소 그들에게 가르치시되
30 Then Jesus ordered them, "Do not tell anyone about me."
31 Then Jesus began to teach his disciples: "The Son of Man must suffer much and be rejected by the elders, the chief priests, and the teachers of the Law. He will be put to death, but three days later he will rise to life."

8:31 인자가 많은 고난을 받고...죽임을 당하고. 예수님은 그리스도이시다. 그런데 세상 사람들이 흔히 생각하는 것처럼 '힘으로 세상을 굴복시키고 이스라엘을 회복시키시는 영광의 길을 가는 것'이 아니라 반대로 '고난과 죽음의 길을 간다'고 말씀하셨다. 참으로 충격적인 말이었을 것이다. 예수님은 이전에는 자신의 고난과 죽음에 대해 말씀하지 않으셨다. 그런데 이제 드디어 자신의 고난과 죽음에 대해 말씀하셨다. 베드로

의 믿음을 들으셨기 때문일 것이다. 그리고 이제 그 고난과 죽음을 위해 예루살렘에 가는 길을 이미 시작하셨기 때문일 것이다. **사흘 만에 살아나야 할 것을 비로소 그들에 게 가르치시되.** 예수님은 그들에게 죽음만이 아니라 부활에 대해서도 가르치셨다. 그 런데 제자들은 부활에 대해서는 주목하지 못하고 죽음에 주목하였다.

> 32 드러내 놓고 이 말씀을 하시니 베드로가 예수를 붙들고 항변하매
> 32 He made this very clear to them. So Peter took him aside and began to rebuke him.

8:32 베드로가 예수를 붙들고 항변하매. '항변(헬, 에피티마오)'은 33절의 '꾸짖어'와 헬 라어로 같은 단어다. 베드로는 예수님의 고난과 죽음을 받아들일 수 없었다. 어찌 그 리스도가 그런 일을 당하신단 말인가? 그들의 상식으로 이해가 되지 않았다. 그래서 강하게 반박하며 반대하였다.

> 33 예수께서 돌이키사 제자들을 보시며 베드로를 꾸짖어 이르시되 사탄아 내 뒤로 물러가라 네가 하나님의 일을 생각하지 아니하고 도리어 사람의 일을 생 각하는도다 하시고
> 33 But Jesus turned round, looked at his disciples, and rebuked Peter. "Get away from me, Satan," he said. "Your thoughts don't come from God but from human nature!"

8:33 베드로를 꾸짖어 이르시되. 베드로는 예수님을 위한다고 말을 하였겠지만 예수 님은 베드로를 꾸짖으셨다. **사탄아 내 뒤로 물러가라.** 악령에 의해 이상한 행동을 하 는 것만 사탄의 일이 아니라 지극히 정상적인 모습이지만 하나님의 뜻을 어기고 사람 의 뜻대로 하는 것 또한 사탄에 사로잡힌 모습이다. 우리의 영적 전쟁이 비상식적인 세계에서가 아니라 이제는 조금 더 상식의 세계에서 벌어지고 있음을 알아야 한다. **하나님의 일을 생각하지 아니하고 도리어 사람의 일을 생각하는도다.** 베드로는 '사람의 생각'으로 예수님을 꾸짖었고 예수님은 베드로를 '하나님의 생각'으로 꾸짖으셨다.

> 34 무리와 제자들을 불러 이르시되 누구든지 나를 따라오려거든 자기를 부인 하고 자기 십자가를 지고 나를 따를 것이니라
> 34 Then Jesus called the crowd and his disciples to him. "If anyone wants to come with me," he told them, "he must forget self, carry his cross, and follow me.

8:34 무리와 제자들을 불러 이르시되. 앞에서 음식법의 시효만료를 말씀하실 때 이렇게 무리를 불러 선언하셨었다. 지금도 어떤 선언을 하시는 모습이다. 지금까지 복음에 대해 말씀하셨다. 그리고 이제 복음을 구체적으로 걸어가는 길에 대해 말씀하신다. 복음이 참 좋은 소식인데 그것을 위해 치러야 하는 '대가'가 무엇인지를 말씀하신다. **자기를 부인하고 자기 십자가를 지고 나를 따를 것이니라.** 십자가는 고난과 죽음을 상징한다. 당시 사람들에게 십자가는 사형수가 메고 가는 것이다. 그토록 힘들고 처절하게 십자가를 지고 가야 한다고 말씀하신다. 순식간에 제자들에게 복음은 가장 안 좋은 소식이 되었을 수 있다. '아 망했다'하는 생각이 아주 강하게 들었을 수 있다.

> **35** 누구든지 자기 목숨을 구원하고자 하면 잃을 것이요 누구든지 나와 복음을 위하여 자기 목숨을 잃으면 구원하리라
> **35** For whoever wants to save his own life will lose it; but whoever loses his life for me and for the gospel will save it.

8:35 누구든지 자기 목숨을 구원하고자 하면 잃을 것이요. 역설적인 것 같지만 실상은 목숨을 두 종류로 설명하고 있는 것이다. 세상에서 사람들이 전전긍긍하는 목숨과 복음에서 말하는 영원한 생명이라는 목숨을 비교하고 있다. 세상에서의 목숨을 위해 십자가 지는 것을 피하면 영생을 잃을 것이라는 말씀이다. 두 목숨이 날카롭게 대조되고 있다.

> **36** 사람이 만일 온 천하를 얻고도 자기 목숨을 잃으면 무엇이 유익하리요
> **36** Do people gain anything if they win the whole world but lose their life? Of course not!

8:36 온 천하를 얻고도 자기 목숨을 잃으면. 이것은 세상에서 십자가를 피하고 얻는 것에 대한 이야기다. 세상에서 만약 어떤 사람이 엄청난 권력과 재물을 얻었는데 자신의 목숨을 잃으면 그것이 아무 의미가 없다. 그것처럼 이제 세상에서 재물과 권력과 목숨까지 얻었다 할지라도 영원한 생명을 놓치면 또한 마찬가지인 것을 말하는 것이다. 사람은 실제 영원한 생명이 가장 중요하다. 그것을 놓치면 다른 모든 것을 얻었어도 그것은 얻은 것이 아니다. 잃은 것이다. 세상의 모든 것을 잃었어도 영생을 얻으면 그것은 얻은 것이다. 복음은 바로 영생을 얻는 것에 대한 이야기다. 그리고 영원한 생명만이 아니라 영원한 행복을 함께 얻는 것이다. 영원한 나라와 생명은 영원한 행복까지 함께 있다.

37 사람이 무엇을 주고 자기 목숨과 바꾸겠느냐

38 누구든지 이 음란하고 죄 많은 세대에서 나와 내 말을 부끄러워하면 인자도 아버지의 영광으로 거룩한 천사들과 함께 올 때에 그 사람을 부끄러워하리라

37 There is nothing they can give to regain their life.

38 If a person is ashamed of me and of my teaching in this godless and wicked day, then the Son of Man will be ashamed of him when he comes in the glory of his Father with the holy angels."

8:38 음란하고 죄 많은 세대...영광으로 거룩한 천사들과 함께 올 때. 사람들은 지금 그들이 살아가는 세대를 생각한다. 믿음이 없어 복음을 보지 못한다. 그래서 그 시대에만 잘 먹고 잘 살기 위해 노력한다. 그러나 그 시대는 음란(영적 간음의 상태로 하나님을 배신)한 상태이고 죄 많은 상태다. 그들이 즐기는 것은 음란과 죄다. 그들이 잘 살기 위해 노력해야 하는 것은 주님이 재림하실 때 부끄럽지 않은 삶이다. 복음에 합당한 삶이다. 복음에 합당한 삶을 위해 이 시대의 음란과 죄와 싸워야 한다. 그 싸움의 방법은 십자가이고 결과도 십자가다. 자신의 죄와 싸우는 것은 매우 처절하다. 자꾸만 탐욕이 생긴다. 그것과 싸워야 하기 때문에 자신을 내려놓는 십자가를 져야 한다. '하나님은 없다' 말하면서 자신들을 섬기라는 세상 사람들의 교만한 불신앙과 싸우기 위해서도 십자가를 져야 한다. 세상은 복음의 길을 가는 사람을 결코 존중하지 않는다. 십자가의 길을 가는 것이 어렵기 때문에 사람들은 그 길을 부끄러워하고 세상에서 자신들의 길을 가곤 한다. 그러나 그 길을 부끄러워하면 주님 오실 때, 복음의 나라가 영광스럽게 시작할 때 그들은 부끄러움을 당할 것이다.

9장

1 또 그들에게 이르시되 내가 진실로 너희에게 이르노니 여기 서 있는 사람 중에는 죽기 전에 하나님의 나라가 권능으로 임하는 것을 볼 자들도 있느니라 하시니라

1 And he went on to say, "I tell you, there are some here who will not die until they have seen the Kingdom of God come with power."

9:1 하나님의 나라가 권능으로 임하는 것을 볼 자들도 있느니라. 하나님 나라의 권능을 알아야 한다. 세상의 기쁨과 권능이 아니라 복음의 권능을 알아야 복음의 길을 갈 수 있다. 이 세상에서는 하나님 나라의 권능을 잘 보지 못할 것이다. 그러나 하나님의 나

라는 이미 시작되었기 때문에 잠깐씩 맛볼 때가 있다. 이후에 있을 변화산 사건에서 3명의 제자들이 그것을 맛본다. 그것만이 아니라 제자들도 예수님의 부활과 승천과 오순절의 성령의 임재 등에서 하나님 나라의 권능을 맛보게 될 것이다. 우리도 하나님 나라의 권능을 맛보는 삶이어야 한다. 그래야 십자가를 지는 복음의 길을 갈 수 있다.

3. 변화산 사건
(9:2-29)

2 엿새 후에 예수께서 베드로와 야고보와 요한을 데리시고 따로 높은 산에 올라가셨더니 그들 앞에서 변형되사

2 Six days later Jesus took with him Peter, James, and John, and led them up a high mountain, where they were alone. As they looked on, a change came over Jesus,

9:2 엿새 후에. 이러한 구체적 시간 표현은 이 사건이 앞의 사건(베드로의 고백)과 긴밀한 관계를 가지고 있음을 말하기 위한 것으로 보인다. **높은 산에 올라가셨더니.** 어떤 산인지 추측해 볼 수 있다. 높은 산이기에 가장 높은 산인 헐몬산을 생각할 수 있다. 가이사랴 빌립보에서 가깝다. 아니면 인근의 높은 산일 수도 있다. 가이사랴 빌립보는 근처에 높은 산들이 많다. 이전에 많이 주장되었던 나사렛 근처의 다볼산은 확실히 아니다. 그 시대 다볼산에는 로마 군대가 주둔하고 있었다.

3 그 옷이 광채기 나며 세상에서 빨래하는 자가 그렇게 희게 할 수 없을 만큼 매우 희어졌더라

3 and his clothes became shining white—whiter than anyone in the world could wash them.

9:3 그 옷이 광채가 나며...매우 희어졌더라. 예수님이 아주 찬란한 모습으로 변하셨다. 아주 영광스러운 모습이었던 것 같다.

4 이에 엘리야가 모세와 함께 그들에게 나타나 예수와 더불어 말하거늘

4 Then the three disciples saw Elijah and Moses talking with Jesus.

9:4 엘리야가 모세와 함께 그들에게 나타나 예수와 더불어 말하거늘. 왜 모세와 엘리야가 나타나 예수님과 대화하게 되었을까? 이것은 아마 모세와 엘리야가 시내산에서 하나님을 만난 것을 다시 재연하는 것으로 보인다. 그들이 시내산에서 하나님을 만났듯이 지금은 변화산에서 예수님을 만나고 있다. 이것은 예수님을 성자 하나님으로 더욱 더 드러내는 것이다.

5 베드로가 예수께 고하되 랍비여 우리가 여기 있는 것이 좋사오니 우리가 초막 셋을 짓되 하나는 주를 위하여, 하나는 모세를 위하여, 하나는 엘리야를 위하여 하사이다 하니
6 이는 그들이 몹시 무서워하므로 그가 무슨 말을 할지 알지 못함이더라
7 마침 구름이 와서 그들을 덮으며 구름 속에서 소리가 나되 이는 내 사랑하는 아들이니 너희는 그의 말을 들으라 하는지라

5 Peter spoke up and said to Jesus, "Teacher, how good it is that we are here! We will make three tents, one for you, one for Moses, and one for Elijah."
6 He and the others were so frightened that he did not know what to say.
7 Then a cloud appeared and covered them with its shadow, and a voice came from the cloud, "This is my own dear Son—listen to him!"

9:7 이는 내 사랑하는 아들이니 너희는 그의 말을 들으라. 예수님이 하늘의 인정을 받고 있다. 시내산에서 말씀을 하셨던 하나님께서 변화산에서는 직접 말씀하시지 않고 예수님이 말씀하시는 것이 하나님의 말씀임을 알리셨다. 복음의 왕으로 오신 예수님이 얼마나 영광스러운 분인지를 알 수 있는 대목이다. 복음의 길은 참으로 영광스러운 길이다. 예수님은 성자 하나님으로 이 땅에 오셨다. 그리고 지금 고난의 길을 걷고 계신다. 이제 예루살렘에 올라가셔서 십자가에 죽으실 것이다. 그것은 그 분이 영광스러운 분이 아니기 때문에 일어나는 것이 아니다. 오히려 영광스러운 분이기 때문에 그런 일이 일어나고 있다.

복음의 길을 갈 때 명심해야 하는 것은 그것이 얼마나 영광스러운 길인지를 아는 것이다. 세상 사람들은 그 길이 영광스러운 길인지 모르기 때문에 믿음이 없는 것이다. 그러나 신앙인은 그 길이 영광스러운 것을 알기 때문에 신앙인이다. 그래서 어떤 일을 당하든 그 길의 영광을 놓치지 말아야 한다. 제자들은 변화산에서 그들이 목격한 영광을 산에서 눌러 앉음으로 누리는 것이 아니라 이후에 모든 길에서 그 영광을 가슴에 품고 깨달음으로 누려야 한다.

8 문득 둘러보니 아무도 보이지 아니하고 오직 예수와 자기들뿐이었더라
9 그들이 산에서 내려올 때에 예수께서 경고하시되 인자가 죽은 자 가운데서 살아날 때까지는 본 것을 아무에게도 이르지 말라 하시니

8 They took a quick look round but did not see anyone else; only Jesus was with them.
9 As they came down the mountain, Jesus ordered them, "Don't tell anyone what you have seen, until the Son of Man has risen from death."

9:9 인자가 죽은 자 가운데서 살아날 때까지는 본 것을 아무에게도 이르지 말라. '죽은

자 가운데서 살아나는 것'은 부활을 의미한다. 그러나 제자들은 그것을 이해하지 못하였다. 방금 엄청난 영광의 일을 직접 경험하였지만 여전히 모르는 것이 많았다. 신앙인은 이것을 기억해야 한다. 때로 복음의 엄청난 것을 경험한다. 그러면 사람들은 마치 복음의 모든 것을 아는 것처럼 교만해진다. 그러나 그것은 잘못된 것이다. 우리는 복음에 대해 모르는 것이 참 많다. 때로는 조금 더 알기 전까지 침묵하는 것이 필요하다.

> 10 그들이 이 말씀을 마음에 두며 서로 문의하되 죽은 자 가운데서 살아나는 것이 무엇일까 하고
> 11 이에 예수께 묻자와 이르되 어찌하여 서기관들이 엘리야가 먼저 와야 하리라 하나이까
> 12 이르시되 엘리야가 과연 먼저 와서 모든 것을 회복하거니와 어찌 인자에 대하여 기록하기를 많은 고난을 받고 멸시를 당하리라 하였느냐
> 10 They obeyed his order, but among themselves they started discussing the matter, "What does this 'rising from death' mean?"
> 11 And they asked Jesus, "Why do the teachers of the Law say that Elijah has to come first?"
> 12 His answer was, "Elijah is indeed coming first in order to get everything ready. Yet why do the Scriptures say that the Son of Man will suffer much and be rejected?

9:12 엘리야가 과연 먼저 와서 모든 것을 회복하거니와. 말라기 4장 5절 말씀을 염두에 둔 말씀이다. "보라 여호와의 크고 두려운 날이 이르기 전에 내가 선지자 엘리야를 너희에게 보내리니"(말 4:5) 그러나 그것은 모든 것의 회복을 말하는 것이 아니다. 그렇게 해석하였기 때문에 승리의 메시야만 생각하고 있었다. 그러나 이사야 성경은 분명히 고난 받는 종에 대해 말한다. 그런데 그것에 대해 눈을 감고 있었다. 다수의 사람들이 율법을 잘못 해석한 것이다. 때로 우리는 말씀에 대한 오역을 할 때가 있다. 성경 번역의 역사를 보면 그것을 많이 볼 수 있다. 고고학의 발달로 이전에 잘못 이해했던 말씀을 다시 깨닫게 되기도 한다. 우리는 그래서 성경을 이해하는데 겸손이 필요하다. 우리는 많이 무지하다. 그래서 더 많이 알기 위해 노력해야 한다. 요즘은 좋은 주석이 많이 있음에도 불구하고 혼자 멋대로 성경을 해석하는 사람이 있다. 무식한 용기다. 언어와 문화와 신학을 전혀 모르고 자기 멋대로 해석하는 것이 옳은 해석일 수 없다. 멋대로의 해석은 멋대로의 삶을 낳는다. 또한 성경을 바르게 해석하기 위해 아주 열심히 노력한다 하여도 여전히 모르는 것이 많이 있음을 명심해야 한다.

13 그러나 내가 너희에게 이르노니 엘리야가 왔으되 기록된 바와 같이 사람들이 함부로 대우하였느니라 하시니라

13 I tell you, however, that Elijah has already come and that people treated him just as they pleased, as the Scriptures say about him."

9:13 엘리야가 왔으되...사람들이 함부로 대우하였느니라. 세례 요한을 말씀하는 것이다. 사람들은 그를 죽였다. 그토록 엘리야를 기다렸는데 정작 엘리야가 왔을 때 헤롯 안티파스의 엉뚱한 호기로 죽였다. 그렇게 무지하다. 세례 요한을 함부로 대하였듯이 그들은 또한 그리스도이신 예수님을 함부로 대할 것이다. 복음이 왔다. 예수님이 그 위대한 길을 열고 계신다. 그런데 세상은 무지하였다. 그래서 세례 요한을 죽였고 예수님도 죽일 것이다. 그 제자들도 죽일 것이다. 오늘날에도 마찬가지다. 복음의 영광이 빛나고 있지만 세상 사람들은 그것을 모른다. 그래서 여전히 함부로 대한다. 복음의 영광의 길을 가는 사람은 그들이 함부로 대한다는 사실을 또한 알고 있어야 한다.

14 이에 그들이 제자들에게 와서 보니 큰 무리가 그들을 둘러싸고 서기관들이 그들과 더불어 변론하고 있더라

14 When they joined the rest of the disciples, they saw a large crowd round them and some teachers of the Law arguing with them.

9:14 큰 무리가 그들을 둘러싸고...변론하고 있더라. 변화산에서 놀라운 영광의 일이 일어나고 있을 때 산 아래에서는 큰 소란이 있었다. 이것은 마치 모세가 시내산에 올라갔을 때와 매우 비슷하다. 모세가 시내산에서 말씀을 받을 때 산 아래에서는 금송아지를 만들고 춤을 추면서 큰 소란이 있었다. 아마 제자들이 악령을 쫓아내지 못한 것을 가지고 서기관들이 빌미를 삼아 비난하고 있었던 것으로 보인다. 자신들도 쫓아내지 못하면서 말이다.

15 온 무리가 곧 예수를 보고 매우 놀라며 달려와 문안하거늘
16 예수께서 물으시되 너희가 무엇을 그들과 변론하느냐
17 무리 중의 하나가 대답하되 선생님 말 못하게 귀신 들린 내 아들을 선생님께 데려왔나이다
18 귀신이 어디서든지 그를 잡으면 거꾸러져 거품을 흘리며 이를 갈며 그리고 파리해지는지라 내가 선생님의 제자들에게 내쫓아 달라 하였으나 그들이 능히 하지 못하더이다

19 대답하여 이르시되 믿음이 없는 세대여 내가 얼마나 너희와 함께 있으며 얼마나 너희에게 참으리요 그를 내게로 데려오라 하시매

15 When the people saw Jesus, they were greatly surprised, and ran to him and greeted him.

16 Jesus asked his disciples, "What are you arguing with them about?"

17 A man in the crowd answered, "Teacher, I brought my son to you, because he has an evil spirit in him and cannot talk.

18 Whenever the spirit attacks him, it throws him to the ground, and he foams at the mouth, grits his teeth, and becomes stiff all over. I asked your disciples to drive the spirit out, but they could not."

19 Jesus said to them, "How unbelieving you people are! How long must I stay with you? How long do I have to put up with you? Bring the boy to me!"

9:19 믿음이 없는 세대여. 예수님은 그들을 책망하셨다. 이 책망의 대상은 군중과 제자들까지 포함하고 있다. 6장 13절에서는 제자들이 악령을 쫓아냈음을 이야기한다. 그런데 여기에서는 왜 제자들이 악령을 내쫓지 못하고 있었을까? 아마 그들의 자세에 문제가 있었던 것으로 보인다. 그들은 바로 앞에서 십자가를 져야 한다는 예수님의 말씀을 제대로 이해하지 못하였었다. 하나님의 뜻을 놓치고 있는 상태였다. 제자들을 비난하는 서기관이나 대중들도 마찬가지다. 그들은 하나님께 집중하지 못하고 악령에 걸린 사람의 치료에만 초점을 맞추었다. 악령을 쫓아내는 것이 하나님에 의한 것임에도 불구하고 지극히 인간적인 관점에 머물러 있었다. 치료받고자 하는 이와 치료하는 이, 비난하는 이와 비난받는 자 모두 자신들의 입장과 생각에서 맴돌고 있었다. 그 모습은 흡사 시내산 밑에서 하나님을 보이게 해 달라는 군중과 그들의 강압에 어쩔 수 없이 금송아지를 만들어야 했던 아론의 모습을 반영한다. 금송아지를 만든 것은 사실 하나님의 발등상이었을 것이다. 그래서 어쩌면 자신들은 하나님을 찾고 있었다고 말할 수 있다. 그러나 그것은 잘못된 방식이었다. 그것은 하나님이 아니라 자신들의 감정을 위한 것이었다. 하나님께 집중하지 못하고 자신에게 집중하는 것은 우상숭배다.

20 이에 데리고 오니 귀신이 예수를 보고 곧 그 아이로 심히 경련을 일으키게 하는지라 그가 땅에 엎드러져 구르며 거품을 흘리더라

21 예수께서 그 아버지에게 물으시되 언제부터 이렇게 되었느냐 하시니 이르되 어릴 때부터니이다

22 귀신이 그를 죽이려고 불과 물에 자주 던졌나이다 그러나 무엇을 하실 수 있거든 우리를 불쌍히 여기사 도와 주옵소서

20 They brought him to Jesus. As soon as the spirit saw Jesus, it threw the boy into a fit, so

that he fell on the ground and rolled round, foaming at the mouth.
21 "How long has he been like this?" Jesus asked the father. "Ever since he was a child," he replied.
22 "Many times the evil spirit has tried to kill him by throwing him in the fire and into water. Have pity on us and help us, if you possibly can!"

9:22 무엇을 하실 수 있거든 우리를 불쌍히 여기사 도와 주옵소서. 예수님이 진정 이 아이를 치료할 능력이 있다면 아이를 치료하여 달라고 요청하였다. 아이의 아버지는 예수님의 능력이 아이를 치료할 수 있는지 없는지에 관심을 가졌다. 제자들은 능력이 없었지만 예수님께서 능력이 있으시다면 아이를 치료해 달라고 간청하고 있는 것이다. 그러나 그의 간청은 실패하였다. 그의 초점이 틀렸기 때문이다.

> 23 예수께서 이르시되 할 수 있거든이 무슨 말이냐 믿는 자에게는 능히 하지 못할 일이 없느니라 하시니
> 23 "Yes," said Jesus, "if you yourself can! Everything is possible for the person who has faith."

9:23 할 수 있거든이 무슨 말이냐 믿는 자에게는. 아들의 아버지가 점검해야 할 것은 예수님의 능력이 아니라 자신의 믿음이었다. 예수님은 이미 치료할 능력을 가지고 계셨지만 아들의 아버지는 치료를 받을 믿음을 가지고 있지 못하였다.

> 24 곧 그 아이의 아버지가 소리를 질러 이르되 내가 믿나이다 나의 믿음 없는 것을 도와 주소서 하더라
> 24 The father at once cried out, "I do have faith, but not enough. Help me to have more!"

9:24 아이의 아버지는 즉시 간청의 내용을 바꾸었다. **나의 믿음 없는 것을 도와 주소서.** 자신의 아들의 치유에 앞서 자신이 믿음을 가질 수 있도록 도움을 요청하였다. 믿음이 있어야 자신의 아들도 치료될 수 있기 때문이다.

> 25 예수께서 무리가 달려와 모이는 것을 보시고 그 더러운 귀신을 꾸짖어 이르시되 말 못하고 못 듣는 귀신아 내가 네게 명하노니 그 아이에게서 나오고 다시 들어가지 말라 하시매
> 25 Jesus noticed that the crowd was closing in on them, so he gave a command to the evil spirit. "Deaf and dumb spirit," he said, "I order you to come out of the boy and never go into

him again!"

9:25 그 아이에게서 나오고 다시 들어가지 말라. 이 말씀으로 악령이 떠나가게 된다. 그것보다 더 중요한 것은 아이의 아버지가 믿음을 가지게 된 것이다. 산 아래에서의 사람들에게 중요한 것은 먹고 사는 문제가 아니다. 하나님의 뜻을 따라 사는 것이다. 믿음으로 하나님의 뜻을 분별하며 사는 것이다. 그래서 이 치료는 매우 성공적이었다.

> 26 귀신이 소리 지르며 아이로 심히 경련을 일으키게 하고 나가니 그 아이가 죽은 것 같이 되어 많은 사람이 말하기를 죽었다 하나
> 27 예수께서 그 손을 잡아 일으키시니 이에 일어서니라
> 28 집에 들어가시매 제자들이 조용히 묻자오되 우리는 어찌하여 능히 그 귀신을 쫓아내지 못하였나이까
> 26 The spirit screamed, threw the boy into a bad fit, and came out. The boy looked like a corpse, and everyone said, "He is dead!"
> 27 But Jesus took the boy by the hand and helped him to rise, and he stood up.
> 28 After Jesus had gone indoors, his disciples asked him privately, "Why couldn't we drive the spirit out?"

9:28 우리는 어찌하여 능히 그 귀신을 쫓아내지 못하였나이까. 이전에는 악령을 쫓아내었는데 지금은 쫓아내지 못하였으니 창피하기도 하였을 것이다. 어떤 특별한 기술을 언마해야 하는 것인지를 생각했을 수도 있다. 당시 악령을 쫓아내는 사람들이 있었는데 그들은 수많은 기술이 동원되었다. 어떤 주문을 아주 정확하게 외워야 하는 경우도 있고 절차가 중요하기도 했다. 그래서 그런 것이 있는지 묻는 것이다.

> 29 이르시되 기도 외에 다른 것으로는 이런 종류가 나갈 수 없느니라 하시니라
> 29 "Only prayer can drive this kind out," answered Jesus; "nothing else can."

9:29 기도 외에 다른 것으로...나갈 수 없느니라. '기도가 필요하다'는 것은 무엇을 의미할까? 제자들이 악령을 쫓아낼 때 기도하지 않았을 리가 없다. 오늘날에도 이것을 오해하여 어떤 성경구절을 인용하지 않아서 그렇다고 말을 하기도 하고 어떤 이들은 선포를 하지 않아서 그렇다고 말한다. 더 많은 시간 기도를 해야 한다고 말하기도 한다. 그러나 그것은 제자들의 관점이다. '기도'는 하나님과의 대화다. 기도를 통해 우리는 우리의 뜻을 하나님께 말한다. 그런데 더욱 중요한 것은 하나님의 뜻을 우리가 아는 것이다. 이 구절은 기도하면 모든 악령이 나가게 된다는 의미가 아니다. 기도를 통해

그 순간 하나님의 뜻을 아는 것이 중요하다. 자기 멋대로의 기도가 아니라 진정한 기도를 통해 하나님의 뜻을 아는 것이다. 악령이 나가기 위한 조건도 하나님의 뜻에 있어 믿음과 때와 여러 조건들이 있다. 악령을 좇아내는 것은 하나님의 힘을 힘입어 하는 것이다. 그렇다면 그곳에 사람의 뜻이 아니라 하나님의 뜻이 가장 중요하다. 사람의 뜻을 하나님께 강요하는 것이 기도가 아니다. 하나님의 뜻을 찾는 것이 기도다. 그런 기도를 해야 한다.

4. 제자도 가르침

(9:30-10:45)

30 그 곳을 떠나 갈릴리 가운데로 지날새 예수께서 아무에게도 알리고자 아니
하시니
30 Jesus and his disciples left that place and went on through Galilee. Jesus did not want
anyone to know where he was,

9:30 예수께서 아무에게도 알리고자 아니하시니. 예수님은 이전에 제자들을 쉬게 할
때 대중으로부터 떨어지셨다. 그런데 이번에는 다른 것 때문에 사람들에게서 떨어지
신 것으로 보인다.

31 이는 제자들을 가르치시며 또 인자가 사람들의 손에 넘겨져 죽임을 당하고
죽은 지 삼 일만에 살아나리라는 것을 말씀하셨기 때문이더라
31 because he was teaching his disciples: "The Son of Man will be handed over to those
who will kill him. Three days later, however, he will rise to life."

9:31 이는 제자들을 가르치시며. 제자들을 가르치시는 것에 초점을 맞추시기 위해 그
렇게 하셨다. 무엇보다 자신의 죽임당하심을 가르치고자 하셨다. **인자가 사람들의 손
에 넘겨져 죽임을 당하고.** 예수님이 죽임을 당하시는 것에 대해 제자들에게 두 번째
말씀하셨다. 10장 33절에서 마지막 세 번째 자신의 죽임당하심을 말씀하신다. 자신
의 죽임당하심을 가르치시는 두 번째와 세 번째 사이는 제자들을 향한 교육이 주를
이룬다. '제자도' 가르침이라 말할 수 있다.

32 그러나 제자들은 이 말씀을 깨닫지 못하고 묻기도 두려워하더라
32 But they did not understand what this teaching meant, and they were afraid to ask him.

9:32 깨닫지 못하고 묻기도 두려워하더라. 예수님께서 처음 자신의 죽임당하심을 이
야기할 때는 베드로가 아주 적극적으로 반대하였었다. 그런데 이번에는 묻지 않았
다. 이전보다는 조금 나아진 것이다. 그러나 여전히 그 의미를 모르고 있었다. 예수님

이 죽임당하시는 일은 너무 두려운 일이었다. 일어나서는 안 되는 비참한 일처럼 보이기도 하였을 것이다. 예수님은 분명히 '죽은 지 삼 일 만에 살아나리라'고 말씀하셨다. 그것은 참으로 영광스러운 일이다. 그러나 제자들은 그것까지 생각하지 못하였다. 죽임을 당하신다는 사실에 그 이후의 일은 생각도 못하고 있는 것이다. 그래서 침묵으로 진리를 외면하였다.

> **33** 가버나움에 이르러 집에 계실새 제자들에게 물으시되 너희가 길에서 서로 토론한 것이 무엇이냐 하시되
> **33** They came to Capernaum, and after going indoors Jesus asked his disciples, "What were you arguing about on the road?"

9:33 너희가 길에서 서로 토론한 것이 무엇이냐. 예수님은 가버나움의 베드로의 집으로 돌아오시면서도 제자들의 교육에 집중하신 것으로 보인다. 그래서 조용히 오셨다. 이전에 모여들었던 대중이 보이지 않는다.

> **34** 그들이 잠잠하니 이는 길에서 서로 누가 크냐 하고 쟁론하였음이라
> **34** But they would not answer him, because on the road they had been arguing among themselves about who was the greatest.

9:34 그들이 잠잠하니. 제자들은 예수님의 질문에 바로 대답하지 못했다. 왜 대답하지 못했을까? **서로 누가 크냐 하고 쟁론하였음이라.** 제자들끼리 누가 더 큰 자인지 논쟁하였기 때문에 부끄러워 말을 하지 못하였다. '누가 크냐'의 의미가 무엇인지에 대해서는 두 가지 가능성이 있다. 예수님이 죽임당하신다 말하셨으나 그것을 받아들이지 않고 이제 예루살렘에 가면 예수님이 영광스럽게 되실 것 같은데 그때 누가 더 높은 자리에 앉을지를 토론하였을 수 있다. 두번째 가능성은 예수님이 죽으심을 이야기하니 예수님의 죽으심 이후 누가 그 후계자가 되어 이어갈지를 토론하였을 수도 있다. 어느 경우이든 그것은 서로 높은 자가 되고자 하는 욕심이 있었기 때문에 하는 말이었을 것이다.

> **35** 예수께서 앉으사 열두 제자를 불러서 이르시되 누구든지 첫째가 되고자 하면 뭇 사람의 끝이 되며 뭇 사람을 섬기는 자가 되어야 하리라 하시고
> **35** Jesus sat down, called the twelve disciples, and said to them, "Whoever wants to be

first must place himself last of all and be the servant of all."

9:35 누구든지 첫째가 되고자 하면 뭇 사람의 끝이 되며. 제자들이 서로 큰 자가 되고자 하였다. 그런데 그들은 여전히 세속 나라의 큰 자를 생각하고 있었다. 예수님은 지금 하나님 나라에 대해 가르치셨고, 하나님 나라가 진행되고 있음을 가르치셨다. 그래서 제자들이 '큰 자'가 되는 것에 관심을 가지려면 세속 나라에서의 큰 자가 아니라 하나님 나라에서의 큰 자를 생각해야 한다. 그래서 하나님 나라에서의 큰 자가 누구인지를 가르쳐 주셨다. 세속 나라에서 큰 자는 누구인지 바로 알 수 있다. 세속 나라에서의 큰 자는 직위로 정해져 있다. 군대에서는 계급으로 정해져 있다. 그런데 하나님 나라의 큰 자는 직위가 아니다. 오히려 제일 뒤에 있는 자가 큰 자라고 말씀한다. 제일 뒤에 있는 자는 세속 나라에서 제일 낮은 자를 의미하는 것이 아니다. **사람을 섬기는 자가 되어야 하리라.** 어느 위치에 있든 그곳에서 마치 제일 뒤에 있는 자처럼 마음으로 섬기는 사람이 될 때 큰 자가 된다는 말씀이다.

> 36 어린 아이 하나를 데려다가 그들 가운데 세우시고 안으시며 제자들에게 이르시되
> 36 Then he took a child and made him stand in front of them. He put his arms round him and said to them,

9:36 어린 아이 하나를...안으시며. 예수님은 누구의 자녀인지는 모르지만 집 안에 있던 한 어린아이를 불러 품에 안으셨다. 무릎 위에 앉히셨을 것 같다. 아주 포근하고 따스하게 아이를 안으셨다.

> 37 누구든지 내 이름으로 이런 어린 아이 하나를 영접하면 곧 나를 영접함이요 누구든지 나를 영접하면 나를 영접함이 아니요 나를 보내신 이를 영접함이니라
> 37 "Whoever welcomes in my name one of these children, welcomes me; and whoever welcomes me, welcomes not only me but also the one who sent me."

9:37 내 이름으로 이런 어린 아이 하나를 영접하면 곧 나를 영접함이요. 어린 아이를 예로 말씀하시는 것은 이 시대 문화가 어린 아이는 가장 힘없고 보잘것없는 존재로 가장 낮은 자의 대명사였기 때문이다. **내 이름으로.** 이것은 예수님을 대신하여, 예수님을 위하여, 예수님의 힘으로, 예수님을 믿는 사람으로 등의 의미를 가지고 있다. 신앙인은 작은 예수로서 살아가는 것이다. 그러기에 예수님이 그런 작은 자를 사랑하고

섬기라 하였으니 그 말씀을 따라 그렇게 섬기면 예수님의 이름으로 한 것이며, 그것은 예수님을 영접한 것이 된다고 말씀하셨다. 곧 큰 가치의 일이 된다는 말씀이다. 세상에서 큰 자는 큰 일을 하는 사람이다. 많은 돈이나 많은 힘을 움직인다. 그러나 하나님 나라에서의 큰 자는 세속적으로 큰 일이든 작은 일이든 어떤 일을 하더라도 예수님의 이름으로 하면 큰 일이 되고 큰 자가 된다. 그러기에 그가 하고 있는 일이 큰 일이든 작은 일이든 그것에 구애받지 말고 예수님의 이름으로 열심히 살아가면 그것이 하나하나 열매가 되어 많은 열매를 맺는 큰 자가 된다고 말씀하셨다.

> **38** 요한이 예수께 여짜오되 선생님 우리를 따르지 않는 어떤 자가 주의 이름으로 귀신을 내쫓는 것을 우리가 보고 우리를 따르지 아니하므로 금하였나이다
> **38** John said to him, "Teacher, we saw a man who was driving out demons in your name, and we told him to stop, because he doesn't belong to our group."

9:38 우리를 따르지 않는 어떤 자가 주의 이름으로 귀신을 내쫓는 것을 우리가 보고...금하였나이다. 제자들은 어느새 조금은 특권의식을 가지게 된 것 같다. 그래서 지금 예수님과 함께 하지도 않으면서 예수님의 이름으로 악령을 쫓는 사람을 배타적으로 대하며 금지시킨 것이다.

> **39** 예수께서 이르시되 금하지 말라 내 이름을 의탁하여 능한 일을 행하고 즉시로 나를 비방할 자가 없느니라
> **39** "Do not try to stop him," Jesus told them, "because no one who performs a miracle in my name will be able soon afterwards to say evil things about me.

9:39 금하지 말라. '예수님의 이름으로 하였다'는 것은 그 안에 예수님이라는 존귀한 이름이 담겨 있다. 물론 심각하게 잘못이 있다면 금지시켜야 할 것이다. 그러나 그렇지는 않았던 것 같다. 우리는 그리스도 이름 안에 담긴 존귀함을 보아야 한다. 그래서 그 이름으로 무엇인가 이루어질 때 존중하는 것이 필요하다. 그 안에 이단적인 심각한 잘못이 없으면 그래야 한다. 잘잘못을 말할 수는 있으나 그리스도의 이름이 손상되지 않게 해야 한다.

> **40** 우리를 반대하지 않는 자는 우리를 위하는 자니라
> **41** 누구든지 너희가 그리스도에게 속한 자라 하여 물 한 그릇이라도 주면 내가

진실로 너희에게 이르노니 그가 결코 상을 잃지 않으리라
40 For whoever is not against us is for us.
41 I assure you that anyone who gives you a drink of water because you belong to me will certainly receive his reward.

9:41 그리스도에게 속한 자라 하여 물 한 그릇이라도 주면...결코 상을 잃지 않으리라. 그리스도의 이름이 있는 곳에서 섬긴다는 것은 그리스도를 섬기는 것이 된다. 참으로 위대한 섬김이다. 신앙인은 교회에서의 섬김과 성도 간의 섬김에 대해 더욱 귀히 여길 수 있어야 한다. 그 안에 그리스도의 임재가 있기 때문이다. 그렇게 그리스도의 이름이 있는 곳을 섬길 때 큰 상이 있다. 물 한그릇에도 상이 있다. 그 상을 결코 가벼이 여기지 말아야 한다. 그리스도께서 약속하신 상이기 때문에 더욱 열망해야 한다.

42 또 누구든지 나를 믿는 이 작은 자들 중 하나라도 실족하게 하면 차라리 연자맷돌이 그 목에 매여 바다에 던져지는 것이 나으리라
42 "If anyone should cause one of these little ones to lose his faith in me, it would be better for that person to have a large millstone tied round his neck and be thrown into the sea.

9:42 나를 믿는 이 작은 자들 중 하나라도 실족하게 하면 차라리 연자맷돌...바다에 던져지는 것이 나으리라. '실족하게 한다'는 것은 '덫에 걸리게 한다'는 의미다. 죄를 범하게 하거나 분노하게 하는 등의 문제를 야기하는 것이다. '연자맷돌'은 '연자매'로 해야 정확한 번역이다. 국어에서 맷돌은 크기에 따라 이름이 다르다. 작아서 사람이 돌리는 맷돌은 그냥 '맷돌'이라 하고 동물이 끄는 큰 맷돌은 '연자맷돌'이라 하는 것이 아니라 '연자매'라고 부른다. 큰 맷돌을 매고 바다에 던져지면 다시는 나오지 못할 것이다.
중요한 것은 '나를 믿는 이 작은 자들'이라는 수식어다. 예수님을 믿는다는 것은 그 안에 예수님이 임재하신다는 것을 의미한다. 그리스도의 존귀함이 성도들 안에 있다. 그러기에 성도를 상하게 하면 그 안에 계신 그리스도를 상하게 하는 것이 된다. 그래서 큰 죄가 된다.

43 만일 네 손이 너를 범죄하게 하거든 찍어버리라 장애인으로 영생에 들어가는 것이 두 손을 가지고 지옥 곧 꺼지지 않는 불에 들어가는 것보다 나으니라
43 So if your hand makes you lose your faith, cut it off! It is better for you to enter life without a hand than to keep both hands and go off to hell, to the fire that never goes out.

9:43 만일 네 손이 너를 범죄하게 하거든 찍어버리라. 참으로 강한 강조다. 손을 가지고

지옥에 가는 것보다 손 없이 하나님 나라에 들어가는 것이 더 낫다고 말하며 하나님 나라에 가는 것의 중요성을 말하는 것이다.

44 (없음)
45 만일 네 발이 너를 범죄하게 하거든 찍어버리라 다리 저는 자로 영생에 들어가는 것이 두 발을 가지고 지옥에 던져지는 것보다 나으니라

44
45 And if your foot makes you lose your faith, cut it off! It is better for you to enter life without a foot than to keep both feet and be thrown into hell.

9:45 다리 저는 자로 영생에 들어가는 것이 두 발을 가지고 지옥에 던져지는 것보다 나으니라. 이번에는 죄를 범하는 '발을 자르는 것'에 대해 말한다. 47절에서는 거의 비슷한 구절로 '눈'이 범죄하면 그것을 빼 버리는 것이 낫다고 말한다. 거의 같은 내용을 손, 발, 눈으로 반복하여 이야기하는 것은 매우 강조하고 있다는 것을 나타낸다. 우리가 복음에 속한 자가 되기 위해 얼마나 과감한 선택을 해야 하는지를 말한다. 우리 안에 그리스도가 계시니 그리스도가 임재하시는 것을 방해하는 거짓되고 죄된 것에 대해 과감히 버려야 한다는 말씀이다. 처절히 버려야 한다는 것이다.

세속 나라에서 큰 자가 되려 하며 우아하게 살고 있으면 안 된다. 큰 자가 되려고 자신의 죄에 대해 눈감고 우아한 모습으로 우아하게 적당히 타협하면서 살고 있으면 안 된다. 그러한 것은 복음 밖이다. 지옥이다. 우아함이 아니라 자신을 장애자가 되도록 만들기도 하는 엄청난 자기와의 싸움을 해야 한다. 복음은 그렇게 우아함과는 거리가 멀다. 복음을 위해 처절한 싸움이 있어야 한다.

46 (없음)
47 만일 네 눈이 너를 범죄하게 하거든 빼버리라 한 눈으로 하나님의 나라에 들어가는 것이 두 눈을 가지고 지옥에 던져지는 것보다 나으니라
48 거기에서는 구더기도 죽지 않고 불도 꺼지지 아니하느니라

46
47 And if your eye makes you lose your faith, take it out! It is better for you to enter the Kingdom of God with only one eye than to keep both eyes and be thrown into hell.
48 There 'the worms that eat them never die, and the fire that burns them is never put out.'

9:48 개역개정에서 44절과 46절은 '없음'로 되어 있다. 그런데 그 부분이 있는 사본은 이 구절(48절)이 들어가 있다. 반복되어 말하고 있는 것이다. 그만큼 이 구절이 매

우 강조되고 있는 것이다. **구더기도 죽지 않고 불도 꺼지지 아니하느니라.** '구더기와 불'은 시체를 생각하면 쉽게 연상될 것 같다. 시체가 썩을 때 구더기가 생긴다. 시체를 태울 때 불로 태운다. 이것은 부패와 멸망을 상징한다. 시체를 파먹는 벌레와 태우는 불을 통해 지옥을 연상하게 하고 있다. 사람을 부패하게 하는 구더기가 죽지 않는다. 계속된다. 사람을 파멸시키는 불도 꺼지지 않는다. 계속된다. 그것이 진정 큰 고통일 것이다. 그것이 고통을 극대화한다. 지옥은 어떤 것으로도 설명이 불가능하다. 이렇게 구더기와 불이라는 이미지로 끊임없는 처절한 고통을 상징적으로 말할 뿐이다. 지옥은 어떤 것으로 설명하더라도 부족하고 그것보다 더 심한 고통이 있는 곳이다.

49 사람마다 불로써 소금 치듯 함을 받으리라
49 "Everyone will be purified by fire as a sacrifice is purified by salt.

9:49 불. 이것은 아마 긍정적인 표현일 것이다. 48절의 불은 멸망의 불이라면 49절은 '정결의 불'이다. 불은 '고난'을 상징할 때가 많다. 사람이 이 세상에서 복음을 위하여 자기 수족을 자르는 듯한 처절한 훈련을 하는 모습을 불로 표현하고 있다. 그렇게 불로 연단될 때 사람이 '소금 치듯 함을 받으리라'고 말한다. 소금을 뿌리면 물질이 보존되고, 정화된다. 거짓이 파괴된다. 아마 그런 의미를 담고 있을 것이다. 또한 구약의 제물을 드릴 때 소금을 쳤는데 소금을 쳐야 온전한 제물이 되었듯이 불(고난의 연단)을 통해 소금을 치는 효과(온전한 제물이 되는)가 있게 된 것을 의미한다. 그러한 불이 없이 우아하게 세상과 적당히 타협하면서 살고 있으면 안 된다. 그곳은 지옥의 길이다.

50 소금은 좋은 것이로되 만일 소금이 그 맛을 잃으면 무엇으로 이를 짜게 하리요 너희 속에 소금을 두고 서로 화목하라 하시니라
50 "Salt is good; but if it loses its saltiness, how can you make it salty again? "Have the salt of friendship among yourselves, and live in peace with one another."

9:50 너희 속에 소금을 두고 서로 화목하라. 신앙인은 철저히 자기 훈련을 통해 '진정한 소금'이 되어야 한다. 성도가 화목하는 것이 결코 쉽지 않다. 생각이 다르고 환경이 다르다. 겪은 경험이 다르다. 그러니 어떻게 화목할 수 있겠는가? 그러나 각자가 자신을 죽이는 소금의 역할을 한다면 성도는 화목할 수 있을 것이다. 소금은 자신의 맛이 아니라 상대방의 맛을 내게 한다. 소금이 그 역할을 할 때 화목이 있을 것이다. 그 안에 복음이 있다. 그러니 우리는 복음을 품기 위해서 더욱더 철저히 자기 자신을 죽이며 화목해야 한다.

10장

1 예수께서 거기서 떠나 유대 지경과 요단 강 건너편으로 가시니 무리가 다시 모여들거늘 예수께서 다시 전례대로 가르치시더니
2 바리새인들이 예수께 나아와 그를 시험하여 묻되 사람이 아내를 버리는 것이 옳으니이까
1 Then Jesus left that place, went to the province of Judea, and crossed the River Jordan. Crowds came flocking to him again, and he taught them, as he always did.
2 Some Pharisees came to him and tried to trap him. "Tell us," they asked, "does our Law allow a man to divorce his wife?"

10:2 사람이 아내를 버리는 것이 옳으니이까. 이것은 정당한 이혼에 대한 것이 아니라 다양한 이혼에 대한 질문이다. 이 질문은 아마 베레아에서 있었을 것이다. 예수님의 대답이 이혼한 헤롯 안티파스를 화나게 하여 예수님을 궁지에 몰려는 의도일 것이다.

3 대답하여 이르시되 모세가 어떻게 너희에게 명하였느냐
4 이르되 모세는 이혼 증서를 써주어 버리기를 허락하였나이다
3 Jesus answered with a question, "What law did Moses give you?"
4 Their answer was, "Moses gave permission for a man to write a divorce notice and send his wife away."

10:3-4 모세가 어떻게 너희에게 명하였느냐. 성경이 어떻게 말하고 있는지에 대한 질문이다. **이혼 증서를 써주어 버리기를 허락하였나이다.** "사람이 아내를 맞이하여 데려온 후에 그에게 수치되는 일이 있음을 발견하고 그를 기뻐하지 아니하면 이혼 증서를 써서 그의 손에 주고 그를 자기 집에서 내보낼 것이요"(신 24:1)을 근거로 한 대답이다. '수치 되는 일'은 주로 '간음'을 말하는 것이며 그에 상응하는 것을 말할 수 있다. 그런데 이 시대 이혼하고 싶은 남자들이 이것을 자기 멋대로 해석하였다. '이혼 증서'를 빌미로 삼아 이것만 써 주면 갖은 이유로 이혼해도 되는 것으로 만들었다.

5 예수께서 그들에게 이르시되 너희 마음이 완악함으로 말미암아 이 명령을 기록하였거니와
5 Jesus said to them, "Moses wrote this law for you because you are so hard to teach.

10:5 너희 마음이 완악함으로 말미암아 이 명령을 기록하였거니와. 남자들이 이혼 증서

를 써주지 않고 이혼하면 여인은 재혼할 수 없고 여전히 전 남편에게 매인 자가 된다. 그래서 그러한 병폐를 방지하기 위해 모세가 이혼 증서를 써주라고 말한 것을 사람들은 이혼 증서만 써주면 이혼해도 되는 것으로 멋대로 적용하여 이혼하였다. 그래서 이스라엘 남자들은 불륜과 같은 정당한 사연이 아니라 아주 사소한 사연으로도 이혼하였다. 자신이 사랑하는 여자가 생겼다는 것도 정당한 이혼 사유처럼 여겼다.

6 창조 때로부터 사람을 남자와 여자로 지으셨으니
6 But in the beginning, at the time of creation, 'God made them male and female,' as the scripture says.

10:6 창조 때로부터. 예수님은 이혼이 만연한 세속의 멋대로의 가치관에 대해 본래의 모습 즉 창조 때의 가치관을 말씀하여 주셨다.

7 이러므로 사람이 그 부모를 떠나서
8 그 둘이 한 몸이 될지니라 이러한즉 이제 둘이 아니요 한 몸이니
7 'And for this reason a man will leave his father and mother and unite with his wife,
8 and the two will become one.' So they are no longer two, but one.

10:8 사람들은 자신들의 생각과 감성을 위해 이혼하려 하였다. 이혼하기 위해 억지로 말씀을 자신의 생각에 맞추었다. 그러나 이혼은 아름다운 모습이 아니다. 정당한 이혼은 배우자가 '간음한 경우(11-12절)'다. 그러나 그것조차도 사실 아름다운 모습은 아니다. '간음하면 이혼하라'가 아니라 간음이 있어도 '기뻐하지 않으면' 이혼이 허용된 것이다. 용서할 수 있으면 좋지만 용서하지 못하면 이혼하는 것을 허락하는 것이다.

9 그러므로 하나님이 짝지어 주신 것을 사람이 나누지 못할지니라 하시더라
9 No human being then must separate what God has joined together."

10:9 하나님이 짝지어 주신 것을 사람이 나누지 못할지니라. 사람이 생각해야 할 것은 창조 때의 본래 모습이다. 아름다운 모습은 이혼하지 않는 것이다. 이 땅에서 사람 재앙으로 인하여 우리는 이혼도 경험할 수 있고 헤어짐도 경험한다. 그러나 우리는 그것을 아파하고 본래 창조 때의 모습을 생각하며 함께하는 것을 추구해야 한다. 복음은 타락하기 전의 창조 질서를 회복하는 것이다. 사람이 사람과 더불어 사랑하

는 모습이다. 우리는 그것을 꿈꾸며 살아가고 있다. 그러기에 신앙인은 지금 세속의 가치관에서 일어나야 한다. 세속의 가치관에 자신을 맞추지 말아야 한다. 비록 주변에 세속의 가치관이 가득하지만, 그들은 이 땅에서 한 평생 살고 죽을 것처럼 생각하는 사람들이고 우리는 복음의 가치관을 생각해야 한다. 영원한 나라의 백성으로 살게 될 것이니 그 가치관에 합당한 모습을 생각하면서 살아가야 한다.

10 집에서 제자들이 다시 이 일을 물으니
11 이르시되 누구든지 그 아내를 버리고 다른 데에 장가 드는 자는 본처에게 간음을 행함이요
12 또 아내가 남편을 버리고 다른 데로 시집 가면 간음을 행함이니라
13 사람들이 예수께서 만져 주심을 바라고 어린 아이들을 데리고 오매 제자들이 꾸짖거늘
10 When they went back into the house, the disciples asked Jesus about this matter.
11 He said to them, "A man who divorces his wife and marries another woman commits adultery against his wife.
12 In the same way, a woman who divorces her husband and marries another man commits adultery."
13 Some people brought children to Jesus for him to place his hands on them, but the disciples scolded the people.

10:13 예수께서 만져 주심을 바라고 어린 아이들을 데리고 오매. '어린 아이(헬, 파이디온)'의 헬라어 의미는 '아기에서 결혼 전의 연령'까지 사용하는 단어지만 병행 구절인 누가복음 18:15의 '아기(헬, 브레포스)'는 주로 어린 아기를 지칭할 때 사용하는 단어다. 16절에서 '아이들을 안고'라고 말씀한다. 그러기에 본문에서는 부모 품에 안기어 오는 아기들로 보는 것이 맞다. 엄마들이 왜 아기를 안고 예수님께 나왔을까? 이 당시 아기들은 16세 전까지 사망률이 60%였다. 주로 갓난아기일 때 많이 죽었다. 사회에서는 아기나 아이는 반쪽 사람 취급도 못 받았다. 그러나 여자에게는 가장 크고 중요하였다. 그런데 다 자라기 전에 60%가 죽으니 얼마나 가슴이 아프고 절실하였을까? 그래서 자신의 아기가 죽지 않고 잘 자라기를 바라는 마음에 예수님께 나와 기도를 부탁하는 것이다. **제자들이 꾸짖거늘.** 제자들이 보기에 아기는 지극히 보잘것없는 존재에 불과하다. 그래서 아기를 데려와서 예수님의 시간을 뺏는다고 꾸짖었다. 어른도 예수님의 손길을 기다리고 있는데 아기들까지 신경 쓸 시간이 없다고 생각한 것이다.

14 예수께서 보시고 노하시어 이르시되 어린 아이들이 내게 오는 것을 용납하

고 금하지 말라 하나님의 나라가 이런 자의 것이니라

14 When Jesus noticed this, he was angry and said to his disciples, "Let the children come to me, and do not stop them, because the Kingdom of God belongs to such as these.

10:14 예수께서 보시고 노하시어. 여기에 사용된 단어(헬, 아가낙테오)는 '많이 분노' 하시는 것을 의미하는 단어다. 예수님께서 제자들에게 많이 화내셨다. 예수님께서 이렇게 화내신 경우가 없었다. 예수님이 화내시는 일에 이 단어를 사용하는 경우는 다른 복음서에서도 지금의 상황에서만 사용된다. **어린 아이들이 내게 오는 것을 용납하고 금하지 말라.** 엄마들이 아기를 안고 오는 것을 금하지 말라고 말씀하셨다. 그 엄마의 간절한 마음을 아시기 때문일 것이다. **하나님의 나라가 이런 자의 것이니라.** '이런 자'는 아기를 안고 오는 엄마와 아기를 다 포함할 것이다. 간절히 찾는 자다. 세상의 비참함 속에서 예수님의 소식을 듣고 예수님을 간절히 찾아온 사람들이다. 아기는 멋모르고 왔겠지만 예수님을 찾는 엄마의 간절함 때문에 아기도 함께 포함된다.

15 내가 진실로 너희에게 이르노니 누구든지 하나님의 나라를 어린 아이와 같이 받들지 않는 자는 결단코 그 곳에 들어가지 못하리라 하시고

15 I assure you that whoever does not receive the Kingdom of God like a child will never enter it."

10:15 하나님의 나라를 어린 아이와 같이 받들지 않는 자는 결단코 그 곳에 들어가지 못하리라. '어린 아이와 같이'는 어린 아기의 무능력과 부모의 간절함이 함께 내포되어 있을 것이다. 어린 아기와 엄마는 간절히 예수님을 찾았다. 그것 아니면 희망이 없듯이 찾았다. 분명 욕먹을 것 같았지만 용기를 내어 찾았다. 바로 그 마음이 '어린 아기와 같이' 받아들이는 것이다.

16 그 어린 아이들을 안고 그들 위에 안수하시고 축복하시니라
17 예수께서 길에 나가실새 한 사람이 달려와서 꿇어 앉아 묻자오되 선한 선생님이여 내가 무엇을 하여야 영생을 얻으리이까

16 Then he took the children in his arms, placed his hands on each of them, and blessed them.
17 As Jesus was starting on his way again, a man ran up, knelt before him, and asked him, "Good Teacher, what must I do to receive eternal life?"

10:17 선한 선생님이여 내가 무엇을 하여야 영생을 얻으리이까. '영생'은 어떤 면에 있어

서 복음, 하나님 나라, 하늘과 동의어다. 영생을 얻는 방법에 대해 질문한 것은 좋은 것이다. 사람들이 눈에 보이는 오늘의 세상에 대해서만 관심을 갖는데 이 사람은 영생에 대해 관심을 가졌다. 질문하였다. 그런데 이 질문이 낮은 자의 질문이 아니라 조금은 교만한 마음으로 질문한 것 같은 마음이 든다.

> **18** 예수께서 이르시되 네가 어찌하여 나를 선하다 일컫느냐 하나님 한 분 외에는 선한 이가 없느니라
> 18 "Why do you call me good?" Jesus asked him. "No one is good except God alone.

10:18 네가 어찌하여 나를 선하나 일컫느냐 하나님 한 분 외에는 선한 이가 없느니라. 이 사람이 예수님을 '선한 선생님이여'라고 말한 것이 잘못이라는 것이 아니라 그가 예수님이 하나님이신 것을 모르는데 그렇게 말한 것이 잘못이라는 말씀이다. 이 사람은 자기 확신이나 자기 판단이 확실한 사람이었던 것으로 보인다. 예수님은 그러한 교만한 마음에 대해 그의 무지를 지적하고 계신 것으로 보인다.

> **19** 네가 계명을 아나니 살인하지 말라, 간음하지 말라, 도둑질하지 말라, 거짓 증언 하지 말라, 속여 빼앗지 말라, 네 부모를 공경하라 하였느니라
> 19 You know the commandments: 'Do not commit murder; do not commit adultery; do not steal; do not accuse anyone falsely; do not cheat; respect your father and your mother.' "

10:19 네가 계명을 아나니 살인하지 말라. 영생의 길을 질문하는 사람에게 '계명을 지키라' 말씀하셨다. 그렇다면 계명을 지켜야 영생을 얻는 것일까? 맞다. 예수님은 영생을 질문하는 이에게 계명으로 대답하셨다. 흔히 율법이 영생과 상관없는 것처럼 말하는 사람이 있다. 그러나 그렇지 않다. 율법을 지키기는 하지만 그 안에 그리스도에 대한 마음이 없으면 영생과 상관 없으나 하나님의 뜻을 지키기 위한 율법을 지키는 것은 영생의 필수다. 율법을 지키지 않고 영생을 얻는 것은 없다.

> **20** 그가 여짜오되 선생님이여 이것은 내가 어려서부터 다 지켰나이다
> 20 "Teacher," the man said, "ever since I was young, I have obeyed all these commandments."

10:20 어려서부터. 율법적 책임이 있는 13세부터 율법을 지키는 일에 세심한 주의를

기울이며 잘 지킨 것을 의미한다.

> **21** 예수께서 그를 보시고 사랑하사 이르시되 네게 아직도 한 가지 부족한 것이 있으니 가서 네게 있는 것을 다 팔아 가난한 자들에게 주라 그리하면 하늘에서 보화가 네게 있으리라 그리고 와서 나를 따르라 하시니
>
> 21 Jesus looked straight at him with love and said, "You need only one thing. Go and sell all you have and give the money to the poor, and you will have riches in heaven; then come and follow me."

10:21 네게 있는 것을 다 팔아 가난한 자들에게 주라. 지금까지 이런 요청을 받은 사람은 아무도 없었다. 그런데 이 사람에게는 왜 이렇게 단호하게 엄청난 것을 요구하고 계실까? 이 사람의 교만한 마음 때문일 것이다. 또한 한 걸음 더 나가 '하늘에 보화'를 쌓을 수 있으나 쌓지 못하고 마치 다 잘 하고 있는 것처럼 생각하고 있는 것이 안타까워 그렇게 말씀하신 것으로 보인다. **그리하면 하늘에서 보화가 네게 있으리라.** '하늘에 들어가는 것'이 아니라 '하늘에서 보화'가 있다고 말씀한다. 이 사람이 영생에 들어가지 못하였다고 생각하는 경우가 많으나 나는 이 사람이 영생에 들어가는 사람이라고 생각한다. '예수께서 그를 보시고 사랑하사'라는 구절을 볼 때도 예수님은 그를 향해 우호적인 마음을 가지고 계신 것을 볼 수 있다.

> **22** 그 사람은 재물이 많은 고로 이 말씀으로 인하여 슬픈 기색을 띠고 근심하며 가니라
>
> 22 When the man heard this, gloom spread over his face, and he went away sad, because he was very rich.

10:22 재물이 많은 고로 이 말씀으로 인하여 슬픈 기색을 띠고. 이 사람은 진지함이 있었던 것으로 보인다. 그래서 예수님의 말씀을 무시하지 않고 깊은 고뇌에 빠졌다. 이 당시 바리새인들은 재물을 내놓을 때 자산의 20% 이상 내는 것을 금지시켰다. 가산을 다 잃지 않도록 하기 위함이다. 그만큼 부자와 재물에 대한 존중이 있었다. 그 기준으로 보면 이 사람은 예수님의 말씀을 무시해도 된다. 그런데 이 말씀을 마음에 담고 고뇌하고 있다. 이 사람의 이야기는 여기에서 끝나지만 어쩌면 이후에 바뀌지 않았을까 하는 추측을 해 본다.

23 예수께서 둘러 보시고 제자들에게 이르시되 재물이 있는 자는 하나님의 나라에 들어가기가 심히 어렵도다 하시니

23 Jesus looked round at his disciples and said to them, "How hard it will be for rich people to enter the Kingdom of God!"

10:23 이 사람에 대한 이야기는 여기에서 마치지만 이것으로 인하여 재물에 대한 이야기가 이어진다. **재물이 있는 자는 하나님의 나라에 들어가기가 심히 어렵도다.** 가치관의 반전이다. 이 당시 대부분의 사람은 재물이 하나님이 주시는 복이라 생각하였다. 실제로 그런 면이 분명히 있다. 그러나 예수님은 재물에 대해 부정적인 면도 있음을 분명히 말씀하셨다. 재물이 있는 사람이 하나님 나라에 들어가기 어려운 것은 왜 그럴까? 그것을 의지하기 때문이다. 앞에서 나온 아기나 그 어머니는 아무것도 없고 절실하기 때문에 하나님만을 의지하는 길이 더 열릴 수 있었다. 그런데 부자는 하나님이 아니어도 살 만하기 때문에 하나님을 '절대의존'의 필요를 느끼지 못하는 것이다.

24 제자들이 그 말씀에 놀라는지라 예수께서 다시 대답하여 이르시되 얘들아 하나님의 나라에 들어가기가 얼마나 어려운지
25 낙타가 바늘귀로 나가는 것이 부자가 하나님의 나라에 들어가는 것보다 쉬우니라 하시니

24 The disciples were shocked at these words, but Jesus went on to say, "My children, how hard it is to enter the Kingdom of God!
25 It is much harder for a rich person to enter the Kingdom of God than for a camel to go through the eye of a needle."

10:25 부자가 하나님의 나라에 들어가는 것. 난 여기에서 '부자'를 모든 부자가 아니라 '하나님을 모르는 부자'라고 생각한다. 그들은 자신의 삶에 만족하기 때문에 하나님께 관심을 두지 않고 믿음의 자리로 가려고 하지 않는다. 그래서 그들은 말 그대로 낙타가 바늘귀로 통과하지 못하는 것처럼 그들은 영생을 얻을 수 없다. 양손으로 부를 움켜 잡고 있으면 하나님 나라를 잡을 손이 없다. 그렇다면 신앙인 부자도 이것을 주의해야 한다. 자신이 믿음 없이 부를 움켜 잡고 있는 것은 아닌지를 많이 주의해야 한다.

26 제자들이 매우 놀라 서로 말하되 그런즉 누가 구원을 얻을 수 있는가 하니

26 At this the disciples were completely amazed and asked one another, "Who, then, can be saved?"

10:26 누가 구원을 얻을 수 있는가. 우리가 진정 구원을 귀한 것으로 여긴다면 구원 앞에 늘 이런 마음을 가져야 한다. 우리는 구원에 합당한 사람이 아니다. 우리는 결코 구원의 길을 갈 수 없다. 그래서 늘 겸손히 주님을 의지해야 한다. 모든 것을 내려놓고 주님을 의지해야 한다.

> 27 예수께서 그들을 보시며 이르시되 사람으로는 할 수 없으되 하나님으로는 그렇지 아니하니 하나님으로서는 다 하실 수 있느니라
> 27 Jesus looked straight at them and answered, "This is impossible for human beings, but not for God; everything is possible for God."

10:27 사람으로서는 할 수 없으되 하나님으로는...다 하실 수 있느니라. 재물을 의지하던 이가 어떤 계기가 있어 하나님을 의지하면 그 순간 구원받은 백성이 된다. 재물로는 어떤 방법을 다 동원해도 안 되는데 내려놓고 하나님을 의지하는 순간 모든 것이 된다. 구원은 재물이 아니라 하나님을 통해 받는다. 그러기에 재물을 의지하지 말고 하나님을 의지해야 한다. 하나님을 의지하는 것을 방해하는 것은 그것이 어떤 것이든 내려 놓아야 한다.

> 28 베드로가 여짜와 이르되 보소서 우리가 모든 것을 버리고 주를 따랐나이다
> 29 예수께서 이르시되 내가 진실로 너희에게 이르노니 나와 복음을 위하여 집이나 형제나 자매나 어머니나 아버지나 자식이나 전토를 버린 자는
> 30 현세에 있어 집과 형제와 자매와 어머니와 자식과 전토를 백 배나 받되 박해를 겸하여 받고 내세에 영생을 받지 못할 자가 없느니라
> 28 Then Peter spoke up, "Look, we have left everything and followed you."
> 29 "Yes," Jesus said to them, "and I tell you that anyone who leaves home or brothers or sisters or mother or father or children or fields for me and for the gospel,
> 30 will receive much more in this present age. He will receive a hundred times more houses, brothers, sisters, mothers, children and fields—and persecutions as well; and in the age to come he will receive eternal life.

10:29-30 나와 복음을 위하여 집이나...버린 자는. 복음의 주가 되시는 예수님을 위하고 복음을 위하여 자신의 것을 내려놓은 자가 복음에 합당한 사람이다. 복음을 위하여 무엇을 버렸는가? 자신의 소중한 무엇을 내려놓았는가? 자신의 소중한 것을 내려 놓을 수 있어야 한다. '버린다'는 것은 미워한다거나 다 팔아버리는 것을 의미하지 않는다. 그것은 복음 아래에 재정립하는 것이다. **현세에 있어 집과 형제와...백 배나 받되.**

버린 것을 다시 받는다 말한다. 그것도 백 배나 받는다고 말씀한다. 그러기에 '버린다'는 것은 무소유나 무가족이 되는 것을 의미하지 않는다. 그러한 것을 복음 아래에 두고 복음을 위해 결단을 해야 할 때 결단하는 것을 의미한다. 믿음의 사람은 현세에서도 세상이 부러워하는 복을 받을 수 있다. 백 배나 받을 수도 있다. 대신 그러한 것에 매인자가 되면 안 된다. 먼저 내려놓아야 한다. **박해를 겸하여 받고.** 언제든지 복음을 위해 내려놓아야 한다면 내려놓아야 한다. 박해를 피하여 복만 받으려고 하면 그것은 더이상 믿음의 복이 아니다. 세상의 복이다. **내세에 영생을 받지 못할 자가 없느니라.** 이 땅에서 내려놓아야 영생을 받을 수 있다. 부를 버릴 필요는 없다. 그러나 마음에서는 내려놓아야 한다. 오직 그리스도만 의지할 수 있도록 다른 모든 것을 내려놓아야 한다. 그래야 영생을 얻을 수 있다.

31 그러나 먼저 된 자로서 나중 되고 나중 된 자로서 먼저 될 자가 많으니라
31 But many who now are first will be last, and many who now are last will be first."

10:31 먼저 된 자로서 나중 되고. 세속의 나라에 질서가 있다. 그곳에서 누구는 앞에 있고 누구는 뒤에 있다. 그러나 그러한 순서가 하나님 나라에서도 같은 것은 아니라는 말씀이다. 하나님 나라에서는 새로운 가치가 적용된다. 사실 세상에서는 자신이 중요하다. 자신이 똑똑해야 하고, 더 많은 것을 움켜쥐고 있어야 한다. 그러나 그렇게 똑똑한 것 같은 자아는 사실 타락한 자아다. 하나님을 떠나 탐욕으로 높은 자리를 찾고 있는 사람이다. 하나님의 나라는 철저히 하나님을 높이고 하나님이 중심이 된 곳이다. 그래서 자신이 아니라 하나님을 얼마나 더 의존하고 하나님께 순종하는지에 달려 있다. 그래서 세속에서는 가장 앞 선 사람이 하나님 나라에서는 가장 뒤에 서는 경우가 많을 것이다. 세속에서는 탐욕이 중요하고, 영생에서는 하나님을 의지하는 겸손이 중요하기 때문이다. 세속에서는 높은 자가 되는 것이 중요하고, 하나님 나라에서는 낮은 자가 되는 것이 중요하기 때문이다.

32 예루살렘으로 올라가는 길에 예수께서 그들 앞에 서서 가시는데 그들이 놀라고 따르는 자들은 두려워하더라 이에 다시 열두 제자를 데리시고 자기가 당할 일을 말씀하여 이르시되
33 보라 우리가 예루살렘에 올라가노니 인자가 대제사장들과 서기관들에게 넘겨지매 그들이 죽이기로 결의하고 이방인들에게 넘겨 주겠고

32 Jesus and his disciples were now on the road going up to Jerusalem. Jesus was going ahead of the disciples, who were filled with alarm; the people who followed behind were afraid. Once again Jesus took the twelve disciples aside and spoke of the things that were going to happen to him.

33 "Listen," he told them, "we are going up to Jerusalem where the Son of Man will be handed over to the chief priests and the teachers of the Law. They will condemn him to death and then hand him over to the Gentiles,

10:33 그들이 죽이기로 결의하고 이방인들에게 넘겨 주겠고. 예수님은 자신의 죽임당하심에 대해 상세하게 말씀하셨다. 예수님은 지금 죽임을 당하기 위해 예루살렘으로 가고 계신다. 예수님이 헤롯 안티파스가 통치하는 곳에 계셨으면 헤롯 안티파스가 모든 권한을 가지고 있었기 때문에 이방인에게 넘겨지는 일이 없었을 것이다. 그러나 로마 총독이 다스리는 예루살렘으로 가시기 때문에 그곳에서는 이방인에게 넘겨지시는 것이다.

34 그들은 능욕하며 침 뱉으며 채찍질하고 죽일 것이나 그는 삼 일 만에 살아나리라 하시니라
35 세베대의 아들 야고보와 요한이 주께 나아와 여짜오되 선생님이여 무엇이든지 우리가 구하는 바를 우리에게 하여 주시기를 원하옵나이다

34 who will mock him, spit on him, whip him, and kill him; but three days later he will rise to life."
35 Then James and John, the sons of Zebedee, came to Jesus. "Teacher," they said, "there is something we want you to do for us."

10:35 세베대의 아들들이 예수님께 요청하였다. 그들은 변화산에서 예수님의 영광을 보았다. 그들은 예루살렘에서 어떤 큰 영광이 일어날 것이라 생각하였다.

36 이르시되 너희에게 무엇을 하여 주기를 원하느냐
37 여짜오되 주의 영광중에서 우리를 하나는 주의 우편에, 하나는 좌편에 앉게 하여 주옵소서

36 "What is it?" Jesus asked them.
37 They answered, "When you sit on your throne in your glorious Kingdom, we want you to let us sit with you, one at your right and one at your left."

10:37 주의 영광 중에서 우리를...앉게 하여 주옵소서. 그들은 주님의 영광 중에 좌우편에 앉기를 원하였다. 변화산에는 베드로와 함께 갔는데 베드로는 빼고 자신들 둘이 영광의 자리에 앉기를 원하였다. 그들은 예수님이 예루살렘에서 겪을 영광이 무엇

인지를 몰랐다.

> 38 예수께서 이르시되 너희는 너희가 구하는 것을 알지 못하는도다 내가 마시는 잔을 너희가 마실 수 있으며 내가 받는 세례를 너희가 받을 수 있느냐
>
> 38 Jesus said to them, "You don't know what you are asking for. Can you drink the cup of suffering that I must drink? Can you be baptized in the way I must be baptized?"

10:38 내가 마시는 잔을 너희가 마실 수 있으며 내가 받는 세례를 너희가 받을 수 있느냐. '잔'은 주님이 받을 '고난'을 상징하고, '세례'는 주님의 '죽음'을 상징한다. 예루살렘에서 주님은 큰 고난을 당하시고 죽임당하실 것이다. 그것이 지극히 큰 영광이다.

> 39 그들이 말하되 할 수 있나이다 예수께서 이르시되 너희는 내가 마시는 잔을 마시며 내가 받는 세례를 받으려니와
>
> 39 "We can," they answered. Jesus said to them, "You will indeed drink the cup I must drink and be baptized in the way I must be baptized.

10:39 할 수 있나이다. 그들의 대답에 예수님은 '내가 마시는 잔을 마시며 내가 받는 세례를 받으려니와'라고 말씀한다. 야고보와 요한은 나중에 복음을 위하여 고난과 죽임을 당한다. 그것을 아시고 말씀하시는 것일 것이다.

> 40 내 좌우편에 앉는 것은 내가 줄 것이 아니라 누구를 위하여 준비되었든지 그들이 얻을 것이니라
>
> 40 But I do not have the right to choose who will sit at my right and my left. It is God who will give these places to those for whom he has prepared them."

10:40 내 좌우편에 앉는 것. 아마 예루살렘에서 예수님이 영광 받으시는 고난과 죽임당하심의 현장에서 좌우편에 있는 사람을 말씀하시는 것 같다. 그 날에는 강도가 좌우에 있을 것이다. 그러나 이후에는 야고보와 요한도 그것을 받을 것이다.

> 41 열 제자가 듣고 야고보와 요한에 대하여 화를 내거늘
>
> 41 When the other ten disciples heard about it, they became angry with James and John.

10:41 화를 내거늘. 화를 많이 내는 모습이다. 영광을 야고보와 요한이 독차지하려

고 해서 다른 제자들이 몹시 화가 났다. 그들도 세속의 영광만 생각하고 있는 것이다. 그러나 복음의 영광은 그렇게 독차지하는 것이 아니다. 세속의 영광은 좌우편밖에 없는데 복음의 영광은 모든 사람이 앉을 수 있다. 또한 주님이 말씀하시는 복음의 영광으로서의 고난과 죽임당하는 길은 가려고 하는 사람이 별로 없다. 원하면 누구든 그 길을 갈 수 있다. 그런데 사람들이 가려고 하지를 않을 뿐이다. 믿음이 없기 때문에 그것이 큰 영광이라고 생각하지 못하는 것이다.

> 42 예수께서 불러다가 이르시되 이방인의 집권자들이 그들을 임의로 주관하고 그 고관들이 그들에게 권세를 부리는 줄을 너희가 알거니와
> 42 So Jesus called them all together to him and said, "You know that those who are considered rulers of the heathen have power over them, and the leaders have complete authority.

10:42 이방인의 집권자들이 그들을 임의로 주관하고...권세를 부리는 줄을 너희가 알거니와. 세속의 사람들은 권세를 부리면 그것이 영광이라고 생각한다. 지금 제자들도 세속의 권세를 영광으로 생각하고 있다.

> 43 너희 중에는 그렇지 않을지니 너희 중에 누구든지 크고자 하는 자는 너희를 섬기는 자가 되고
> 43 This, however, is not the way it is among you. If one of you wants to be great, he must be the servant of the rest;

10:43 너희 중에는 그렇지 않을지니. 신앙인들은 세속의 권세부리는 것이 영광이 아니라는 것을 알아야 한다. **누구든지 크고자 하는 자는 너희를 섬기는 자가 되고.** 복음 안에서는 큰 자가 되고자 하면 섬기는 자가 되어야 한다. 복음의 영광이 찬란하게 빛나는 그때는 누가 세상에서 많이 '권세를 부렸는지'가 아니라 '누가 더 섬겼는지'가 영광의 기준이 될 것이다.

> 44 너희 중에 누구든지 으뜸이 되고자 하는 자는 모든 사람의 종이 되어야 하리라
> 44 and if one of you wants to be first, he must be the slave of all.

10:44 으뜸이 되고자 하는 자는 모든 사람의 종이 되어야 하리라. 세속에서는 사람을

부려야 으뜸이다. 그러나 복음 안에서는 사람의 종이 되어야 으뜸인 사람이다. 그 으뜸은 주님이 재림하실 때 분명히 드러날 것이다. 세속과 복음을 구분해야 한다. 신앙인이 이 세상에서 살고 있지만 이미 세속과 복음이 구분되어 있다. 큰 자가 되고, 섬김을 받는 자가 되면 세속에서는 높은 것 같으나 복음 안에서는 낮은 자다. 그러기에 낮은 자가 되고 섬기는 자가 되는 방법을 찾아야 한다. 그것이 복음 안에서 진정 높은 자가 되는 지름길이다.

> **45** 인자가 온 것은 섬김을 받으려 함이 아니라 도리어 섬기려 하고 자기 목숨을 많은 사람의 대속물로 주려 함이니라
>
> **45** For even the Son of Man did not come to be served; he came to serve and to give his life to redeem many people."

10:45 인자가 온 것은 섬김을 받으려 함이 아니라 도리어 섬기려 하고. 이 구절을 주로 예수님의 사역에만 국한시킨다. 그러나 본문은 분명히 신앙인들이 따라가야 할 모범으로서 제시하고 있음이 분명하다. 복음에서 큰 자가 되기 위해서는 섬겨야 한다는 말에 사람들은 많이 힘든 반응을 보일 것이다. 그런데 예수님을 보라. 예수님은 창조주이시다. 그런데 섬기기 위해 오셨다. 창조주이신 분이 섬기기 위해 오셨는데 우리가 무엇이 잘났다고 섬김을 받으려 해서야 되겠는가? **목숨을 많은 사람의 대속물로 주려 함이니라.** 예수님이 사람들의 죄를 대신하여 대속물로 오셨다. 그렇다면 우리도 사람들의 허물을 대신 짊어지는 모습이 있어야 한다. 그것이 종의 모습이다. 당시 세네칼은 '종은 거부할 권리가 없는 사람'이라고 말하였다. 신앙인은 때로는 어리석은 사람의 부당한 요구에 대해서도 진리를 위해 거부할 권리가 없을 수 있다. 그것이 종이다. 그것이 세상 사람들의 죄를 대신 짊어지는 모습이다. 그들의 허물을 짊어져야 그들에게 진리를 선포할 수 있다.

5. 맹인 바디매오의 치유

(10:46-52)

예수님이 예루살렘에 올라가시는 길에서의 가르침의 마지막 부분이다. 8:22-26에 맹인을 고쳐주시는 이야기는 예루살렘에 올라가시며 가르치시는 가르침의 들어가는 문 역할을 한다. 그리고 맹인을 고쳐주신 사건은 나가는 문 역할을 한다.

예루살렘에 올라가시며 가르치는 이야기는 근본적으로 영적인 눈을 뜨게 하는 내용임을 볼 수 있다. 세속의 가치에 깊이 빠져 있는 신앙인들의 맹인 상태를 깨우치는 가르침이다. 그래서 또 하나의 출입구와 출구 역할을 하는 것으로서 예수님의 고난과 죽임당하심을 2번째와 3번째 반복하여 말하신다. 복음의 영광을 바라는 사람이라면 섬김을 받는 자가 아니라 섬기는 자가 되어야 한다는 진리에 눈을 떠야 한다.

> **46** 그들이 여리고에 이르렀더니 예수께서 제자들과 허다한 무리와 함께 여리고에서 나가실 때에 디매오의 아들인 맹인 거지 바디매오가 길 가에 앉았다가
> **46** They came to Jericho, and as Jesus was leaving with his disciples and a large crowd, a blind beggar named Bartimaeus son of Timaeus was sitting by the road.

10:46 디매오의 아들인 맹인 거지 바디매오가 길 가에 앉았다가. 맹인인 사람의 이름이 나오는 것을 보면 이 사람은 나중에 초대교회에서 유명한 사람이 되었다는 것을 의미할 것이다. 바디매오는 오늘날 사람들에게도 매우 유명한 사람이 되었다. 그는 아마 나면서부터 맹인이었던 것으로 보인다. 이 시간까지 그는 많은 고통 가운데 살아왔을 것이다. 쿰란의 문서를 보면 맹인은 메시야의 잔치에서도 제외되는 것으로 나온다. 맹인은 그렇게 사회적으로, 경제적으로, 종교적으로 소외되었다. 무시 받았다. 그러나 예수님을 만나 모든 것이 변하였다.

> **47** 나사렛 예수시란 말을 듣고 소리 질러 이르되 다윗의 자손 예수여 나를 불쌍히 여기소서 하거늘
> **47** When he heard that it was Jesus of Nazareth, he began to shout, "Jesus! Son of David! Take pity on me!"

10:47 나사렛 예수시란 말을 듣고 소리 질러. 바디매오는 예수님에 대한 소문을 들어 알고 있었던 같다. 그러나 그가 예수님을 찾아 갈릴리까지 갈 수는 없었을 것이다. 그 런데 그날 그가 있는 곳으로 예수님이 지나가신다는 소식을 들었다. 얼마나 놀라운 일인가? 그는 그 기회를 잡기 위해 소리 높여 외쳤다. **다윗의 자손 예수여.** 그는 예수님 을 메시야로 확실히 믿고 있었다. 그래서 외쳤다. **나를 불쌍히 여기소서.** 이 구절은 교 회사에서 가장 유명한 기도문이 되었다. '예수여 나를 불쌍히 여기소서'는 아주 짧은 기도문으로 '예수 기도'라는 이름으로 찬양과 기도문으로 많이 사용된다. 바디매오의 긴 비참함은 오히려 이렇게 아주 놀랍게 승화되었다.

> **48** 많은 사람이 꾸짖어 잠잠하라 하되 그가 더욱 크게 소리 질러 이르되 다윗 의 자손이여 나를 불쌍히 여기소서 하는지라
>
> **48** Many of the people scolded him and told him to be quiet. But he shouted even more loudly, "Son of David, take pity on me!"

10:48 많은 사람이 꾸짖어 잠잠하라. 바디매오의 간청은 사람들에게는 귀찮은 소음에 불과하였다. 그들은 그를 꾸짖었다. 그러나 그것은 세속의 꾸지람이다. 복음의 세계에 서는 결코 그를 꾸짖지 않는다. 그는 세속의 반대에도 불구하고 외쳤다. **다윗의 자손 이여 나를 불쌍히 여기소서.** 그는 세속의 여러 꾸지람에 아랑곳하지 않았다. 아니 세 속의 꾸지람은 오히려 작아지고 오직 예수님을 향한 열망으로 가득 찼다. 죽을 힘을 다하여 외쳤다. 복음을 바라는 사람은 때로는 세속의 소리에 대해 귀를 닫아야 한다. 그것은 세속의 소리에 불과하다. 바디매오의 외침은 간절하였다. 그의 외침은 세속 사 람들이 보기에는 소음에 불과하였지만 그의 외침은 복음을 향한 외침이었다. 그래서 놀라운 일이 일어난다. 복음을 향한 외침은 늘 큰 효과가 있다. 하나님은 어떤 작은 자의 소리도 귀담아 들으시기 때문이다. 그의 외침은 세속의 비참함 가운데 복음의 영광으로 바뀌는 외침이 된다.

> **49** 예수께서 머물러 서서 그를 부르라 하시니 그들이 그 맹인을 부르며 이르되 안심하고 일어나라 그가 너를 부르신다 하매
>
> **49** Jesus stopped and said, "Call him." So they called the blind man. "Cheer up!" they said. "Get up, he is calling you."

10:49 예수께서 머물러 서서 그를 부르라 하시니. 바디매오는 예수님과 가까이할 수

없었던 같다. 많은 사람을 헤집고 들어갈 수 없었을 것이다. 어쩌면 입구에서 구걸하고 있었는데 예수님께서 구여리고를 나가실 때 귀 기울이고 있다가, 예수님이 지나가는 소리를 듣고 소리를 질렀고 예수님께서 이미 지나가셨지만 멈추신 것일 수 있다. **그가 너를 부르신다.** 소리소리 질러도 응답이 없었는데 예수님이 자신을 부르신다는 말을 들었다. 바디매오의 마음이 얼마나 기뻤을까?

> 50 맹인이 겉옷을 내버리고 뛰어 일어나 예수께 나아오거늘
> 50 He threw off his cloak, jumped up, and came to Jesus.

10:50 겉옷을 내버리고 뛰어 일어나. 그는 아마 겉옷을 펴서 그곳에 동냥을 받고 있었을 것이다. 그런데 예수님이 자신을 부르신다는 말에 벌떡 일어났다. 옷을 무릎과 땅에 걸쳐 펼쳐 놓고 동냥하고 있었을 것이다. 벌떡 일어나니 옷과 동냥으로 얻은 것이 땅에 떨어졌을 것이다. 그 옷은 그에게 매우 중요한 것이다. 그러나 그는 더 이상 그것이 중요하지 않았다. 반사적으로 벌떡 일어나 옷을 뒤로한 채 예수님께 나갔다.

> 51 예수께서 말씀하여 이르시되 네게 무엇을 하여 주기를 원하느냐 맹인이 이르되 선생님이어 보기를 원하나이다
> 51 "What do you want me to do for you?" Jesus asked him. "Teacher," the blind man answered, "I want to see again."

10:51 네게 무엇을 하여 주기를 원하느냐 맹인이 이르되 선생님이여 보기를 원하나이다. '선생님이여'는 다른 곳과는 조금 다른 단어를 사용하였다. '나의 선생님이여'이다. 아마 '선생'에 대한 존경 또는 강조일 것이다. 그는 '보기를' 원하였다. 그것은 세속에 속한 많은 다른 사람들이 원하는 것과 다를 바 없다. 야고보와 요한이 바라던 것과 크게 다르지 않다. 그러나 그것이 무엇과 연결되는지가 중요하다. 그는 그에게 당장 필요한 '보는 것'을 원하였다. 다른 이들과 같다. 그러나 그것은 다른 사람보다 더 높아지고자 하는 세속의 욕심이 아니라 하나님 나라에서 당연한 보는 것을 원하였다. 하나님 나라에서는 보지 못하는 사람이 한 명도 없을 것이다. 보는 것은 모든 사람의 기본권이다.

> 52 예수께서 이르시되 가라 네 믿음이 너를 구원하였느니라 하시니 그가 곧 보

게 되어 예수를 길에서 따르니라

52 "Go," Jesus told him, "your faith has made you well." At once he was able to see and followed Jesus on the road.

10:52 네 믿음이 너를 구원하였느니라. 예수님은 바디매오의 외침에서 믿음을 보셨다. 그래서 그는 육적으로 보게 되었을 뿐만 아니라 영적으로도 볼 수 있게 되었다. **그가 곧 보게 되어 예수를 길에서 따르니라.** 그가 처음 보게 되었을 때 얼마나 보고 싶은 사람이 많았을까? 집으로 가서 부모님을 보면 얼마나 기뻐할까? 그에게 보이는 모든 것들이 얼마나 신기할까? 그러나 그는 즉시 예수님을 따라갔다. 예수님은 예루살렘에 올라가는 중이셨다. 그도 즉시 예수님을 따라 올라갔다. 이것은 그를 매우 복되게 하는 위대한 선택이 되었다. 가장 불행했던 사람이 가장 행복한 사람이 되는 전환점이 되었을 것이다.

3부

예루살렘 마지막 8일

(11:1-16:8)

마가복음의 큰 3번째 단락으로 예수님의 예루살렘에서의 마지막 8일간의 시작부분이다. 마가는 예수님의 공생애 3년을 그리 많이 다루지 않았는데 마지막 8일은 아주 자세히 기록하고 있다. 아주 중요하기 때문일 것이다. 예수님은 유월절 어린양으로 죽으시기 위해 예루살렘에 오셨다. 모든 사람의 대속물이 되시기 위해 예루살렘에 입성하시면서 사역을 시작하신다.

1. 예루살렘 입성과 가르침
(11:1-13:37)

11장

1 그들이 예루살렘에 가까이 와서 감람 산 벳바게와 베다니에 이르렀을 때에 예수께서 제자 중 둘을 보내시며
2 이르시되 너희는 맞은편 마을로 가라 그리로 들어가면 곧 아직 아무도 타 보지 않은 나귀 새끼가 매여 있는 것을 보리니 풀어 끌고 오라
1 As they approached Jerusalem, near the towns of Bethphage and Bethany, they came to the Mount of Olives. Jesus sent two of his disciples on ahead
2 with these instructions: "Go to the village there ahead of you. As soon as you get there, you will find a colt tied up that has never been ridden. Untie it and bring it here.

11:2 아무도 타 보지 않은 나귀 새끼...끌고 오라. '아무도 타지 않았다'는 것은 신적인 사용을 위해 사용하기 위해 적합하다. "시온의 딸아 크게 기뻐할지어다 예루살렘의 딸아 즐거이 부를지어다 보라 네 왕이 네게 임하시나니 그는 공의로우시며 구원을 베푸시며 겸손하여서 나귀를 타시나니 나귀의 작은 것 곧 나귀 새끼니라"(슥 9:9) 예수님은 이 말씀을 생각하시면서 자신의 메시야되심을 선포하기 위해 나귀 새끼를 준비하셨다.

3 만일 누가 너희에게 왜 이렇게 하느냐 묻거든 주가 쓰시겠다 하라 그리하면 즉시 이리로 보내리라 하시니
3 And if someone asks you why you are doing that, tell him that the Master needs it and will send it back at once."

11:3 주가 쓰시겠다 하라 그리하면 즉시 이리로 보내리라. 나귀 새끼를 사용하는 것이 이전에 이미 약속되어 있는 것인지 아니면 그 주인에게 계시적인 지시가 있었는지는 정확히 알지 못한다. 그러나 중요한 것은 예수님께서 이 일을 주도적으로 준비하고 계시다는 사실이다. 예수님은 나귀 새끼를 타고가심으로 자신이 메시야되심을 선포하는 일에 주도적이셨다. 지금까지는 주로 사람들의 거짓된 메시야 이미지 때문에 조심

하셨다. 그러나 이제 주도적으로 그것을 드러내시고자 하셨다. 죽임당하심을 준비하시고, 죽으시기 위해 들어오시는 것이기 때문이다. 사람들은 예수님의 메시야 되심과 죽임당하심에 대해 잘 모른다. 그러나 그것이 유일한 복음이다. 사람들에게 가장 중요한 복음이다. 그것을 모르고 있는 사람들에게 예수님은 나귀 새끼를 준비하심으로 자신의 메시야되심을 선포하고자 하셨다. 분명하게 선포하고자 하셨다. 사람들이 복음을 알아야 하기 때문이다.

> 4 제자들이 가서 본즉 나귀 새끼가 문 앞 거리에 매여 있는지라 그것을 푸니
> 5 거기 서 있는 사람 중 어떤 이들이 이르되 나귀 새끼를 풀어 무엇 하려느냐 하매
> 6 제자들이 예수께서 이르신 대로 말한대 이에 허락하는지라
> 7 나귀 새끼를 예수께로 끌고 와서 자기들의 겉옷을 그 위에 얹어 놓으매 예수께서 타시니
> 8 많은 사람들은 자기들의 겉옷을, 또 다른 이들은 들에서 벤 나뭇가지를 길에 펴며
> 4 So they went and found a colt out in the street, tied to the door of a house. As they were untying it,
> 5 some of the bystanders asked them, "What are you doing, untying that colt?"
> 6 They answered just as Jesus had told them, and the bystanders let them go.
> 7 They brought the colt to Jesus, threw their cloaks over the animal, and Jesus got on.
> 8 Many people spread their cloaks on the road, while others cut branches in the fields and spread them on the road.

11:8 겉옷...나뭇가지를 길에 펴며. 사람들이 자신들의 겉옷과 나뭇가지를 길에 깔아 레드카펫을 만들어 환영하였다. 이것은 유명한 순례자를 맞이하는 환영의 방식이다.

> 9 앞에서 가고 뒤에서 따르는 자들이 소리 지르되 호산나 찬송하리로다 주의 이름으로 오시는 이여
> 9 The people who were in front and those who followed behind began to shout, "Praise God! God bless him who comes in the name of the Lord!

11:9 호산나. 시편을 인용한 것이다. "여호와여 구하옵나니 이제 구원하소서 여호와여 우리가 구하옵나니 이제 형통하게 하소서"(시 118:25) '이제 구하소서'에 해당하는 히브리어가 '호산나'이다. 이 단어의 본래 의미는 '호산'이 '구하소서'이고 '나'가 '간구하다' 또는 앞의 '호산'을 '강조'해 주는 역할을 한다. 개역개정은 '이제'라고 번역하

였다. 예수님을 향해 환호하는 사람들은 아마 '호산나'를 '환영합니다' 정도의 의미로 말하였을 것이다. 이 당시에는 이것을 기도문으로 보다는 찬양의 의미로, 더 나아가 의미 없는 환영의 의미로까지 사용하였다. 요즘 많은 사람이 할렐루야를 인사로 사용하는 것과 비슷하다. 호산나는 절기의 마지막 날을 '큰 호산나'라고 부르기도 하고, 대추야자 나뭇가지를 호산나라고 부르기도 하였다. 그렇게 호산나라는 단어를 다양하게 사용하였다. 사람들은 예수님을 보면서 '호산나'라고 말하였을 때 큰 기대나 진심을 담지는 않았을 것이다. 그러나 실제로는 예수님이 그 오랜 단어 호산나에 대한 답으로 오신 분이다. 오래 시간이 지나 의미가 사라지고 이제 인사말처럼 되었지만 예수님은 호산나의 본래 의미를 회복하고 본래 의미를 성취하실 분으로 오셨다. 그래서 사람들이 뜻도 모르고 '호산나'하고 있지만 예수님은 호산나의 진정한 주인이셨다.

사람들이 뜻도 모르고 '호산나'라 한 것처럼 오늘날은 뜻도 모르고 복음을 사용하는 것 같다. '복음'이라 하면서도 그리 기뻐하지 않는다. 그러나 우리는 복음이 복음되게 해야 한다. 우리가 그렇게 모르고 지나가도 되는 것이 아니다. 우리는 복음의 주되신 예수님을 바라보아야 한다. 이 땅에 시작된 하나님 나라를 살아갈 수 있어야 한다. 오늘 하나님 나라를 살아가지 않는다면 우리는 결코 복음을 모르는 것이다. 그러기에 복음이 기쁨이 되고 그 기쁨으로 오늘 하나님 나라를 살아갈 수 있어야 한다. 그 나라의 성취를 손꼽아 기다리면서 살아야 한다. **주의 이름으로 오시는 이여.** 시 118편 26절을 말하는 것이다. 이것은 '주의 권능으로 오시는 이여' 또는 '주님 대신에 오시는 이여'라는 의미다. 그들은 유명한 순례자를 환영하는 의미로 이 시편을 낭송하였을 것이다. 예루살렘에 가는 순례자들은 이 시편을 낭송하면서 갔다. 그런데 이들은 자신들이 지금 말하고 있는 그 대상이 실제로 메시야라는 것은 전혀 모르고 있었을 것이다. 그들은 입으로만 하고 있는데 실제로는 예수님이 그 시편 구절의 주인공이셨다.

10 찬송하리로다 오는 우리 조상 다윗의 나라여 가장 높은 곳에서 호산나 하더라
10 God bless the coming kingdom of King David, our father! Praise God!"

11:10 찬송하리로다 오는 우리 조상 다윗의 나라여. 그들은 다윗의 나라를 꿈꾸었다. 가장 강대한 때였기 때문이다. 그러나 예수님이 예루살렘에 오셔서 죽임당하심으로 하나님 나라가 강하게 이루어지고 있다는 것을 꿈에도 생각하지 못하고 있었을 것이다. 참으로 놀라운 복음의 일이 이루어지고 있었다. 그러나 그들은 그들의 입술로 말하면서도 잘 모르고 있었다. 오늘날은 복음이 더욱더 분명하고 확고하게 이루어지고

있다. 그런데 여전히 많은 사람들이 그것을 잘 모르고 있다. 수천년의 역사에서 그것을 전하였고, 수많은 사람이 복음을 살고 있는데도 모르고 있다. 교회에서 복음을 말하면서도 모르는 사람들이 여전히 있다. 우리는 이제 일어나야 한다. 우리는 성경 시대에 예수님을 보고 환영하면서도 잘 모르는 그들과 위치가 많이 다르다. 우리는 알아야 한다. 확실히 알아야 한다.

> **11** 예수께서 예루살렘에 이르러 성전에 들어가사 모든 것을 둘러 보시고 때가 이미 저물매 열두 제자를 데리시고 베다니에 나가시니라
>
> **11** Jesus entered Jerusalem, went into the Temple, and looked round at everything. But since it was already late in the day, he went out to Bethany with the twelve disciples.

11:11 성전에 들어가사. 예수님께서 성전에 들어가셨다. 그러나 성전에서는 예수님을 맞이할 준비가 전혀 되어 있지 않았다. **둘러 보시고.** 그때 성전은 수많은 사람들로 북적대고 있었다. 성전에서 매매하는 사람들이 많았을 것이다.

> **12** 이튿날 그들이 베다니에서 나왔을 때에 예수께서 시장하신지라
>
> **12** The next day, as they were coming back from Bethany, Jesus was hungry.

11:12 시장하신지라. 예수님께서 아침에 올라오시는데 왜 배고프셨을까? 굶으신 것은 아닌지 생각해 본다.

> **13** 멀리서 잎사귀 있는 한 무화과나무를 보시고 혹 그 나무에 무엇이 있을까 하여 가셨더니 가서 보신즉 잎사귀 외에 아무 것도 없더라 이는 무화과의 때가 아님이라
>
> **13** He saw in the distance a fig tree covered with leaves, so he went to see if he could find any figs on it. But when he came to it, he found only leaves, because it was not the right time for figs.

11:13 잎사귀 외에 아무 것도 없더라 이는 무화과의 때가 아님이라. 이 시기가 4월이었을 것이다. 4월에는 작은 무화과가 열리는 계절이다. 이 시기에 열리는 무화과는 판매용이 아니고 맛있지는 않지만 시장기를 채울 수는 있다. 이것은 익지 않고 본격적으로 무화과 열매가 생기는 6월 전에 다 땅에 떨어진다. '무화과의 때가 아님이라'는 이 작은 무화과가 아니라 먹고 팔기에 적당한 좋은 무화과의 철이 아니라는 말이다. 작

은 무화과는 맺고 있어야 한다. 특히 잎이 무성하다면 더욱더 그렇다. 무화과는 보통 열매부터 맺기 때문에 잎이 무성하다는 것은 이 작은 무화과가 많이 맺고 있다는 것을 의미한다.

> **14** 예수께서 나무에게 말씀하여 이르시되 이제부터 영원토록 사람이 네게서 열매를 따 먹지 못하리라 하시니 제자들이 이를 듣더라
>
> **14** Jesus said to the fig tree, "No one shall ever eat figs from you again!" And his disciples heard him.

11:14 이제부터 영원토록 사람이 네게서 열매를 따 먹지 못하리라. 이것은 열매 맺지 못한 무화과 나무를 보고 열매를 맺지 못하고 있는 이스라엘 백성을 중첩시켜 말씀하신 것이다. 열매를 맺어야 마땅한 이스라엘 백성중 다수의 사람이 열매를 맺지 못하고 있었다. 그들은 이제 더 이상 열매를 맺지 못하는 나무가 된다. 이스라엘이라는 나라는 이후로 더이상 하나님의 백성이 아니다. 그 역할은 이제 끝났음을 말씀한다. 어떤 면에 있어 이스라엘은 복음을 준비하는 시대다. 그들은 좋은 무화과로 가득한 풍성한 무화과 나무와는 다르다. 그러나 그들은 사람들에게 줄 수 있는 작은 무화과는 충분히 맺고 있었어야 한다. 그러나 예수님이 오셨을 때 그들은 그 역할을 제대로 하지 못하고 있었다. 이방인들에게 작은 무화과라도 줄 수 있었어야 하는데 그렇지 못하고 있었다.

> **15** 그들이 예루살렘에 들어가니라 예수께서 성전에 들어가사 성전 안에서 매매하는 자들을 내쫓으시며 돈 바꾸는 자들의 상과 비둘기 파는 자들의 의자를 둘러 엎으시며
>
> **15** When they arrived in Jerusalem, Jesus went to the Temple and began to drive out all those who were buying and selling. He overturned the tables of the moneychangers and the stools of those who sold pigeons,

11:15 성전 안에서 매매하는 자들을 내쫓으시며. 성전에 들어가셨을 때 그곳에는 매매하는 자들이 있었다. 이스라엘 백성은 매년 성전세를 내야 하는데 절기는 성전세를 내기에 좋은 때였다. 성전세를 낼 때 로마 황제 얼굴이 새겨진 로마의 화폐를 성전세로 낼 수 없었다. 그래서 황제의 이미지가 들어가지 않은 두로의 화폐로만 성전세를 낼 수 있었다. 그래서 환전상들이 있었다. 희생제물을 드려야 했다. 희생제물을 가지고 먼 곳에서 오는 것도 힘들 뿐만 아니라 희생제물로 드리기에 합당한 것이라는

검사가 필요하였기 때문에 그러한 검사를 통과한 희생제물을 예루살렘에서 구매해야 했다. 그래서 성전에서 그런 매매가 이루어지고 있었다. 문제는 그러한 매매를 성전 구역에 해당하는 이방인의 뜰에서 하고 있었다는 사실이다. 본래 희생제물은 올리브 산 쪽에 매매하는 곳이 있었고 환전상도 성전구역이 아니라 밖에서 했었다. 그런데 몇 년 전부터 성전의 관리자들이 성전 이방인의 뜰에서 매매할 수 있도록 허용하였다. 아마 그러한 것을 통해 수입을 더 올리기 위해서였을 것이다. **매매하는 자들을 내쫓으시며.** 판매하는 사람만이 아니라 그것을 사는 사람들까지 함께 다 내쫓으셨다. 이방인의 뜰이 대단히 넓다. 예수님은 이쪽저쪽을 오가시면서 그렇게 사람들을 다 내쫓으셨던 것 같다. 성전은 이내 아주 아수라장이 되었을 것이다. **상과...의자를 둘러 엎으시며.** 어떤 면에서는 매우 과격하게 사람들을 내쫓으셨다. 아주 크게 분노하시는 모습이다.

16 아무나 물건을 가지고 성전 안으로 지나다님을 허락하지 아니하시고
16 and he would not let anyone carry anything through the temple courtyards.

11:16 물건을 가지고...지나다님을 허락하지 아니하시고. 팔 물건을 나르는 사람들이 있었을 것이다. 그들은 성전에 제사나 교육이 아니라 단지 물건을 나르기 위해 온 사람들이다. 또한 성전이 크기 때문에 이쪽에서 저쪽으로 갈 때 지름길로 빠르게 통과하기 위한 목적으로 다니는 사람들도 포함한다. 당시 회당에서조차 회당을 일상적인 목적으로나 지름길로 사용하는 것을 금하고 있었다. 그런데 성전에서 그런 일이 일어나고 있었다. 성전에 대한 경외의 마음이 많이 희석되어 있었던 것이다.

17 이에 가르쳐 이르시되 기록된 바 내 집은 만민이 기도하는 집이라 칭함을 받으리라고 하지 아니하였느냐 너희는 강도의 소굴을 만들었도다 하시매
17 He then taught the people: "It is written in the Scriptures that God said, 'My Temple will be called a house of prayer for the people of all nations.' But you have turned it into a hideout for thieves!"

11:17 내 집은 만민이 기도하는 집이라. 이방인의 뜰은 절기를 맞이하여 먼 타국에 있던 이방인들이 모이는 곳이다. 그들은 이방인의 뜰을 넘어 성전 안으로는 들어갈 수 없었다. 그들은 아직 개종은 하지 않았어도 '경건한 자'라고 불리며 마음으로는 이미 하나님을 믿는 사람들이었다. 그들은 아주 먼 곳에서 힘들게 성전에 왔다. 하나님이

특별히 임재하시는 곳에 온 것이다. 성전에 올 때 많은 것을 희생하면서 왔다. 하나님을 만날 목적으로 왔다. 그런데 이방인의 뜰이 도떼기시장처럼 변해 있었다. 그들은 조용히 기도할 수 없었다. 그것을 책망하시는 것이다. 성전은 모든 사람이 와서 하나님을 만나야 한다. 기도해야 한다.

> 18 대제사장들과 서기관들이 듣고 예수를 어떻게 죽일까 하고 꾀하니 이는 무리가 다 그의 교훈을 놀랍게 여기므로 그를 두려워함일러라
> 18 The chief priests and the teachers of the Law heard of this, so they began looking for some way to kill Jesus. They were afraid of him, because the whole crowd was amazed at his teaching.

11:18 대제사장들과 서기관들이 듣고 예수를 어떻게 죽일까 하고. 성전구역 안에서 매매를 하는 것에 대해서는 내부적으로도 반대하는 의견들이 많았다. 그러기에 예수님의 말씀에 대해 그들은 자신들의 행위를 다시 생각해 볼 수 있었어야 한다. 그러나 그들은 예수님이 자신들의 권위를 무시하였다 생각하여 죽이고자 도모하였다. 이 당시의 성전은 건물 성전의 마지막 모습이다. 예수님의 승천과 오순절 교회의 탄생은 성전을 바꾸었다. 건물 성전에서 사람 성전으로 바뀌었다. 그런데 이 당시까지는 아직 성전이다. 성전은 하나님께서 특별히 거하시는 곳이다. 거룩하고 또 거룩해야 한다. 그러나 건물 성전의 마지막 모습은 예수님께서 분노하실 만큼 크게 오염되어 있었다. 하나님께서 슬퍼하실 모습으로 되어 있었다. 그래서 그 성전은 이제 유효기간을 마치고 완전히 무너지게 될 것이다.

오늘날 사람 성전은 어떨까? 오늘날 교회는 하나님께서 보시기에 특별히 임재하고 싶은 성전일까? 아니면 분노하시며 무너지게 하고 싶은 성전일까? 오늘날 성전은 어쩌면 이 당시의 건물 성전보다 더 많이 오염되어 있지 않을까 생각해 본다. 우리는 두렵고 떨림으로 하나님 앞에 서야 한다. 교회된 우리가 성전이요 특별히 예배로 모일 때 더욱 더 그러하다는 것을 명심해야 한다.

> 19 그리고 날이 저물매 그들이 성 밖으로 나가더라
> 20 그들이 아침에 지나갈 때에 무화과나무가 뿌리째 마른 것을 보고
> 19 When evening came, Jesus and his disciples left the city.
> 20 Early next morning, as they walked along the road, they saw the fig tree. It was dead all the way down to its roots.

11:20 무화과나무가 뿌리째 마른 것을 보고. 이스라엘 백성을 상징적으로 보여주고 있는 무화과나무가 뿌리째 말라 죽었다. 열매 없는 이스라엘 백성은 이제 뿌리째 말라 죽을 것이다. 믿음은 겉모양이 아니라 열매를 맺어야 한다.

> **21** 베드로가 생각이 나서 여짜오되 랍비여 보소서 저주하신 무화과나무가 말랐나이다
> **22** 예수께서 그들에게 대답하여 이르시되 하나님을 믿으라
> 21 Peter remembered what had happened and said to Jesus, "Look, Teacher, the fig tree you cursed has died!"
> 22 Jesus answered them, "Have faith in God.

11:22 하나님을 믿으라. 사람들은 하나님을 믿기 보다는 돈을 믿으며 사는 것 같다. 하나님을 믿는 것이 아니라 자신들의 생각과 감정에 치우쳐 살고 있다. 오늘 무엇을 하였는가? 내가 하고 싶은 대로 살았는가, 하나님께서 나를 향하여 기뻐하실 일을 하며 살았는가? 우리는 이것에 정직한 대답을 해야 한다. 하나님께서 기뻐하실 일을 하고 살아야 하나님을 믿는 것이다. '나 중심'이 아니라 '하나님 중심'의 삶을 살아야 한다.

> **23** 내가 진실로 너희에게 이르노니 누구든지 이 산더러 들리어 바다에 던져지라 하며 그 말하는 것이 이루어질 줄 믿고 마음에 의심하지 아니하면 그대로 되리라
> 23 I assure you that whoever tells this hill to get up and throw itself in the sea and does not doubt in his heart, but believes that what he says will happen, it will be done for him.

11:23 이 산더러 들리어 바다에 던져지라 하며 그 말하는 것이...그대로 되리라. '산을 옮기는 것'은 매우 어려운 일이었다. 불가능한 일에 대한 관용적 표현이다. 그러나 하나님의 사람에게는 가능하다. 하나님이 함께하시기 때문이다. 무화과나무는 하나님을 의지하여 열매를 맺었어야 한다. 그런데 그가 열매를 맺지 못한 것은 믿음의 능력이 없어서가 아니라 하나님을 의지하지 않았기 때문이다. 하나님을 의지하는 사람은 반드시 열매 맺는 신앙이 된다.

> **24** 그러므로 내가 너희에게 말하노니 무엇이든지 기도하고 구하는 것은 받은 줄로 믿으라 그리하면 너희에게 그대로 되리라
> 24 For this reason I tell you: when you pray and ask for something, believe that you have

received it, and you will be given whatever you ask for.

11:24 무엇이든지 기도하고 구하는 것은 받은 줄로 믿으라. 이 구절을 사용하는 사람들을 보면 많이 거꾸로 사용한다. 자신이 원하는 것을 기도하고, 기도하였으니 반드시 이루어질 것이라고 생각한다. 그러나 이 당시 이스라엘 백성들을 보라. 그들은 많이 기도했다. 기도하지 않은 것이 아니다. 기도한 것이 이루어지리라고 믿지 않은 것이 아니다. 그들의 기도가 잘못되었다. 기도는 하나님과의 대화다. 하나님과의 대화를 통해 가장 중요한 것은 하나님의 뜻을 아는 것이다. 내가 원하는 것을 하나님께 주입시키는 것이 아니라 하나님의 뜻을 내 안에 주입시키는 것이 중요하다. 우리가 기도를 통해 하나님의 뜻을 확인한 것을 한다면 그것은 100% 이루어진다. 기도하는 그 사람을 향한 하나님의 기뻐하시는 뜻이 이루어지는 것을 막을 것은 아무것도 없다.

25 서서 기도할 때에 아무에게나 혐의가 있거든 용서하라 그리하여야 하늘에 계신 너희 아버지께서도 너희 허물을 사하여 주시리라 하시니라
25 And when you stand and pray, forgive anything you may have against anyone, so that your Father in heaven will forgive the wrongs you have done."

11:25 아무에게나 혐의가 있거든 용서하라. 누군가를 미워하는 마음이나 용서하지 못하는 마음이 있으면 그것을 바꾸어야 한다는 말씀이다. 기도는 하나님과의 관계이지만 또한 사람과의 관계도 중요하다. 사람과의 관계가 막혀 있다면 하나님께서 우리의 기도를 기뻐하지 않으실 것이기 때문이다. 그래서 기도하는 사람은 사람과의 관계를 풀고 사랑하는 마음을 갖는 것이 중요하다.

이스라엘 백성이 열매 없는 백성이 된 것은 그들이 하루 세 번 시간을 정하여 기도하고 금식하며 기도하였지만, 하나님의 뜻을 구하는 기도가 아니라 자신들의 뜻을 구하는 기도였기 때문이다. 오늘날 우리들의 기도는 어떨까? 소위 기도 많이 한다는 사람을 보라. 기도하는 시간의 양에 집중하는 것을 본다. 겉모양의 기도로 치우친 것을 본다. 기도는 양이 아니라 하나님의 뜻을 중심에 두고 그 뜻을 구하는 것이 중요하다. 그것을 위해 시간도 필요한 것이다.

기도한다는 것은 하나님의 뜻을 분별한다는 것이다. 하나님의 뜻을 분별하여 하나님의 뜻이 자신의 삶 가운데 이루어지도록 기도하는 것이다. 그렇게 하나님의 뜻을 분별할 때 열매 맺는 삶이 될 것이다. 그것이 세상 사람들이 보기에는 작은 것일 수 있어도 하나님께서 보시기에 아주 큰 삶이 된다. 크고 화려한 것이 아니라 기도하며 하

나님의 뜻을 따라 사는 삶은 어떤 것보다 위대하다. 하나님의 사람에게는 불가능이란 없다. 단지 무엇이 이루어지지 않는 것은 그 사람을 향한 하나님의 뜻이 아니기 때문이다. 신앙인이 하나님의 뜻에 따라 열매를 맺고 있으면 충분하다. 그것을 세속의 잣대로 재고 수량화 하지 말아야 한다. 조용히 하나님의 뜻을 구하고 그 뜻대로 살고 있으면 모든 불가능을 넘어 위대한 삶을 살고 있는 것이다. 열매 맺는 삶을 살고 있는 것이다.

26 (없음)
27 그들이 다시 예루살렘에 들어가니라 예수께서 성전에서 거니실 때에 대제사장들과 서기관들과 장로들이 나아와
28 이르되 무슨 권위로 이런 일을 하느냐 누가 이런 일 할 권위를 주었느냐
27 They arrived once again in Jerusalem. As Jesus was walking in the Temple, the chief priests, the teachers of the Law, and the elders came to him
28 and asked him, "What right have you to do these things? Who gave you this right?"

11:28 무슨 권위로 이런 일을 하느냐. 이것은 분명히 성전에서 매매하는 사람들을 쫓아낸 것을 두고 하는 말일 것이다. 권위를 가진 그들이 장사꾼들에게 성전에서 매매할 권리를 주었는데, 아무 권위도 없는 예수님이 그들을 쫓아내서 단단히 화가 난 것이다.

29 예수께서 이르시되 나도 한 말을 너희에게 물으리니 대답하라 그리하면 나도 무슨 권위로 이런 일을 하는지 이르리라
30 요한의 세례가 하늘로부터냐 사람으로부터냐 내게 대답하라
29 Jesus answered them, "I will ask you just one question, and if you give me an answer, I will tell you what right I have to do these things.
30 Tell me, where did John's right to baptize come from: was it from God or from human beings?"

11:30 하늘로부터냐 사람으로부터냐. '요한의 세례'는 요한의 모든 사역을 의미한다. 요한이 회개사역을 하다 억울하게 헤롯 안티파스에 의해 죽임을 당하였다. 세례 요한은 제사장 가문이었으나 제사장의 사역이 아니라 회개 사역을 하였다. 그의 사역은 이스라엘 당국자의 허락을 받고 한 것이 아니다. 그는 홀로 그 사역을 하였다. 그렇다면 세례 요한의 사역은 하나님으로부터 권위를 받아서 한 것인지 아니면 자신이 홀로 자의적으로 한 것인지를 물으셨다.

31 그들이 서로 의논하여 이르되 만일 하늘로부터라 하면 어찌하여 그를 믿지 아니하였느냐 할 것이니

31 They started to argue among themselves: "What shall we say? If we answer, 'From God,' he will say, 'Why, then, did you not believe John?'

11:31 서로 의논하여. 예수님의 질문이 어렵지 않다. 상식적인 생각으로 충분히 대답 가능하였다. 그러나 그들은 정치적으로 생각하였다. 그래서 어려웠다. 뭐라고 대답해야 할지를 서로 의논하였다.

32 그러면 사람으로부터라 할까 하였으나 모든 사람이 요한을 참 선지자로 여기므로 그들이 백성을 두려워하는지라
33 이에 예수께 대답하여 이르되 우리가 알지 못하노라 하니 예수께서 이르시되 나도 무슨 권위로 이런 일을 하는지 너희에게 이르지 아니하리라 하시니라

32 But if we say, 'From human beings …' " (They were afraid of the people, because everyone was convinced that John had been a prophet.)
33 So their answer to Jesus was, "We don't know." Jesus said to them, "Neither will I tell you, then, by what right I do these things."

11:33 우리가 알지 못하노라. 그들은 상식적으로 가능한 대답조차 회피하였다. 그러자 예수님께서 대답하여 주셨다. **나도 무슨 권위로 이런 일을 하는지 너희에게 이르지 아니하리라.** 그들이 상식조차도 정치적으로 해석하였기 때문에 대답하지 않으셨다. 예수님께서 성전 정결을 하신 이유는 하나님의 뜻을 이루기 위함이다. 예수님은 제도권의 권력을 가지고 계시지 않았다. 그러나 제도권의 권력을 가진 이들이 하나님의 뜻을 잘못되게 사용하고 있었기 때문에 제도권 밖에 계시면서도 물건을 매매하는 이들을 쫓아내셨다. 이때 사람들은 평가해야 한다. 그것이 하늘로부터 인가 사람으로부터 인가. 예수님께서 제도권의 권력을 뒤로하고 직접 성전의 물건을 매매하는 이들을 쫓아내신 것이 하나님의 뜻에 합당한 것인가 그렇지 않은 것인가를 생각해야 한다. 만약 그것이 분명히 하나님의 뜻이라 생각된다면 예수님은 합당하게 행하신 것이다. 하나님의 권위가 더 크기 때문이다. 세상 권위는 하나님의 권위 아래 있어야 하지만 오늘날도 하나님의 권위를 무시하는 경우가 많다. 복음을 살아가는 사람에게 세상의 권위는 중요하다. 하나님께서 위임하신 권위를 믿기 때문이다. 그러나 우리는 하나님의 권위가 더 크다는 것을 기억해야 한다. 그래서 하나님의 뜻을 물어야 한다. 내 인생을 살아가는 것도 내 권위가 아니라 하나님의 권위를 생각해야 한다. 눈에 보이는 내 생각과 감정이 아니라 하나님의 권위를 생각하면서 그것에 순종하는 삶을 살아야 한다.

12장

1 예수께서 비유로 그들에게 말씀하시되 한 사람이 포도원을 만들어 산울타리로 두르고 즙 짜는 틀을 만들고 망대를 지어서 농부들에게 세로 주고 타국에 갔더니

1 Then Jesus spoke to them in parables: "Once there was a man who planted a vineyard, put a fence round it, dug a hole for the winepress, and built a watchtower. Then he let out the vineyard to tenants and left home on a journey.

12:1 예수님께 성전 청결을 하신 권위에 대해 질문하는 것의 연속 선상에 있다. 예수님은 그들에게 자신들이 가지고 있는 권위만 생각하지 말고 그들에게 권위를 주신 하늘의 권위를 생각해야 한다고 말씀하셨다. **한 사람이 포도원을 만들어...농부들에게 세로 주고 타국에 갔더니.** '한 사람'은 하나님을 상징한다. '농부'는 하나님으로부터 권위를 받아 예루살렘과 성전을 관리하던 산헤드린 사람들을 상징한다. 또한 이것은 한 사람의 인생을 관리하는 자기 자신에게 적용해도 좋다. 포도원은 그냥 있는 것이 아니다. 한 사람이 포도원을 위해 모든 것을 준비하여 농부들에게 세를 주었다. 한 사람의 인생은 그냥 있는 것이 아니다. 창조주 하나님께서 그 사람을 위해 모든 것을 준비하시고 주신 것이다.

2 때가 이르매 농부들에게 포도원 소출 얼마를 받으려고 한 종을 보내니

2 When the time came to gather the grapes, he sent a slave to the tenants to receive from them his share of the harvest.

12:2 때가 이르매. 포도원은 주로 4년 정도의 시간이 지나야 수확을 할 수 있다. 모든 것이 그러하다. 자라가는 데는 시간이 필요하다. 그리고 때가 되면 반드시 열매가 있어야 한다. 포도원을 농부에게 그냥 준 것이 아니다. 산헤드린 사람들에게 예루살렘과 성전관리가 그냥 주어진 것이 아니다. 한 사람에게 인생이 의미없이 주어진 것이 아니다.

3 그들이 종을 잡아 심히 때리고 거저 보내었거늘

3 The tenants seized the slave, beat him, and sent him back without a thing.

12:3 3절-8절은 농부들이 세를 내지 않으려고 포도원 주인이 보낸 종을 때리고 죽였

으며 심지어는 아들까지 죽이는 이야기다. 이 이야기를 듣고 있으면 이해가 되지 않는다. 아니 왜 포도원 농부들은 주인에게 세를 내지 않으려 하는 것일까? 어떻게 주인이 보낸 종들을 죽이고 아들까지 죽일 수 있을까? 상식밖의 이야기다. 포도원 주인이 농부들에게 보낸 종은 선지자들을 상징한다. 선지자들이 하나님의 뜻을 전하였으나 그들은 핍박받고 죽었다. 가까이는 세례요한이 그러하였다. 그리고 이제 주인의 아들이신 예수님까지 죽일 것이다. 오늘날도 마찬가지다.

> 4 다시 다른 종을 보내니 그의 머리에 상처를 내고 능욕하였거늘
> 5 또 다른 종을 보내니 그들이 그를 죽이고 또 그 외 많은 종들도 더러는 때리고 더러는 죽인지라
> 6 이제 한 사람이 남았으니 곧 그가 사랑하는 아들이라 최후로 이를 보내며 이르되 내 아들은 존대하리라 하였더니
> 7 그 농부들이 서로 말하되 이는 상속자니 자 죽이자 그러면 그 유산이 우리 것이 되리라 하고
> 8 이에 잡아 죽여 포도원 밖에 내던졌느니라
> 4 Then the owner sent another slave; the tenants beat him over the head and treated him shamefully.
> 5 The owner sent another slave, and they killed him; and they treated many others the same way, beating some and killing others.
> 6 The only one left to send was the man's own dear son. Last of all, then, he sent his son to the tenants. 'I am sure they will respect my son,' he said.
> 7 But those tenants said to one another, 'This is the owner's son. Come on, let's kill him, and his property will be ours!'
> 8 So they seized the son and killed him and threw his body out of the vineyard.

12:8 농부들이 주인의 아들을 죽인 것처럼 예루살렘의 산헤드린 사람들은 예수님을 죽일 것이다. 그리고 오늘날 사람들은 그들의 마음에서 창조주 하나님을 죽였다. 그들의 마음에 더 이상 하나님을 모시지 않고 있다. 왜 그렇게 상식이 없는 일을 하고 있을까? 일단 그들 눈 앞에 포도원 주인이 보이지 않기 때문일 것이다. 그들은 포도원 주인이 눈 앞에 없으니 없는 사람 취급하였다. 오늘날 믿음이라 할 때도 그렇다. 믿음은 보이지 않는 하나님에 대한 것이다. 눈에 보이지 않으니 사람들이 하나님을 생각하는 마음이 매우 약하다. 눈에 보이는 것에 대해서는 많은 신경을 쓰지만 하나님은 눈에 보이지 않으니 관심을 두지 않는다. 두 번째는 미래의 일이기 때문이다. 사람들은 현재의 일에만 집중한다. 과거에 주인이 포도원을 만들었다는 것을 잊는다. 미래에 자신을 심판하기 위해 주인이 올 것이라는 것도 지금 당장 오늘의 일이 아니니 별로

신경을 쓰지 않는다. 단지 오늘에만 집중한다. 믿음의 두 번째 요소가 미래다. 성경은 미래에 일어날 놀라운 일을 말한다. 그러나 사람들은 미래에 일어날 아무리 중요한 이야기여도 오늘 일어나는 아주 작은 일보다 못하게 생각한다. 사람들은 미래에 대해 그리 관심이 없다. 오늘 먹고 살기도 바쁘다고 말한다. 믿음이 없기 때문이다. 예수님이 말씀하시는 아주 이상한 일이 실제로는 오늘날도 아주 자연스럽게 일어나고 있다. 아주 일상적으로 일어나고 있다. 믿음이 없기 때문이다.

> **9** 포도원 주인이 어떻게 하겠느냐 와서 그 농부들을 진멸하고 포도원을 다른 사람들에게 주리라
> **9** "What, then, will the owner of the vineyard do?" asked Jesus. "He will come and kill those tenants and hand the vineyard over to others.

12:9 와서 그 농부들을 진멸하고. 주인은 농부들의 죄악을 그냥 놔두지 않을 것이다. 그들의 죄에 대해 반드시 죗값을 물을 것이다. 농부들은 주인이 눈에 보이지 않고 지금 그곳에 있지 않기 때문에 없는 것 취급하였다. 그러나 주인은 그 모든 것을 알고 있었다. 그들의 죄악을 다 기억하고 있었다. 그래서 그들의 죄를 반드시 징벌한다. 오늘날 사람들은 모든 것을 어떤 기준이 있어 행동하는 것이 아니라 오직 자신의 생각과 감정에 따라 행동한다. 선과악을 오직 자기 자신이 정한다. 그렇게 선과악의 기준이 되는 자기 자신은 자신의 한계 만큼이나 명확히 한계를 가지고 있다. 자신의 연약함과 함께 연약해지고 죽음과 함께 죽음에 이르게 될 것이다. 피조물은 창조주를 잃으면 자기 자신을 잃게 된다.

> **10** 너희가 성경에 건축자들이 버린 돌이 모퉁이의 머릿돌이 되었나니
> **10** Surely you have read this scripture: 'The stone which the builders rejected as worthless turned out to be the most important of all.

12:10 건축자들이 버린 돌. 건축자가 쓸모 없다 생각하여 버린 돌이다. 그런데 그 돌이 건축에서 가장 요긴한 '모퉁이의 머릿돌'이 되었다. '모퉁이의 머릿돌'은 단순히 직역한 것으로 틀린 번역이다. 국어에서 머릿돌은 '건물과 관련된 연월일을 기록하여 붙이거나 세워 놓는 돌'을 의미한다. 그런데 성경에서 말하는 돌은 기촛돌의 의미로 아치형의 가운데에 위치하여 중심을 잡아 주는 돌(헤드스톤)이거나 코너의 돌(코너스톤)을 의미한다. '중심돌'은 주로 모양이 사다리꼴로 보통의 돌과는 다른 이상한 모양이다.

코너에 놓는 돌은 다른 돌과 다르게 아주 큰 돌이다. 그래야 건물의 가로 세로로 벽이 세워질 때 중심을 잡아주기 때문이다. 모양이 특이하거나 크기가 너무 커서 옆으로 제켜 둔 것인데 그것이 오히려 건물에서 가장 중요한 기초역할을 하는 돌로 사용된다는 것을 의미한다. 여기에서 중요한 것은 버린 돌이 가장 중요한 돌이 된다는 의미다. 이 당시 사람들은 하나님을 버린 돌 취급하였다. 자신들의 이익을 위해 하나님을 버렸다. 물론 겉으로는 버리지 않았다. 그러나 실제로는 버렸다. 그래서 예수님을 버릴 것이다. 그들이 버리는 예수님은 실제로는 그렇게 쓸모없는 분이 아니라 세상의 중심이 되는 분이다.

11 이것은 주로 말미암아 된 것이요 우리 눈에 놀랍도다 함을 읽어 보지도 못하였느냐 하시니라
12 그들이 예수의 이 비유가 자기들을 가리켜 말씀하심인 줄 알고 잡고자 하되 무리를 두려워하여 예수를 두고 가니라
11 This was done by the Lord; what a wonderful sight it is!' "
12 The Jewish leaders tried to arrest Jesus, because they knew that he had told this parable against them. But they were afraid of the crowd, so they left him and went away.

12:12 잡고자 하되 무리를 두려워하여 예수를 두고 가니라. 그들은 예수님께서 말씀과 하나님에 대해 말하셨어도 하나님을 두려워하지 않고 사람을 두려워하였다. 하나님에 대해서는 전혀 신경도 쓰지 않고 있다. 오늘날도 사람들이 사람에 대해서는 매우 신경을 쓰면서도 하나님에 대해서는 신경을 쓰지 않는다. 그들은 하나님이 보이지 않기 때문에 그들의 안중에 없다. 믿음이 없기 때문이다. 그러나 하나님께서 창조주의 영광과 위엄으로 그들 앞에 서실 때 매우 놀라게 될 것이다. 심판하실 때 어찌 얼굴이라도 들 수 있을까?

13 그들이 예수의 말씀을 책잡으려 하여 바리새인과 헤롯당 중에서 사람을 보내매
14 와서 이르되 선생님이여 우리가 아노니 당신은 참되시고 아무도 꺼리는 일이 없으시니 이는 사람을 외모로 보지 않고 오직 진리로써 하나님의 도를 가르치심이니이다 가이사에게 세금을 바치는 것이 옳으니이까 옳지 아니하니이까
13 Some Pharisees and some members of Herod's party were sent to Jesus to trap him with questions.
14 They came to him and said, "Teacher, we know that you tell the truth, without worrying about what people think. You pay no attention to anyone's status, but teach the truth about

God's will for people. Tell us, is it against our Law to pay taxes to the Roman Emperor? Should we pay them or not?"

12:14 가이사에게 세금을 바치는 것이 옳으니이까. 헤롯 안티파스 영토(갈릴리, 베레아)에서 이혼에 대해 물은 것과 매우 비슷하다. 헤롯 안티파스의 이혼으로 인해 그 나라에서는 이혼 문제가 민감하였다. 그런데 지금 예루살렘에서는 세금 문제가 민감하였다. 이들이 물어보는 세금은 인두세로 주후 6년에 도입된 세금이다. 유대 지역은 헤롯 대제 이후 왕이 된 헤롯 아켈라오가 폭정으로 인하여 로마 황제에 의해 통치자의 자리에서 쫓겨나고, 로마가 총독을 파견하여 직접 통치하는 속주가 되었다. 헤롯 아켈라오는 아버지 헤롯 대왕이 죽은 주전 4년부터 주후 6년까지 통치했었다. 이 지역을 직접 통치하게 된 로마는 오늘날 주민세와 비슷한 인두세를 걷으면서 이것이 문제가 되었다. 돈을 내는 것도 문제지만 이것은 로마의 통치를 받는다는 가장 직접적인 표시이기 때문에 그러했다.

15 우리가 바치리이까 말리이까 한대 예수께서 그 외식함을 아시고 이르시되 어찌하여 나를 시험하느냐 데나리온 하나를 가져다가 내게 보이라 하시니
15 But Jesus saw through their trick and answered, "Why are you trying to trap me? Bring a silver coin, and let me see it."

12:15 외식함을 아시고...데나리온 하나를 가져다가. 그들은 순수한 질문을 한 것이 아니라 함정에 빠지게 하려고 질문하였다. 그래서 예수님은, 당시 인두세가 한 데나리온이었는데 그것을 가져오라 하셨다.

16 가져왔거늘 예수께서 이르시되 이 형상과 이 글이 누구의 것이냐 이르되 가이사의 것이니이다
16 They brought him one, and he asked, "Whose face and name are these?" "The Emperor's," they answered.

12:16 이 형상과 이 글이 누구의 것이냐. 데나리온의 앞 면에는 당시 로마의 황제 디베랴의 형상과 글귀 '신성한 아우구스투의 아들 (현재의 아우구스투스) 디베랴 가이사'라고 적혀 있었다. 뒷면에는 디베랴의 어머니 또는 여사제로 여겨지는 형상과 '대제사장'이라는 글귀가 있다.

17 이에 예수께서 이르시되 가이사의 것은 가이사에게, 하나님의 것은 하나님께 바치라 하시니 그들이 예수께 대하여 매우 놀랍게 여기더라
17 So Jesus said, "Well, then, pay the Emperor what belongs to the Emperor, and pay God what belongs to God." And they were amazed at Jesus.

12:17 가이사의 것은 가이사에게, 하나님의 것은 하나님께. 이것은 세금을 내야 하는지 말아야 하는지에 대한 대답이 아니다. 우문현답이다. 그들의 질문은 어떤 대답도 함정에 빠지게 하는 것이었다. 그래서 예수님은 우문현답을 하셨다. 데나리온에는 가이사의 형상이 새겨 있으니 가이사에게, 사람에게는 하나님의 형상이 담겨 있으니 하나님께 드려야 한다고 대답하셨다. 오늘날도 이 구절을 사람들은 '가이사의 것은 가이사에게'에 대해서 더 말하고 논한다. 그러나 예수님의 대답은 '하나님의 것은 하나님께'에 초점이 있다. 세금을 내야 하는지 말아야 하는지는 작은 문제였다. 중요한 것은 지금 예루살렘에서 일어나는 일은 참으로 놀라운 일이다. 그들의 영혼이 하나님께 드려질지 사탄에게 드려질지가 가려지는 순간이다. 그래서 그들은 세금문제가 아니라 자신의 영혼의 문제에 더 관심을 가져야 한다. 예수님은 아주 현학적이면서도 직설적인 방식으로 그들이 마음에 새겨야 하는 것이 무엇인지를 가르쳐 주셨다. 세상의 권력에 대한 아주 명확한 해석이다. 만약 세금 자체에 대한 것을 답을 찾아 본다면 '세금을 내라. 또한 더욱 중요한 것은 자신의 영혼을 하나님께 드려라'고 말할 수 있다. 예수님은 하늘의 권위로 세상의 세금에 대해서도 명쾌하게 말씀하셨다. 신앙인은 세상의 세금을 내야 하지만 복음을 더 중요하게 여기며 살아야 한다.

18 부활이 없다 하는 사두개인들이 예수께 와서 물어 이르되
18 Then some Sadducees, who say that people will not rise from death, came to Jesus and said,

12:18 부활이 없다 하는 사두개인. 사두개인은 보수적이고 귀족적이고 정치적인 집단이다. 그들은 오직 모세오경만 성경으로 여겼다. 모세오경에 부활이라는 단어가 나오지 않기 때문에 부활을 믿지 않았다. 그들은 예수님께서 부활을 믿는 것으로 보이니 그것을 반박하기 위해 질문하였다.

19 선생님이여 모세가 우리에게 써 주기를 어떤 사람의 형이 자식이 없이 아내를 두고 죽으면 그 동생이 그 아내를 취하여 형을 위하여 상속자를 세울지니라

하였나이다

19 "Teacher, Moses wrote this law for us: 'If a man dies and leaves a wife but no children, that man's brother must marry the widow so that they can have children who will be considered the dead man's children.'

12:19 모세가 우리에게 써 주기를. 그들은 모세오경의 내용을 가지고 질문하였다. **형이 자식이 없이 아내를 두고 죽으면 그 동생이 그 아내를 취하여 형을 위하여 상속자를 세울 지니라.** 이스라엘은 지파마다 조상으로부터 물려받은 땅과 기업이 있었다. 만약 남편이 죽은 아내가 다른 지파에 시집을 간다면 남편의 땅이 다른 지파로 넘어가 한 지파의 땅이 다른 지파로 옮겨질 수 있다. 그래서 그러한 것을 방지하며 과부의 인권개선을 위해 계대결혼이라는 법을 만들었다. 계대결혼(수혼법)은 당시 가나안 지역의 다른 나라에서도 일반적인 법이었다. 계대결혼은 가문과 유산을 보호하기 위한 것이다. 그런데 사두개인들은 아주 특별한 상황을 가정하여 부활을 가르치시는 예수님을 궁지로 몰아넣고자 하였다.

20 칠 형제가 있었는데 맏이가 아내를 취하였다가 상속자가 없이 죽고
21 둘째도 그 여자를 취하였다가 상속자가 없이 죽고 셋째도 그렇게 하여
22 일곱이 다 상속자가 없었고 최후에 여자도 죽었나이다
23 일곱 사람이 다 그를 이내로 취하였으니 부활 때 곧 그들이 살아날 때에 그 중의 누구의 아내가 되리이까

20 Once there were seven brothers; the eldest got married and died without having children. 21 Then the second one married the woman, and he also died without having children. The same thing happened to the third brother, 22 and then to the rest: all seven brothers married the woman and died without having children. Last of all, the woman died. 23 Now, when all the dead rise to life on the day of resurrection, whose wife will she be? All seven of them had married her."

12:23 남편된 남자들이 다 죽어서 결국 여자는 일곱 명의 남자를 남편으로 두게 되었다. 그렇다면 그 여인은 부활하였을 때 누구의 아내가 되어야 하는지 물었다. 그렇기 때문에 부활을 없다고 주장하고 있는 것이다.

24 예수께서 이르시되 너희가 성경도 하나님의 능력도 알지 못하므로 오해함이 아니냐
25 사람이 죽은 자 가운데서 살아날 때에는 장가도 아니 가고 시집도 아니 가

고 하늘에 있는 천사들과 같으니라

24 Jesus answered them, "How wrong you are! And do you know why? It is because you don't know the Scriptures or God's power.
25 For when the dead rise to life, they will be like the angels in heaven and will not marry.

12:25 죽은 자 가운데서 살아날 때에는...하늘에 있는 천사들과 같으니라. 이 내용은 구약의 어떤 성경 구절이 아니다. 예수님께서 독자적으로 가르쳐 주시는 내용이다. 예수님은 부활의 때에 사람이 어떻게 되는지를 누구보다 더 잘 아신다. 그러니 그것에 대해 말씀하실 지식과 권한을 가지고 계신다.

26 죽은 자가 살아난다는 것을 말할진대 너희가 모세의 책 중 가시나무 떨기에 관한 글에 하나님께서 모세에게 이르시되 나는 아브라함의 하나님이요 이삭의 하나님이요 야곱의 하나님이로라 하신 말씀을 읽어보지 못하였느냐

26 Now, as for the dead being raised: haven't you ever read in the Book of Moses the passage about the burning bush? There it is written that God said to Moses, 'I am the God of Abraham, the God of Isaac, and the God of Jacob.'

12:26 죽은 자가 살아난다는 것을 말할진대. 예수님은 부활에 대해 더 자세한 가르침을 주신다. '하나님께서 모세에게 이르시되'라고 말씀하신다. 예수님은 사두개인이 받아들일 수 있도록 모세오경에서 말씀을 인용하여 설명하셨다.

27 하나님은 죽은 자의 하나님이 아니요 산 자의 하나님이시라 너희가 크게 오해하였도다 하시니라

27 He is the God of the living, not of the dead. You are completely wrong!"

12:27 하나님은 죽은 자의 하나님이 아니요 산 자의 하나님이시라. 하나님께서 '아브라함의 하나님이요 이삭의 하나님'이라고 말씀할 때는 죽어서 더 이상 존재하지 않는 이들을 말한 것이 아니라, 살아 있어 의미가 있는 그들의 하나님이심을 선포하신 것이라 말씀하셨다. **너희가 크게 오해하였도다.** 예수님은 부활에 대해 오랫동안 무지가운데 있던 사두개인을 향해 아주 명쾌하게 설명하여 주셨다. 예수님은 하늘의 권위를 가지고 계신 분으로 아주 명쾌하게 부활에 대한 진리를 가르쳐 주셨다.

28 서기관 중 한 사람이 그들이 변론하는 것을 듣고 예수께서 잘 대답하신 줄

을 알고 나아와 묻되 모든 계명 중에 첫째가 무엇이니이까

28 A teacher of the Law was there who heard the discussion. He saw that Jesus had given the Sadducees a good answer, so he came to him with a question: "Which commandment is the most important of all?"

12:28 예수님의 대답이 아주 명쾌한 것을 보고 한 서기관이 또 하나의 질문을 하였다. **모든 계명 중에 첫째가 무엇이니이까.** 그는 아마 긍정적 의미의 시험을 한 것으로 보인다. 다른 이들은 예수님을 함정에 빠지게 하기 위해 질문하였는데 이 서기관은 자신의 궁금한 것을 물은 것 같다. 모세오경에는 613가지의 계명('하라'는 계명과 '하지 마라'는 계명)이 나온다. 그 중에 무엇이 더 큰 계명인지에 대해 다양한 의견이 있었다. 3가지 기준 즉 상의 크고 작음, 벌의 크고 작음, 행하기 쉬운지 어려운지를 기준으로 하여 계명을 크고 작음으로 나누곤 하였다. 그래서 전문적으로 말씀을 연구하고 가르치는 서기관으로서 가장 큰 계명이 무엇인지에 대해 궁금하였던 것이다. 지금까지 다른 어려운 질문에 예수님께서 명쾌하게 대답해 주셨으니 이 질문도 명쾌하게 대답해 주실 것이라 생각한 것으로 보인다.

29 예수께서 대답하시되 첫째는 이것이니 이스라엘아 들으라 주 곧 우리 하나님은 유일한 주시라

29 Jesus replied, "The most important one is this: 'Listen, Israel! The Lord our God is the only Lord.

12:29 **첫째는 이것이니 이스라엘아 들으라 주 곧 우리 하나님은 유일한 주시라.** 이것은 절대 명령이다. '들으라'가 명령형 동사이다. 여호와 하나님이 온 세상을 창조하신 유일한 절대자가 되심을 우리는 들어야 한다. 여호와 하나님이 유일한 창조주이신 것을 우리는 깨달아 알 수 없다. 하나님의 말씀을 들음으로 아는 수밖에 없다. 그래서 이것이 가장 큰 계명이다. 이것을 아는 것이 가장 큰 계명이다. 이것이 인생의 절대 원칙이다. 이것을 모르고 살아가는 다른 모든 것은 의미가 없다. 이것을 모르면 어떤 것도 의미가 없다.

30 네 마음을 다하고 목숨을 다하고 뜻을 다하고 힘을 다하여 주 너의 하나님을 사랑하라 하신 것이요

30 Love the Lord your God with all your heart, with all your soul, with all your mind, and with all your strength.'

12:30 마음...목숨...뜻...힘을 다하여 주 너의 하나님을 사랑하라. 이것은 모든 것을 다하여 하나님을 사랑하라'는 말이다. 조금 세분하여 살펴본다면 '마음(헬, 카르디아)'은 정적인 부분에 많이 사용하는 단어이고, '목숨(헬, 프쉬케)'은 '영혼'을 의미하며 이곳에서는 의지적인 측면을 의미하며, '뜻(헬, 디아노이아)'은 지적인 측면을 의미한다. 그리고 '힘(헬, 이스퀴스)'은 자신이 가진 힘과 능력을 의미한다 할 수 있다. 지,정,의 인격적으로 그리고 자신이 가진 모든 힘으로 하나님을 사랑하라는 말이다. 보통 '사랑'을 감정적인 측면만 생각하기 쉽다. 그러나 사랑은 지적인 측면과 의지적인 측면 또한 구체적으로 섬기는 것 등 모든 방면의 입체적인 것이어야 한다.

> **31** 둘째는 이것이니 네 이웃을 네 자신과 같이 사랑하라 하신 것이라 이보다 더 큰 계명이 없느니라
>
> **31** The second most important commandment is this: 'Love your neighbour as you love yourself.' There is no other commandment more important than these two."

12:31 둘째는 이것이니. 서기관은 첫째를 물었다. 그런데 예수님께서 둘째까지 말씀하신 것은 이것이 첫째와 긴밀한 관계성을 가지고 있기 때문이다. 이 둘의 관계는 첫째가 근간이지만 또한 둘째 없이 첫째가 있을 수 없을 정도로 밀접한 관계를 가지고 있다는 것을 의미한다. 그러기에 첫째를 지키기 원하는 사람은 꼭 둘째도 지켜야 한다. **네 이웃을 네 자신과 같이 사랑하라.** 이것은 레19:18의 말씀이다. 그런데 이것을 첫째와 함께 묶으신 것은 이것이 그만큼 매우 중요하다는 것을 의미한다. 이전에 이것을 첫째와 함께 묶은 사람은 없다. 그러나 예수님은 이것이 첫째와 마찬가지로 중요한 율법임을 말씀하셨다. 이웃을 사랑하지 않고, 자신을 사랑하지 않고는 하나님을 온전히 사랑할 수 없다. 유대인들이 613가지 율법이라 말하는 것에서 예수님은 3가지 계명을 하나로 묶으셨다. 하나님의 절대성을 듣고 그것을 아는 사람은 하나님을 모든 것을 다해서 사랑해야 하며, 하나님을 사랑하는 구체적인 것 중에 가장 핵심은 이웃을 사랑하고 자신을 사랑하는 것이다. 이것이 인생의 절대원칙이 되어야 한다.

> **32** 서기관이 이르되 선생님이여 옳소이다 하나님은 한 분이시요 그 외에 다른 이가 없다 하신 말씀이 참이니이다
>
> **32** The teacher of the Law said to Jesus, "Well done, Teacher! It is true, as you say, that only the Lord is God and that there is no other god but he.

12:32 옳소이다. 서기관은 예수님의 대답에 매우 흡족하였다. **하나님은 한 분이시요 그 외에 다른 이가 없다 하신 말씀이 참이니이다.** 오직 하나님은 한 분이시다. 한 분 하나님 앞에 엎드려야 한다. 하나님의 절대성을 듣는 것이 가장 중요하다. 그것을 듣고 그것을 가슴에 품는 것이 중요하다. 서기관은 예수님의 말씀을 듣고 그것을 자신의 말로 다시 고백하고 있다. 하나님의 절대성이 우리 안에서 인정되고 고백되어야 한다. 어떤 이론이나 다른 사람의 말이 아니라 가슴의 고백을 할 수 있어야 한다. 절대성은 말 그대로 절대성이다. 세상의 어떤 것보다 더 귀하고 자신의 어떤 것보다 더 존귀함이다.

> **33** 또 마음을 다하고 지혜를 다하고 힘을 다하여 하나님을 사랑하는 것과 또 이웃을 자기 자신과 같이 사랑하는 것이 전체로 드리는 모든 번제물과 기타 제물보다 나으니이다
> **33** And to love God with all your heart and with all your mind and with all your strength, and to love your neighbour as yourself, is more important than to offer animals and other sacrifices to God."

12:33 마음...지혜...힘을 다하여 하나님을 사랑하는 것. 이것이 신명기 6:5절(신명기에서 '뜻(히, 네페쉬)'은 '영혼'이나 '목숨'에 해당하는 단어로서 의지적인 것과 지적인 것을 통합한 측면이 강함)과 조금 나른 것은 '지혜(헬, 쉬네시스)'를 넣은 것이다. 예수님은 뜻(헬, 디아노이아)을 다해야 한다고 말씀하셨고, 서기관도 같은 의미의 다른 단어인 '지혜(헬, 쉬네시스)'를 사용하셨다. 이것은 지식적인 측면을 강조하신 주님의 의도를 그대로 반영한다. 조금은 다르지만 '모든 것을 다하여 하나님을 사랑하는 것'을 잘 반영하여 자신의 말로 고백하고 있다. **사랑하는 것이 전체로 드리는 모든 번제물과 기타 제물보다 나으니이다.** 사람들은 번제물을 드리기 위해서는 많은 돈이 필요하기 때문에 더 어려운 것이라 생각하여 더 첫째 되는 계명이라 생각할 수 있다. 그러나 적은 것으로 라도 이웃을 사랑하는 것이 더 먼저 되는 계명임을 말하고 있다. 그래서 그가 덧붙여 말하고 있는 것은 예수님이 말씀하시는 첫째 계명을 잘 이해하고 있다고 볼 수 있다.

> **34** 예수께서 그가 지혜 있게 대답함을 보시고 이르시되 네가 하나님의 나라에서 멀지 않도다 하시니 그 후에 감히 묻는 자가 없더라
> **34** Jesus noticed how wise his answer was, and so he told him, "You are not far from the

Kingdom of God." After this nobody dared to ask Jesus any more questions.

12:34 네가 하나님의 나라에서 멀지 않도다. '하나님의 나라'는 또한 '복음'을 의미한다. 그는 아직 메시야되신 그리스도를 잘 몰랐다. 아직 하나님 나라에 들어온 자는 아니다. 그러나 그는 말씀을 잘 이해하고 있음으로 하나님의 나라에 가까운 사람이라 할 수 있다. 말씀을 알아갈 때 우리는 하나님의 나라에 가깝게 되고 그 안에서 더욱 풍성하게 된다. 말씀을 모르고 하나님의 나라에 들어갈 수는 없다. 말씀을 더 알아가고 그것이 우리의 고백이 되어야 한다. 말씀을 우리의 삶으로 고백할 때 진정으로 하나님 나라 백성의 모습이다.

> **35** 예수께서 성전에서 가르치실새 대답하여 이르시되 어찌하여 서기관들이 그리스도를 다윗의 자손이라 하느냐
> 35 As Jesus was teaching in the Temple, he asked the question, "How can the teachers of the Law say that the Messiah will be the descendant of David?

12:35 어찌하여 서기관들이 그리스도를 다윗의 자손이라 하느냐. '서기관'은 성경을 연구하고 가르치는 사람이다. 오늘날 목회자와 같다. 예수님은 서기관들이 가르치던 메시야에 대한 지식 중에 '그리스도의 자손'이라고 가르치는 것에 대해 물으셨다. '그리스도의 자손'은 예수님이 사람들로부터 들은 메시야 칭호 중 하나다.

> **36** 다윗이 성령에 감동되어 친히 말하되 주께서 내 주께 이르시되 내가 네 원수를 네 발 아래에 둘 때까지 내 우편에 앉았으라 하셨도다 하였느니라
> **37** 다윗이 그리스도를 주라 하였은즉 어찌 그의 자손이 되겠느냐 하시니 많은 사람들이 즐겁게 듣더라
> 36 The Holy Spirit inspired David to say: 'The Lord said to my Lord: Sit here on my right until I put your enemies under your feet.'
> 37 David himself called him 'Lord'; so how can the Messiah be David's descendant?" A large crowd was listening to Jesus gladly.

12:37 다윗이 그리스도를 주라 하였은즉 어찌 그의 자손이 되겠느냐. 시편 110:1을 인용하신 것이다. 그리스도가 다윗 이후에 다윗의 혈통에서 나온다는 뜻에서 '다윗의 자손'이 맞을 수 있다. 그러나 그것은 사람들에게 마치 그리스도가 다윗보다 더 낮은 존재로 오해하게 할 수 있다. 그래서 예수님은 다윗의 혈통이지만 그리스도는 '다윗의 자손'보다 '다윗의 주'라고 하는 것이 더 맞다고 말씀하는 것이다. 다윗이 그렇게

말했기 때문이다. 서기관들은 말씀을 연구하고 가르쳐야 할 책임이 있는 사람들이다. 그래서 사람들에게 존경도 받았다. 그런데 그리스도에 대해 바르게 가르치지 못하고 있었다.

> 38 예수께서 가르치실 때에 이르시되 긴 옷을 입고 다니는 것과 시장에서 문안 받는 것과
> 39 회당의 높은 자리와 잔치의 윗자리를 원하는 서기관들을 삼가라
> 38 As he taught them, he said, "Watch out for the teachers of the Law, who like to walk around in their long robes and be greeted with respect in the market place,
> 39 who choose the reserved seats in the synagogues and the best places at feasts.

12:38-39 긴 옷을 입고...시장에서 문안 받는 것...윗자리를 원하는 서기관들을 삼가라.
서기관은 말씀을 연구하고 바르게 가르쳐야 하는 책임을 가지고 있는 사람이다. 그런데 그것이 아니라 사람들에게 인정받고 명예를 얻는 것만 추구하는 서기관이 있었다. 그들을 경계해야 한다고 말씀하신다. 서기관은 외식에서 권위가 나오는 것이 아니다. 말씀을 바르게 연구하고 가르치는 것에서 권위가 나온다. 목사는 목사라는 직책이나 많은 사람이 따른다고 권위를 갖는 것이 아니다. 성경을 바르게 연구하고 가르치는 것에서 권위가 나온다. 그러기에 명예를 추구하는 목회자가 아니라 말씀을 바르게 전하기 위해 노력하는 목회자가 되어야 한다.

> 40 그들은 과부의 가산을 삼키며 외식으로 길게 기도하는 자니 그 받는 판결이 더욱 중하리라 하시니라
> 40 They take advantage of widows and rob them of their homes, and then make a show of saying long prayers. Their punishment will be all the worse!"

12:40 과부의 가산을 삼키며 외식으로 길게 기도하는 자니. 힘 없는 이들의 돈을 빼앗아 부자가 되고, 외식으로 길게 기도하여 영적인 사람이라고 명예를 얻을 수는 있다. 서기관들이나 오늘날 목회자들도 그렇다. 그러나 그들은 하나님 앞에서 죄가 매우 큰 사람들이다. 그들은 하나님으로부터 권위를 얻은 사람이 아니라 사람의 권위를 얻은 사람들이다. 그들은 하나님의 권위를 땅에 떨어트리는 사람이다. 그래서 엄한 심판을 받을 것이다.

41 예수께서 헌금함을 대하여 앉으사 무리가 어떻게 헌금함에 돈 넣는가를 보실새 여러 부자는 많이 넣는데

41 As Jesus sat near the temple treasury, he watched the people as they dropped in their money. Many rich men dropped in a lot of money;

12:41 헌금함을 대하여 앉으사. 여인의 뜰 경계석 쪽에 헌금함 13개가 있어 사람들이 헌금하는 것을 다 볼 수 있었고, 돈을 넣을 때 요란한 소리가 났기 때문에 헌금할 때마다 사람의 시선을 끌었다. **여러 부자는 많이 넣는데.** 부자가 넣는 많은 양의 돈은 나팔 모양의 관을 통해 소리가 크게 울렸다. 당시는 지폐가 아니라 동전이었기 때문에 돈의 적고 많음이 소리로 잘 드러났다.

42 한 가난한 과부는 와서 두 렙돈 곧 한 고드란트를 넣는지라

42 then a poor widow came along and dropped in two little copper coins, worth about a penny.

12:42 과부...두 렙돈...넣는지라. 한 사람이 예수님의 눈에 띄었다. 렙돈은 데나리온(하루 일당)의 백분의 일의 가치를 가지기 때문에 이 여인은 오늘날 2000원 정도의 돈을 넣은 것이다. 손톱 크기만한 작은 구리 동전 두 개를 넣었으니 소리도 아주 작게 났을 것이다.

43 예수께서 제자들을 불러다가 이르시되 내가 진실로 너희에게 이르노니 이 가난한 과부는 헌금함에 넣는 모든 사람보다 많이 넣었도다

43 He called his disciples together and said to them, "I tell you that this poor widow put more in the offering box than all the others.

12:43 이 가난한 과부는 헌금함에 넣는 모든 사람보다 많이 넣었도다. 사실 이 여인은 두 렙돈밖에 내지 못하는 자신의 처지가 참으로 힘들었을 것이다. 분명 어려운 삶을 살고 있었을 것이다. 성전에서 이렇게 적은 돈을 넣는 것이 부끄러웠을 수도 있다. 사람들이 보기에는 분명 이 여인은 책망받을 만큼 적게 냈다. 그런데 왜 예수님은 이 여인이 많이 넣었다고 말씀하시는 것일까?

44 그들은 다 그 풍족한 중에서 넣었거니와 이 과부는 그 가난한 중에서 자기의 모든 소유 곧 생활비 전부를 넣었느니라 하시니라

44 For the others put in what they had to spare of their riches; but she, poor as she is, put in all she had—she gave all she had to live on."

12:44 그들은 다 그 풍족한 중에서 넣었거니와 이 과부는...자기의 모든 소유 곧 생활비 전부를 넣었느니라. 오늘날 표현으로 본다면 '비율'이라고 말할 수 있다. 이 여인은 매우 적은 것 가운데 넣었다. 그것이 사람이 보기에는 적었지만 예수님께서 보시기에는 많았다. 오늘날도 마찬가지다. 누가 헌금을 많이 한 사람인가? 많은 액수가 아니라 많은 비율이 조금 더 정답에 가까울 것이다. 그래서 가난하여도 헌금을 더 할 수 있다.

이 이야기는 성전에서 매매하는 자와 그들을 쫓아낸 권위 이야기의 마지막 부분이다. 성전 매매를 허락함으로 많은 돈이 성전 관리자에게 넘어갔을 것이다. 그 돈이 성전 관리하는데 많은 도움이 되었을 것이다. 이 여인이 내는 적은 돈은 사람들의 시선을 끌지도 못한다. 그러나 실제로는 매매하는 이들이 아무리 많은 돈을 내도 그것은 본질을 잃은 것이다. 그것은 비난받아 마땅하다. 과부의 돈이 아무리 적어도 그것은 칭찬받아 마땅하다.

복음을 사는 사람은 하나님 앞에서 살아야 한다. 많은 서기관이 사람들 앞에서 잘 보이려고 노력하였고 부와 명예를 가지고 있었지만 실제로는 오히려 더 엄한 심판의 대상이 됨을 말씀하셨다. 그들은 사람이 주는 권위가 아니라 하늘의 권위를 가진 사람이 되었어야 했는데 오히려 사람에게 신경 쓰느라 말씀을 제대로 알지 못하였고 왜곡하여 전하였다.

가난한 과부는 사람들이 보기에는 불쌍한 사람이다. 그러나 예수님은 그녀를 칭찬하셨다. 그녀는 진정 하늘의 권위를 인정하는 사람이었고 그래서 하늘의 존귀를 가지고 사는 사람이었다. 오늘 우리는 하나님 앞에서 사는 사람이 되어야 한다.

13장

1 예수께서 성전에서 나가실 때에 제자 중 하나가 이르되 선생님이여 보소서 이 돌들이 어떠하며 이 건물들이 어떠하니이까
1 As Jesus was leaving the Temple, one of his disciples said, "Look, Teacher! What wonderful stones and buildings!"

13:1 보소서 이 돌들이 어떠하며 이 건물들이 어떠하니이까. 이 제자가 구체적으로 누

군지는 모르지만 참 속없는 말을 하고 있다. 예수님은 바로 직전에 성전에서 한 과부의 두 렙돈이 얼마나 존귀한지에 대해 말씀하셨다. 성전의 리모델링 비용을 위해 성전에서 매매를 허용한 성전의 관리자들이 얼마나 잘못된 것인지 말씀하셨다. 그런데 이 제자는 여전히 성전의 외적인 웅장함과 아름다움에 매료되어 감탄하고 있다.

세상의 눈에 보이는 영광은 사람의 마음을 잘 빼앗는다. 사람들은 눈에 보이는 영광에 매우 약하다. 그래서 눈에 보이는 영광에 자주 넘어진다. 우리의 모습이 이 제자와 같이 속없는 모습일 때가 많다.

> **2** 예수께서 이르시되 네가 이 큰 건물들을 보느냐 돌 하나도 돌 위에 남지 않고 다 무너뜨려지리라 하시니라
>
> **2** Jesus answered, "You see these great buildings? Not a single stone here will be left in its place; every one of them will be thrown down."

13:2 네가 이 큰 건물들을 보느냐. 당시 헤롯 성전은 헤롯이 주전 20년에 리모델링을 시작한 것이다. 거의 100% 신축에 가깝다. 헤롯은 완공하지 못하고 죽었다. 그 이후에도 성전은 계속 지어졌다. 주후 64년에 가서야 완성된다. 주후 33년경인 당시 성전은 지어지고 있었고, 아마 성전건축 비용 조달을 위해 성전에서 매매하는 것도 허용하였을 것이다. 마치 베드로 성당 건축 비용 조달을 위해 면죄부가 판매된 것과 비슷하다. 성전을 누가 그렇게 크게 리모델링하라고 말한 것은 아니지만 헤롯 대왕은 자신의 입지 확보를 위해 성전을 리모델링하였다. 좋은 의도보다는 나쁜 의도였다. 그것의 연장선에서 성전을 계속 짓고 있었다. 성전은 화려해야 더 영광스러운 것이 아니다. 성막이 솔로몬 성전보다 못한 것이 아니다. 바벨론 포로 이후 지은 스룹바벨 성전이 솔로몬 성전보다 더 작았지만 영광이 더 작은 것은 아니었다. 헤롯 대왕이 성전을 크고 화려하게 짓는다고 더 영광스러운 것이 아니다. 그러나 사람들은 더 크고 화려한 성전을 보면서 더 영광스러운 것이라고 생각하는 경향이 많다. 그러나 우리는 '큰 건물'에 마음을 빼앗기면 안 된다. **돌 하나도 돌 위에 남지 않고 다 무너뜨려지리라.** 지금 그렇게 심혈을 기울여 짓고 있는 그 성전은 주후 70년에 철저히 파괴된다. 돌 위에 돌 하나 남지 않을 정도로 파괴된다. 성전 곳곳에 금으로 도금한 것들이 있었다. 그래서 더 철저히 파괴되었다. 그 금을 가져가기 위함이다. 더 화려했던 것 때문에 더 철저히 파괴되었다.

건물 성전은 주님이 부활하심으로 성전의 역할을 마친다. 그래도 성전은 존귀한 자리다. 성전이 아니라 성전이었었기 때문이다. 그러나 그 성전이 철저히 파괴된다. 이스라

엘 백성의 죄 때문이다. 바벨론의 침략 때 성전이었던 솔로몬의 성전이 무너졌다. 그러니 로마군의 침략 때 더 이상 성전이 아닌 성전이었던 건물이 무너지는 것은 쉬운 일이다.

> 3 예수께서 감람 산에서 성전을 마주 대하여 앉으셨을 때에 베드로와 야고보와 요한과 안드레가 조용히 묻되
> 4 우리에게 이르소서 어느 때에 이런 일이 있겠사오며 이 모든 일이 이루어지려 할 때에 무슨 징조가 있사오리이까
> 3 Jesus was sitting on the Mount of Olives, across from the Temple, when Peter, James, John, and Andrew came to him in private.
> 4 "Tell us when this will be," they said, "and tell us what will happen to show that the time has come for all these things to take place."

13:4 어느 때에 이런 일이 있겠사오며...무슨 징조가 있사오리이까. 성전이 무너진다는 것은 천지 개벽만큼이나 큰 일인데 대체 언제 그런 일이 일어나며, 그런 일이 일어나기 전 징조가 무엇인지 물었다. 그들은 지금도 여전히 건물 성전에 마음을 기울이고 있었다.

> 5 예수께서 이르시되 니희가 사람의 미혹을 받지 않도록 주의하라
> 5 Jesus said to them, "Be on guard, and don't let anyone deceive you.

13:5 너희가 사람의 미혹을 받지 않도록 주의하라. 건물 성전에 대해 묻고 있는 제자들에게 예수님은 '너희'에 대해 말씀하셨다. 예수님이 부활 승천하신 이후 건물 성전은 이제 사람 성전으로 바뀔 것이기 때문에 예수님은 예루살렘 성전이 무너지는 것이 아니라 제자들이 무너지는 것이 더 크고 중요한 일이었다. 그래서 사람 성전인 제자들이 무너지지 않도록, 미혹을 받지 말라고 말씀하셨다.

> 6 많은 사람이 내 이름으로 와서 이르되 내가 그라 하여 많은 사람을 미혹하리라
> 7 난리와 난리의 소문을 들을 때에 두려워하지 말라 이런 일이 있어야 하되 아직 끝은 아니니라
> 6 Many men, claiming to speak for me, will come and say, 'I am he!' and they will deceive many people.
> 7 And don't be troubled when you hear the noise of battles close by and news of battles far

away. Such things must happen, but they do not mean that the end has come.

13:7 난리와 난리의 소문을 들을 때에 두려워하지 말라. 세상은 이제 이후로 많은 전쟁과 전쟁의 소문으로 가득하게 될 것이다. 로마는 많은 격변기를 겪게 된다. 한 해에 황제가 여러 번 바뀌기도 한다. 이후에 이스라엘은 독립 전쟁을 치르게 될 것이다. 그러나 그러한 전쟁이 끝을 말하는 것은 아니다. 신앙인은 그 속에서 살아가야 한다.

8 민족이 민족을, 나라가 나라를 대적하여 일어나겠고 곳곳에 지진이 있으며 기근이 있으리니 이는 재난의 시작이니라
9 너희는 스스로 조심하라 사람들이 너희를 공회에 넘겨 주겠고 너희를 회당에서 매질하겠으며 나로 말미암아 너희가 권력자들과 임금들 앞에 서리니 이는 그들에게 증거가 되려 함이라
8 Countries will fight each other; kingdoms will attack one another. There will be earthquakes everywhere, and there will be famines. These things are like the first pains of childbirth.
9 "You yourselves must be on guard. You will be arrested and taken to court. You will be beaten in the synagogues; you will stand before rulers and kings for my sake to tell them the Good News.

13:9 너희는 스스로 조심하라 사람들이 너희를 공회에 넘겨 주겠고 너희를 회당에서 매질하겠으며. 예수님은 계속 '제자'에 대해 말씀하셨다. 제자가 교회요 성전이기 때문이다. 사람 성전에게 있을 환난에 대해 말씀하신다. 환난에 사람 성전이 무너지지 않도록 하기 위함이다. 성전이 무너지는 70년까지는 사람 성전인 교회가 세워지는 아주 중요한 시기다. 이 시기에 믿음의 사람들이 회당에서 얼마나 많이 고초를 당하게 될지 모른다. 그러나 그들은 예수님의 이 말씀을 기억하였을 것이다. 그래서 견딜 수 있었을 것이다.

10 또 복음이 먼저 만국에 전파되어야 할 것이니라
10 But before the end comes, the gospel must be preached to all peoples.

13:10 복음이 먼저 만국에 전파되어야. 사람 성전이 그런 환난을 당하나 사람 성전은 무너지지 않을 것이다. 복음은 끝까지 살아남아 만국에 전파될 것이다.

11 사람들이 너희를 끌어다가 넘겨 줄 때에 무슨 말을 할까 미리 염려하지 말고 무엇이든지 그 때에 너희에게 주시는 그 말을 하라 말하는 이는 너희가 아니요 성령이시니라

12 형제가 형제를, 아버지가 자식을 죽는 데에 내주며 자식들이 부모를 대적하여 죽게 하리라

13 또 너희가 내 이름으로 말미암아 모든 사람에게 미움을 받을 것이나 끝까지 견디는 자는 구원을 받으리라

11 And when you are arrested and taken to court, do not worry beforehand about what you are going to say; when the time comes, say whatever is then given to you. For the words you speak will not be yours; they will come from the Holy Spirit.

12 Men will hand over their own brothers to be put to death, and fathers will do the same to their children. Children will turn against their parents and have them put to death.

13 Everyone will hate you because of me. But whoever holds out to the end will be saved.

13:13 내 이름으로 말미암아 모든 사람에게 미움을 받을 것이나 끝까지 견디는 자는 구원을 받으리라. 사람 성전은 많은 미움을 받을 것이다. 그러나 사람 성전은 끝까지 무너지지 않을 것이다. 무너지지 않고 구원받을 것이다. 그것이 중요하다.

제자들이 아주 크게 관심을 가지고 있는 건물 성전이 무너지는 것은 아무것도 아니다. 그래서 아직도 그것에 대해 대답을 하지 않으시고 그 전에 일어날 일에 대해 말씀하셨다. 특별히 그 전에 사람 성전이 환난을 당하나 무너지지 않는 것을 말씀하셨다. 그것이 진정한 영광이다. 지금 보이는 건물 성전의 영광보다 사람 성전의 영광이 더 크고 화려하다. 사람의 고난은 더욱더 큰 영광이다.

14 멸망의 가증한 것이 서지 못할 곳에 선 것을 보거든 (읽는 자는 깨달을진저) 그 때에 유대에 있는 자들은 산으로 도망할지어다

14 "You will see 'The Awful Horror' standing in the place where he should not be." (Note to the reader: be sure to understand what this means!) "Then those who are in Judea must run away to the hills.

13:14 성전이 무너질 때의 징조에 대해 제자들이 물었다. 예수님은 앞에서 그러한 때에 하나님의 사람이 어떻게 해야 하는지를 말씀하셨다. 그리고 이제 성전이 무너질 때의 징조에 대해 말씀하셨다. **멸망의 가증한 것이 서지 못할 곳에 선 것을 보거든...도 망할지어다.** '멸망의 가증한 것이 서지 못할 곳에 선 것'은 성전에 가증한 것이 선 것을 의미한다. 이것은 주전 167년에 성전에 제우스 제단이 세워진 것을 두고 하는 말씀이다. 그리고 이후에 그런 일이 일어난다는 것은 그것에 상응하는 우상이 성전에

세워지는 것을 의미한다.

이것이 이후에 어떤 사건을 두고 하는 것인지에 대해서는 성경이 말하지 않으니 불분명하다. 그러나 요세푸스의 기록을 가지고 생각해 보면 67년에 기샬라의 요한이 주도하는 이스라엘의 열심당이 성전을 자신들의 본부로 삼고 성소에 들어간 것을 두고 하는 말일 가능성이 제일 높다. 그렇다면 예루살렘의 성전은 로마군이 아니라 이스라엘에 의해 먼저 더럽혀졌다고 말할 수 있다. 여하튼 로마군이 예루살렘을 포위하기 전 이 사건이 있었기 때문에 이것이 신호가 되어 예루살렘의 기독교인들은 일찍 피신한 것으로 보인다. 성전 파괴의 징조를 잘 이해하여 피신함으로 사람 성전이 파괴되지 않고 보존될 수 있었다.

> 15 지붕 위에 있는 자는 내려가지도 말고 집에 있는 무엇을 가지러 들어가지도 말며
> 16 밭에 있는 자는 겉옷을 가지러 뒤로 돌이키지 말지어다
> 15 Someone who is on the roof of his house must not lose time by going down into the house to get anything to take with him.
> 16 Someone who is in the field must not go back to the house for his cloak.

13:15 15-16절은 상황이 '비상'이라는 것을 의미하는 유대식 표현이다. 성전이 더럽혀질 때 기독교인들은 시간을 지체하지 말고 빨리 예루살렘을 떠나야 함을 말씀하신 것이다. 중요한 시기에 머뭇거리는 사람이 있다. 예루살렘에 자신의 삶의 기반이 남겨 있으니 그것에 미련을 두거나, 재산을 정리하고 싶은 마음도 있을 것이다. 그러나 겉옷을 가지러 가지 말아야 한다고 말하는 것처럼 비상한 상황이다.

> 17 그 날에는 아이 밴 자들과 젖먹이는 자들에게 화가 있으리로다
> 18 이 일이 겨울에 일어나지 않도록 기도하라
> 19 이는 그 날들이 환난의 날이 되겠음이라 하나님께서 창조하신 시초부터 지금까지 이런 환난이 없었고 후에도 없으리라
> 17 How terrible it will be in those days for women who are pregnant and for mothers with little babies!
> 18 Pray to God that these things will not happen in the winter!
> 19 For the trouble of those days will be far worse than any the world has ever known from the very beginning when God created the world until the present time. Nor will there ever be anything like it again.

13:19 창조하신 시초부터 지금까지 이런 환난이 없었고. 이것은 논리적 표현이 아니다.

이것은 매우 큰 환난이 있을 것이라는 유대식 표현이다. 로마군이 예루살렘을 포위하였을 때 참으로 큰 환난과 고통이 있었다.

> 20 만일 주께서 그 날들을 감하지 아니하셨더라면 모든 육체가 구원을 얻지 못할 것이거늘 자기가 택하신 자들을 위하여 그 날들을 감하셨느니라
> 20 But the Lord has reduced the number of those days; if he had not, nobody would survive. For the sake of his chosen people, however, he has reduced those days.

13:20 그 날들을 감하지 아니하셨더라면. 예루살렘의 포위는 5개월 동안 지속되었다. 그때 예루살렘에서는 엄청난 난리가 났었다. 사람이 사람을 죽이는 일들도 아주 많이 일어났다. **택하신 자들을 위하여 그 날들을 감하셨느니라.** '택하신 자들'은 보통 이스라엘에 사용하는 단어이며, 이후에는 남은 자에게 사용되었고 이제는 기독교인을 위해 사용하는 단어다. 기독교인은 다 피신하였지만 그곳에 남은 사람을 의미하는 것인지 아니면 이스라엘에 대한 상투적 표현인지는 명확하지 않다.

> 21 그 때에 어떤 사람이 너희에게 말하되 보라 그리스도가 여기 있다 보라 저기 있다 하여도 믿지 말라
> 21 "Then, if anyone says to you, 'Look, here is the Messiah!' or, 'Look, there he is!'—do not believe him.

13:21 믿지 말라. 이스라엘 전쟁의 시기인 66년-70년은 수많은 혼란의 시기다. 그때 자신이 '그리스도'라고 말하는 이들이 있을 것이다. 또한 기독교 안에서 자신이 '재림 예수'라 말하는 이들까지 있을 수 있다. 그러나 그들은 모두 가짜다.

> 22 거짓 그리스도들과 거짓 선지자들이 일어나서 이적과 기사를 행하여 할 수만 있으면 택하신 자들을 미혹하려 하리라
> 23 너희는 삼가라 내가 모든 일을 너희에게 미리 말하였노라
> 22 For false Messiahs and false prophets will appear. They will perform miracles and wonders in order to deceive even God's chosen people, if possible.
> 23 Be on your guard! I have told you everything before the time comes.

13:23 삼가라...미리 말하였노라. 예수님은 제자들이 어떻게 행동해야 하는지를 미리 말하였으니, 이제 예루살렘의 멸망이라는 대혼란의 시기에 주의하여 자기 자신을 잘

지키는 사람이 되어야 한다고 말씀하신다.

오늘날에도 혼란한 시기가 있다. 그러할 때 이곳저곳에서 가짜 뉴스가 남발한다. 그러나 신앙인은 말씀과 기도를 통해 어찌 행동해야 하는지를 잘 분별해야 한다. 그러한 것에 요동하지 말고 우리가 가야 하는 길을 잠잠히 갈 수 있어야 한다.

> **24** 그 때에 그 환난 후 해가 어두워지며 달이 빛을 내지 아니하며
> **24** "In the days after that time of trouble the sun will grow dark, the moon will no longer shine,

13:24 그때에 그 환난 후. 24절-27절을 혹자는 예수님의 재림으로 생각하고, 혹자는 예루살렘과 성전의 파괴 이후를 의미하는 것으로 생각한다. 나는 이 구절은 분명하게 성전의 파괴 이후를 의미하는 것으로 생각한다. '그때에'라고 분명하게 말씀하고 있고 문맥과 구절의 의미가 그렇기 때문이다. **해가 어두워지며 달이 빛을 내지 아니하며.** 현대인에게는 마치 우주적 종말을 의미하는 것으로 보일 것이다. 그러나 이것을 오늘날의 시각이 아니라 당시 이스라엘 백성들이 이해했을 것으로 이해해야 한다. 곧 구약언어로 이해해야 한다. 24절-27절은 예언서를 인용한 구절들이다. 그래서 그 예언서에서 무엇을 의미하는지를 보면 이것의 의미가 더욱 더 명확해진다. 이사야 13:10을 보면 이러한 표현이 바벨론의 멸망과 관련된 것을 볼 수 있다. 24절-25절은 정치적 강력한 변화를 말할 때 사용하는 표현이다. 강력한 힘이 무너지는 것을 의미한다. 이스라엘은 그리 강력하지는 않지만 건물 성전은 매우 강력하였다. 몇 천 년을 이어온 것이다. 이제 건물 성전이 무너진 것은 이미 이전에 예수님의 부활로 건물 성전의 시대가 끝났지만 실제로 건물이 무너짐으로 그 질서가 완전히 해체된 것을 상징한다. 엄청난 변화다.

> **25** 별들이 하늘에서 떨어지며 하늘에 있는 권능들이 흔들리리라
> **26** 그 때에 인자가 구름을 타고 큰 권능과 영광으로 오는 것을 사람들이 보리라
> **25** the stars will fall from heaven, and the powers in space will be driven from their courses.
> **26** Then the Son of Man will appear, coming in the clouds with great power and glory.

13:26 인자가 구름을 타고. 이 구절 때문에 예수님의 재림으로 해석하는 경우가 많다. 그러나 이것은 시작된 천년 왕국의 예수님의 즉위식과 같은 것을 의미한다. 옛 질서에서 예수님은 성전의 관리들에게 쫓겨나셨다. 배척당하셨다. 그러나 예수님은 이

제 큰 영광으로 새 나라를 시작하신다. 물론 하나님 나라라는 새 나라는 예수님이 오시고 부활하심으로 이미 시작되었지만 외적인 것은 예루살렘 성전이 무너짐으로 모든 사람이 그것을 보게 되는 것이다. **권능과 영광으로 오는 것을 사람들이 보리라.** 성전 파괴와 건물 성전의 흩어짐을 말하는 것으로 보인다. 이제 예수님은 사람들 속에서 더욱더 권능과 영광으로 임재하실 것이다. 그 임재는 건물성전의 권능과 영광보다 더 크다. 사람들이 사람 성전의 권능과 영광을 못 보는 경향이 있다. 그래서 그것이 큰 권능과 영광이라는 것을 놓치곤 한다. 그러나 그것은 건물 성전이 있을 때도 사람들이 놓치곤 하였던 것이다. 보이는 것에 권능과 영광을 두는 것이다. 그러나 우리는 이제 보이지 않는 그리스도의 임재를 보아야 한다. 그리스도의 임재에 권능과 영광이 있음을 보아야 한다. 이것을 놓치면 기독교의 본질을 놓치게 된다.

> **27** 또 그 때에 그가 천사들을 보내어 자기가 택하신 자들을 땅 끝으로부터 하늘 끝까지 사방에서 모으리라
>
> **27** He will send the angels out to the four corners of the earth to gather God's chosen people from one end of the world to the other.

13:27 천사들을 보내어 자기가 택하신 자들을 땅 끝으로부터 하늘 끝까지 사방에서 모으리라. 예루살렘과 성전이 파괴됨으로 하나님 나라는 이제 더욱더 본격적으로 민국을 향하여 나가게 될 것이다. '천사(헬, 앙겔로스)'는 '천사'도 되고 '사역자'로 해석해도 된다. 아마 둘 다 포함하고 있을 것이다. 하나님께서 믿음의 사람들을 세상에 보내셔서 그들을 모으실 것이다. 지금도 모으고 계신다. 이전 건물 성전 때는 모이는 것이었다면 이제 사람성전은 흩어지는 성전이다. 땅끝까지 가서 하나님의 백성을 찾을 것이다. 이때 우리는 예수님의 통치권을 보아야 한다. 예수님의 영광과 권능을 보아야 한다. 오늘날 교회가 아무리 힘들어도 교회는 결코 영광과 권능을 잃어버린 적이 없다. 단지 세상이 보기에 힘이 없어 보일 뿐이다. 사역자들은 세상이 어떠하더라도 이 권능과 영광을 품고 세상으로 나가야 한다. 만약 이 구절이 주님의 재림을 의미하는 것이라 주장한다면 재림 때는 '사람을 모을 필요가 없다'는 측면에서 더욱 더 어울리지 않는다.

> **28** 무화과나무의 비유를 배우라 그 가지가 연하여지고 잎사귀를 내면 여름이 가까운 줄 아나니

28 "Let the fig tree teach you a lesson. When its branches become green and tender and it starts putting out leaves, you know that summer is near.

13:28 무화과나무의 비유를 배우라. 앞에서 예수님은 열매 없는 무화과나무를 책망하셨다. 열매가 없으면 멸망한다. 그러기에 우리는 시대를 분별하며 열매를 맺도록 해야 한다. **잎사귀를 내면 여름이 가까운 줄 아나니.** 무화과는 3-4월에 잎사귀를 낸다. 그러면 이제 여름의 무화과를 위해 준비해야 하는 때다. 그것처럼 제자들은 예루살렘의 멸망과 성전의 파괴를 대비하며 준비해야 한다. 이들이 만약 준비하지 않고, 예루살렘에 있는 많은 사람이 믿음을 갖게 되었다는 것에 만족하고 이방인을 향해 문호를 개방하지 않았다면, 그들은 예루살렘의 멸망과 함께 망하였을 것이다. 그러나 그들은 예수님의 말씀에 따라 준비하였다. 사도행전을 보면 그 과정이 힘들기는 하였지만 이방인에게 복음이 전해질 수 있도록, 신학이 준비되었고 모든 것이 준비되었다.

29 이와 같이 너희가 이런 일이 일어나는 것을 보거든 인자가 가까이 곧 문 앞에 이른 줄 알라
29 In the same way, when you see these things happening, you will know that the time is near, ready to begin.

13:29 이런 일이 일어나는 것을 보거든. 앞에 나온 여러 일들에 대한 말씀이다. 제자들은 예수님의 말씀을 따라 이제 더욱 준비되어야 한다. 세상에서 소란스러운 일이 일어나도 당황하지 않고 말씀에 따라 차근차근 준비해야 한다. 오늘날 우리가 우리에게 닥치는 어떤 큰 사건에 대해 모를 때도 마찬가지다. 예루살렘 멸망과 같은 아주 큰 사건이 우리에게 닥칠 수도 있다. 그러나 그때 우리가 기억해야 할 것은 그러한 것에 당황하지 말아야 한다는 것이다. 우리는 하나님께서 모든 것을 다스리신다는 것을 안다. 그러기에 세상 사람들이 보는 눈이 아니라 하나님께서 말씀하시는 것을 기준으로 차근차근 다가오는 시대를 준비해야 한다. **인자가 가까이 곧 문 앞에 이른 줄 알라.** 둘 다 해석이 가능하나, 앞에서의 사건을 성전이 무너지는 것으로 해석한다면 '인자가 이르다(헬, 에스틴)'는 '그것이 이르다'로 해석하는 것이 맞다. 그러한 징조를 통해 성전 파괴는 차근차근 가까이 올 것이다. 그러기에 더욱더 차분하고 신중하게 그 날을 준비해야 한다.

어느 때라 할지라도 그 안에는 하나님의 거룩한 뜻이 있다. 예루살렘과 성전의 파괴라는 아주 끔찍한 상황에서 오히려 그곳을 향한 하나님의 뜻이 있다. 그러기에 우리

는 우리가 만나게 될 상황이 아무리 끔찍하더라도 그때 하나님의 뜻이 무엇인지를 잘 살펴야 한다.

때를 다스리시는 분은 하나님이시다. 우리에게 어떤 일이 닥친다는 것은 그 안에 우리를 향한 하나님의 선하신 뜻이 있다는 것을 의미한다. 그러기에 당황하지 말고, 절망하지 말고, 그곳에서 우리를 향한 하나님의 뜻을 잘 살펴야 한다. 그럴 때 그곳에서 우리는 열매를 맺는 삶이 될 것이다.

> **30** 내가 진실로 너희에게 말하노니 이 세대가 지나가기 전에 이 일이 다 일어나리라
>
> **30** Remember that all these things will happen before the people now living have all died.

13:30 이 세대가 지나가기 전에 이 일이 다 일어나리라. 성전 파괴는 예수님의 말씀을 듣고 있던 대다수의 제자들이 살아 있을 때에 일어날 것이다. 그들의 시대에 그들이 감당해야 하는 사건이다. 그러기에 더욱더 잘 준비하여 그 시대를 잘 보낼 수 있어야 한다. 앞 본문을 예수님의 재림으로 해석하는 사람들은 이 구절 해석이 어렵다. 그러나 성전 파괴로 보는 사람은 이 구절이 그러한 해석의 강력한 증거가 된다.

> **31** 천지는 없어지겠으나 내 말은 없어지지 아니하리라
>
> **31** Heaven and earth will pass away, but my words will never pass away.

13:31 내 말은 없어지지 아니하리라. 예수님께서 성전 파괴에 대해 말씀하셨지만 그러한 일은 그 당시로부터 37년 후에 일어난다. 어찌 보면 매우 긴 시간이다. 그래서 시간이 흐르면서 그것을 잊을 수 있다. 그러나 예수님이 말씀하신 것은 반드시 일어난다는 사실을 믿고 그것을 준비해야 한다. 그것을 명심하고 준비해야 한다. 제자들은 그것을 가르치고 준비했을 것이다. 그래서 실제로 성전이 파괴될 때 기독교인들은 그것에 대해 잘 대처하였다.

> **32** 그러나 그 날과 그 때는 아무도 모르나니 하늘에 있는 천사들도, 아들도 모르고 아버지만 아시느니라
>
> **32** "No one knows, however, when that day or hour will come—neither the angels in heaven, nor the Son; only the Father knows.

13:32 그러나 그 날과 그 때는 아무도 모르나니. 이후로 말하는 것을 예루살렘의 멸망으로 보는 사람이 있다. 그러나 이것은 예수님의 재림으로 보는 것이 맞을 것 같다. 내용이 많이 다르기 때문이다. 이 세상의 큰 사건은 징조가 있다. 그래서 준비할 수 있다. 준비하여야 잘 대처할 수 있고, 어려운 시기라도 열매를 맺을 수 있다. 그러나 주님의 재림하시는 시기는 아무도 모른다. 그러면 어떻게 준비해야 할까?

> 33 주의하라 깨어 있으라 그 때가 언제인지 알지 못함이라
> 33 Be on watch, be alert, for you do not know when the time will come.

13:33 주의하라 깨어 있으라. 예수님의 재림에 대한 준비는 '깨어 있음'이다. 이 당시의 제자들에게는 최소한 예루살렘의 멸망 이후 주님이 재림하실 것이다. 그러나 그 이후 시대 사람들에게는 언제 오실 지 모른다. 예루살렘의 멸망은 징조가 있었다. 그러나 예수님의 재림은 징조가 없다. 그래서 더욱더 깨어 있어야 한다.

> 34 가령 사람이 집을 떠나 타국으로 갈 때에 그 종들에게 권한을 주어 각각 사무를 맡기며 문지기에게 깨어 있으라 명함과 같으니
> 34 It will be like a man who goes away from home on a journey and leaves his servants in charge, after giving to each one his own work to do and after telling the doorkeeper to keep watch.

13:34 종들에게 권한을 주어 각각 사무를 맡기며 문지기에게 깨어 있으라 명함과 같으니. 예수님은 사람들에게, 인생이라는 존귀한 것을 주고 떠난 사람으로 비유하신다. 사무를 맡은 사람은 언제 주인이 올지 모른다. 주인은 문지기에게 깨어 있으라 명하였다.

> 35 그러므로 깨어 있으라 집 주인이 언제 올는지 혹 저물 때일는지, 밤중일는지, 닭 울 때일는지, 새벽일는지 너희가 알지 못함이라
> 35 Be on guard, then, because you do not know when the master of the house is coming—it might be in the evening or at midnight or before dawn or at sunrise.

13:35 저물 때일는지, 밤중일는지, 닭 울 때일는지, 새벽일는지 너희가 알지 못함이라. 모두 밤에 대한 시간이다. 로마식은 밤을 4단위로 구분하는데 그 밤에 대한 시간들이다. 본래는 사람들이 밤에 잘 움직이지 않는다. 그런데 주인이 오는 시간을 밤 시간대로만 이야기하는 것은 그만큼 주인이 예기치 않은 시간에 온다는 것을 의미할 것이다.

36 그가 홀연히 와서 너희가 자는 것을 보지 않도록 하라
36 If he comes suddenly, he must not find you asleep.

13:36 그가 홀연히 와서. 주인이 참으로 전혀 예기치 않은 시간에 갑자기 온다는 말씀이다. 예수님의 재림 징조에 대해 말하는 사람들이 있는데 그렇지 않다. 예수님의 재림은 갑자기 일어난다. 전혀 예기치 않은 때다. 지금 당장도 오실 수 있다.

오늘날 사람들이 예수님의 재림을 참으로 생각하지 않는다. 지금 오신다면 가장 예기치 않은 시간이 아닐까 생각해 본다. 예수님의 재림은 갑자기 일어날 것이다. 그것을 명심해야 한다. 갑자기 오실 것이기 때문에 늘 준비되어 있어야 한다.

37 깨어 있으라 내가 너희에게 하는 이 말은 모든 사람에게 하는 말이니라 하시니라
37 What I say to you, then, I say to all: watch!"

13:37 깨어 있으라...모든 사람에게 하는 말이니라. 예수님의 재림을 준비하는 가장 좋은 방법은 깨어 있는 것이다. 언제든지 주님이 오실 것이라는 사실을 알고 매일 주님의 재림에 준비되어 있어야 한다.

예수님의 재림에 대한 말씀은 그 시대 사람들에게 해당하는 것이 아니라 모든 시대 사람들에게 해당한다. 모든 시대 사람들에게 언제 주님이 오실지 모르기 때문이다. 지금까지는 오지 않으셨다. 그러나 오늘날 우리는 이 말씀을 또한 우리 시대의 사람들에게 하신 말씀이라는 것을 기억해야 한다. 주님이 오늘 오시는 것에 대해 준비되어 있는가? 오늘 준비되어 있어야 깨어 있는 것이다.

2. 예수님의 죽음
(14:1-15:47)

14장

1 이틀이 지나면 유월절과 무교절이라 대제사장들과 서기관들이 예수를 흉계로 잡아 죽일 방도를 구하며

1 It was now two days before the Festival of Passover and Unleavened Bread. The chief priests and the teachers of the Law were looking for a way to arrest Jesus secretly and put him to death.

14:1 이틀이 지나면 유월절과 무교절이라. 유월절은 이스라엘에게 매우 특별한 절기다. 애굽에서 힘든 세월을 보낼 때 그들을 하나님께서 아주 특별한 방식으로 구원한 날이다. 그날 양을 잡아 문설주에 바른 집은 장자의 죽음을 면하였다. 그 여파로 그들은 애굽에서 구원받을 수 있었다. 유월절은 이스라엘에게 구원의 절기다. 당시 유대와 사마리아 지역은 로마의 직접적인 통치 아래 있었다. 그들은 구원을 원하였다. 그래서 유월절에 크고 작은 민란이 일어나곤 하였다.

2 이르되 민란이 날까 하노니 명절에는 하지 말자 하더라

2 "We must not do it during the festival," they said, "or the people might riot."

14:2 명절. 유월절과 무교절을 포함한 8일간의 기간을 의미한다. 당시 예루살렘 시민이 3만 명 정도로 추정되는데 명절에는 20만명 정도가 모였다. 유월절은 이스라엘 백성들이 구원자에 대한 희망을 가지고 있어 들떠 있는 기간이다. 그래서 소요가 많았다. 그래서 민중의 소요의 빌미를 주지 않기 위해 예수님을 잡는 날짜를 정함에 있어 명절은 피하고자 하였다.

3 예수께서 베다니 나병환자 시몬의 집에서 식사하실 때에 한 여자가 매우 값진 향유 곧 순전한 나드 한 옥합을 가지고 와서 그 옥합을 깨뜨려 예수의 머리

에 부으니

3 Jesus was in Bethany at the house of Simon, a man who had suffered from a dreaded skin disease. While Jesus was eating, a woman came in with an alabaster jar full of a very expensive perfume made of pure nard. She broke the jar and poured the perfume on Jesus' head.

14:3 예수께서 베다니 나병환자 시몬의 집에서 식사하실 때. 예수님은 모든 유월절 양의 원형이시다. 유월절 양을 잡는 의식은 처음부터 예수님을 생각하고 잡은 것이다. 양이 무슨 힘이 있겠는가? 오직 성자 하나님이신 예수님을 상징하기 때문에 힘이 있는 것이다. 예수님이 유월절 양이 되시기 위해 준비하고 계셨다. 그런데 그것이 참으로 어려운 길이다. 그래서 많이 힘드셨다. **한 여자가 매우 값진 향유 곧 순전한 나드 한 옥합을 가지고 와서 그 옥합을 깨뜨려 예수의 머리에 부으니.** '나드' 향유는 매우 고급스럽고 비싼 향유다. 예루살렘 근처에 사는 여인들은 성전에서 짐승을 태우는 냄새가 몸에 베이기 쉽기 때문에 향유를 많이 사용하였다. 이 향유는 한 사람의 일 년 연봉(3000만원)을 지불해야 살 수 있었다. 그런데 한 여인이 그 비싼 향유를 한꺼번에 예수님의 머리에 다 부었다. 이것은 아주 엄청난 일이었다. 이 여인은 대체 무슨 생각으로 이런 일을 하였을까? 사람들이 보기에는 미친 짓이 분명하였다. 이곳에 이름이 나와 있지 않지만 이 여인은 '마리아'다. '가지고 와서'라고 말한다. 이것은 '식사 중간에 가서 가지고 왔다'는 것을 의미한다. 어쩌면 마리아는 이전처럼 이번에도 예수님의 말씀을 듣고 있다가 중간에 자신의 집으로 가서 향유를 가지고 왔을지도 모른다. 예수님의 말씀을 듣다가 그는 아주 중요한 일이 일어나고 있으며 예수님이 많이 힘들어하고 계시다는 것을 느낀 것 같다. 그래서 아주 어려운 결단을 내렸다.

4 어떤 사람들이 화를 내어 서로 말하되 어찌하여 이 향유를 허비하는가

4 Some of the people there became angry and said to one another, "What was the use of wasting the perfume?

14:4 화를 내어 서로 말하되. 이것은 크게 화를 내는 모습이다. 한 사람이 아니라 여러 사람이 그렇게 화를 냈다. 그녀가 한 행동이 너무 놀라웠기 때문이다. 어떻게 3000만원을 한꺼번에 다 쏟아서 버릴 생각을 할 수 있을까? 그들은 그것을 '허비'라고 생각했다. 자기 돈도 아니면서 엄청난 낭비라고 화를 냈다. 아주 심하게 책망하였다.

5 이 향유를 삼백 데나리온 이상에 팔아 가난한 자들에게 줄 수 있었겠도다 하

며 그 여자를 책망하는지라

6 예수께서 이르시되 가만 두라 너희가 어찌하여 그를 괴롭게 하느냐 그가 내
게 좋은 일을 하였느니라

5 It could have been sold for more than three hundred silver coins and the money given to the poor!" And they criticized her harshly.
6 But Jesus said, "Leave her alone! Why are you bothering her? She has done a fine and beautiful thing for me.

14:6 너희가 어찌하여 그를 괴롭게 하느냐. 여인은 지금 그렇게 책망받을 일을 한 것이 아니다. **그가 내게 좋은 일을 하였느니라.** 향유를 가지고 자신이 사용할 것인지, 팔아 가난한 자에게 사용할 것인지, 지금 예수님께 사용할 것인지는 그가 정할 문제다. 대부분 여인들은 자신의 단장을 위해 사용하고 있다. 아주 드물게 착한 여인이라면 그 것을 팔아 가난한 사람을 위해 사용할 것이다. 그러나 이 여인은 예수님을 위해 사용하였다. 그것은 가장 찬란하게 빛나는 소비다. 영광스러운 소비다.

7 가난한 자들은 항상 너희와 함께 있으니 아무 때라도 원하는 대로 도울 수 있
거니와 나는 너희와 항상 함께 있지 아니하리라

8 그는 힘을 다하여 내 몸에 향유를 부어 내 장례를 미리 준비하였느니라

7 You will always have poor people with you, and any time you want to, you can help them. But you will not always have me.
8 She did what she could; she poured perfume on my body to prepare it ahead of time for burial.

14:8 내 장례를 미리 준비하였느니라. 어쩌면 마리아는 예수님의 죽으심에 대해 가장 먼저 잘 이해한 사람이었을 수도 있다. 이것을 잘 이해하지 못하였어도 실제로 행동한 여인이 되었다. 이 여인은 유월절 양을 준비하는 과정에 가장 아름다운 사랑스러운 헌신을 한 사람이다.

9 내가 진실로 너희에게 이르노니 온 천하에 어디서든지 복음이 전파되는 곳에
는 이 여자가 행한 일도 말하여 그를 기억하리라 하시니라

9 Now, I assure you that wherever the gospel is preached all over the world, what she has done will be told in memory of her."

14:9 복음이 전파되는 곳에는 이 여자가 행한 일도 말하여 그를 기억하리라. 이 여인은 세상의 것을 깨뜨려 복음을 위해 일하였다. 이것이 얼마나 아름다운 일인지. 예수님

은 그 행위가 두고두고 기억될 것이라고 말씀하셨다. 복음을 위해 깨뜨려지는 것은 무엇이든 위대하다.

> **10** 열둘 중의 하나인 가룟 유다가 예수를 넘겨 주려고 대제사장들에게 가매
> **10** Then Judas Iscariot, one of the twelve disciples, went off to the chief priests in order to betray Jesus to them.

14:10 예기치 않은 일이 생겼다. '유다'가 예수님을 넘겨주려고 대제사장들에게 갔다. 예수님의 얼굴을 사람들이 알고 있기에 예수님을 팔아 넘긴다는 것이 무엇을 의미하는지 의아할 수 있다. 그런데 이스라엘 당국자들이 예수님을 조용히 잡고자 하였다는 것을 생각해 보면 이해할 수 있다. 사람들이 있을 때 잡는 것은 쉬웠다. 그러나 소요가 날 수 있다. 그래서 사람들이 많이 있는 성전이 아니라 사람들이 없는 곳에서 은밀히 잡아야 한다. 그럴 수만 있다면 굳이 명절을 피하지 않아도 된다. 예수님의 동선을 자세히 아는 가룟 유다는 그들의 필요를 채워주는 적임자였다.

> **11** 그들이 듣고 기뻐하여 돈을 주기로 약속하니 유다가 예수를 어떻게 넘겨 줄까 하고 그 기회를 찾더라
> **11** They were pleased to hear what he had to say, and promised to give him money. So Judas started looking for a good chance to hand Jesus over to them.

14:11 그들이 듣고 기뻐하여 돈을 주기로 약속하니. 이스라엘 당국자들은 예수님을 잡을 기회가 온 것을 알고 기뻐하였다. 비록 명절에는 잡지 않으려던 그들의 본래 계획에는 어긋났지만 은밀히 잡을 수 있기에 그들의 목적을 달성할 수 있다. 그러나 유월절에 예수님이 잡히시는 것은 하나님의 영원한 계획이었다. 명절 중에서 특별히 유월절에 십자가를 지셔야 했다. 예수님은 유월절 양의 원형이시기 때문이다. 이스라엘 당국자의 악한 생각과 예수님을 파는 가룟 유다의 악한 생각이 맞아 떨어져 예수님이 위험에 처해졌다. 그러나 실상은 인류의 구원을 위해 유월절 양의 원형으로 오신 예수님께서 유월절에 잡히시는 영원한 계획을 이루시는 과정이었다.

> **12** 무교절의 첫날 곧 유월절 양 잡는 날에 제자들이 예수께 여짜오되 우리가 어디로 가서 선생님께서 유월절 음식을 잡수시게 준비하기를 원하시나이까 하매
> **12** On the first day of the Festival of Unleavened Bread, the day the lambs for the Passover

meal were killed, Jesus' disciples asked him, "Where do you want us to go and get the Passover meal ready for you?"

14:12 무교절의 첫날 곧 유월절 양 잡는 날. 유월절은 니산월 13일 일몰 후(14일의 시작)부터 14일 일몰 전(15일의 시작)까지다. 양은 유월절인 14일 오후 3시부터 6시 사이에 성전에서 잡았다. 그러기에 '유월절 양 잡는 날'은 유월절을 의미하며 이것을 때로는 무교절 첫날(엄격히 말하면 무교절은 니산월 15일부터 시작이다)이라고 말하였다. 그런데 유월절에 잡을 양의 숫자가 너무 많아 이 당시는 13일과 14일 양일에 걸쳐 잡았다. 예수님과 제자가 먹을 양은 13일 오후에 잡은 것이 분명하다. 13일 오후에 예수님은 직접 제사를 드리며 성전에서 제사장의 주관 하에 제자들과 함께 유월절 양을 잡으셨을 것이다. 그리고 제자들과 함께 그 양의 일부만 제거된 상태로, 머리가 그대로 달려 있고 다리는 부러뜨리지 않은 양을 제사장에게 받아 들고 유월절 식사할 자리를 마련하고자 하셨다. 14일에 양을 잡은 경우는 15일을 시작하는 저녁에 유월절 식사를 하였으나 예수님은 13일에 양을 잡으셨기 때문에 14일 즉 유월절을 시작하는 저녁에 식사를 준비할 장소를 찾았다. **우리가 어디로 가서 선생님께서 유월절 음식을 잡수시게 준비하기를 원하시나이까.** 유월절 식사는 예루살렘 성내에서 10명 이상이 모여서 먹어야 했다. 이 당시는 다행히 유월절 식사를 할 수 있는 날이 이틀이 되어 조금은 여유가 있었겠지만 그래도 3만 명이 사는 도시 예루살렘에서 20만명이 성내에서 식사할 자리를 찾는 것은 매우 어려운 일이었을 것이다. 그래서 많은 사람이 길바닥에서 먹었다. 지금까지 예수님 일행이 계속 왕복하시던 베다니는 예루살렘 경내가 아니니 유월절 식사를 할 수 없다. 그러니 제자들도 매우 막막하여 예수님께 질문한 것으로 보인다.

> 13 예수께서 제자 중의 둘을 보내시며 이르시되 성내로 들어가라 그리하면 물 한 동이를 가지고 가는 사람을 만나리니 그를 따라가서
> 13 Then Jesus sent two of them with these instructions: "Go into the city, and a man carrying a jar of water will meet you. Follow him

14:13 성내로 들어가라 그리하면 물 한 동이를 가지고 가는 사람을 만나리니 그를 따라가서. 예수님은 이미 한 사람을 준비시켜 놓으셨다. 남자가 물동이를 가지고 가는 것은 흔한 일이 아니었다. 그래도 수많은 사람들 속에서 그런 남자를 발견하는 것도 쉽지 않을 것 같다. 그런데 제자들은 그 남자를 만나게 된다.

이 남자는 어떻게 그곳에서 제자를 기다리고 있게 되었을까? 이전에 예수님께서 그를 만나셔서 약속을 한 상태일 수 있다. 그런데 예수님께서 주로 다른 사람들과 함께 다니셨으며 예루살렘에 그렇게 자주 오신 것이 아니기 때문에 개연성이 적을 것 같다. 어쩌면 하나님께서 환상 중에 그에게 말씀하셔서 준비하게 하셨을 수 있다. 아니면 천사를 보내 준비하게 하셨을 수도 있다. 여하튼 그 남자는 예수님과 제자들이 유월절 식사를 할 수 있도록 장소를 준비하여 내주었다.

> **14** 어디든지 그가 들어가는 그 집 주인에게 이르되 선생님의 말씀이 내가 내 제자들과 함께 유월절 음식을 먹을 나의 객실이 어디 있느냐 하시더라 하라
> **15** 그리하면 자리를 펴고 준비한 큰 다락방을 보이리니 거기서 우리를 위하여 준비하라 하시니
>
> **14** to the house he enters, and say to the owner of the house: 'The Teacher says, Where is the room where my disciples and I will eat the Passover meal?'
> **15** Then he will show you a large upstairs room, prepared and furnished, where you will get everything ready for us."

14:15 큰 다락방을 보이리니. 예수님은 그 남자가 '큰 다락방'을 준비하여 보여줄 것이니 그곳에 유월절 식사를 준비하라 하셨다. 유월절 식사를 할 곳이 없었다. 게다가 예수님은 일행이 많았다. 그래서 더욱더 큰 방이 필요하였다. 오늘날로 하면 황금연휴에 가장 좋은 호텔을 얻는 것보다 더 어려운 일이었다. 아주 비싸고 그것도 당일 저녁에 찾는 것이었기 때문에 거의 불가능에 가까운 일이었다. 그런데 한 남자가 하나님의 인도하심에 헌신함으로 예수님의 최후의 만찬이 되는 유월절 식사를 하실 수 있게 되었다. 예수님의 유월절 식사인 최후의 만찬이 그렇게 쉽게 저절로 된 것이 아니다. 뒤에서 아주 귀한 헌신이 있었기 때문에 가능하였다.

> **16** 제자들이 나가 성내로 들어가서 예수께서 하시던 말씀대로 만나 유월절 음식을 준비하니라
> **17** 저물매 그 열둘을 데리시고 가서
> **18** 다 앉아 먹을 때에 예수께서 이르시되 내가 진실로 너희에게 이르노니 너희 중의 한 사람 곧 나와 함께 먹는 자가 나를 팔리라 하신대
>
> **16** The disciples left, went to the city, and found everything just as Jesus had told them; and they prepared the Passover meal.
> **17** When it was evening, Jesus came with the twelve disciples.
> **18** While they were at the table eating, Jesus said, "I tell you that one of you will betray

me—one who is eating with me."

14:18 내가 진실로 너희에게 이르노니 너희 중의 한 사람 곧 나와 함께 먹는 자가 나를 팔리라. '진실로'라고 말씀하셨다. 강조하는 말씀이다. 예수님은 아마 자신을 파는 가룟 유다가 안타까워 말씀하시는 것 같다. 어쩌면 마지막 회개의 기회를 주시는 것 같다. 또한 나머지 제자들에게는 충격 완화요법으로 말씀하시는 것 같다. 제자들이 나 중에 제자들 중의 한 명인 가룟 유다가 배신한 것을 알면 매우 큰 충격에 빠질 것이다. 어쩌면 헤어 나오기 어려운 충격일 수 있다. 그러나 예수님께서 미리 말씀하셨기에 그 충격이 조금은 완화되었을 것이다. 어떤 것이든 반복하여 들으면 조금은 덜 충격적인 것이 된다. 또한 예수님께서 미리 아셨지만 그 모든 것을 받아들이셨음을 알게 되는 것이기 때문에 그들도 그 충격적인 상황을 받아들이기에 조금은 더 나을 수 있었을 것이다.

19 그들이 근심하며 하나씩 하나씩 나는 아니지요 하고 말하기 시작하니
19 The disciples were upset and began to ask him, one after the other, "Surely you don't mean me, do you?"

14:19 근심하며 하나씩 하나씩 나는 아니지요. 그들이 이것을 처음 들었을 때 매우 충격적이었을 것이다. 다른 사람도 아니고 제자들 중에 배신자가 있다는 것은 상상도 할 수 없는 일이었다. 혹시 예수님이 오해하셔서 말씀하시는 것이라고 생각하기도 한 것 같다. 그래서 제자들은 각자 '자신들이 아닌데 혹시 자신을 배신자로 착각하고 계신 것'은 아닌지 하여 자신들이 아니라고 말하기 위해 그렇게 '하나씩' 자신을 배신자로 오해하시는 것은 아닌지 묻고 있는 것이다.

20 그들에게 이르시되 열둘 중의 하나 곧 나와 함께 그릇에 손을 넣는 자니라
20 Jesus answered, "It will be one of you twelve, one who dips his bread in the dish with me.

14:20 열둘 중의 하나 곧 나와 함께 그릇에 손을 넣는 자니라. 이번에는 조금 더 구체적으로 말씀하셨다. 열 두 제자 중의 한 명이라고 말씀하셨다. 더욱 놀라운 말씀이었다. '함께...그릇에 손을 넣는 자'라는 것은 빵을 찍어 먹는 수프를 넣은 그릇을 같이 사용하는 자를 말한다. 그러니 지금 함께 식사하는 그들 중에 한 명이라고 대놓고 말씀하

시는 것이다. 제자들은 더욱더 근심하였을 것이다. 제자들은 근심하였으나 예수님은 오히려 제자들에게 나중에 위로가 되고 가룟 유다에게는 회개의 기회가 되도록 반복하셔서 말씀하셨다. 그러나 가룟 유다는 끝내 마음을 바꾸지 않았다.

> **21** 인자는 자기에 대하여 기록된 대로 가거니와 인자를 파는 그 사람에게는 화가 있으리로다 그 사람은 차라리 나지 아니하였더라면 자기에게 좋을 뻔하였느니라 하시니라
> **21** The Son of Man will die as the Scriptures say he will; but how terrible for that man who betrays the Son of Man! It would have been better for that man if he had never been born!"

14:21 인자는 자기에 대하여 기록된 대로 가거니와 인자를 파는 그 사람에게는 화가 있으리로다. 예수님은 인류의 죄를 대속하시기 위해 성육신 하셨고 십자가를 지셔야 했다. 그것이 성경이 말씀하는 것이다. 그러기에 마땅히 죽음의 길을 가셔야 한다. 그러나 그렇다고 예수님을 파는 사람이 죄가 없는 것이 아니다. 그는 엄청난 죄인이다. **그 사람은 차라리 나지 아니하였더라면 자기에게 좋을 뻔하였느니라.** '태어난다'는 것은 참으로 존귀한 일이다. 모든 생명이 귀하다. 그러나 존귀하게 태어나 죄를 짓고 그것으로 끝난다면 그 사람은 태어나지 않은 것보다 못하다. 영원토록 죄의 고통이 따를 것이기 때문이다.

이것은 가룟 유다만의 이야기가 아니다. 이 땅에서 믿음을 알지 못하고 마치는 모든 사람에게 해당하는 말이다. 이 땅에서 끝내 믿음을 알지 못하고 마친다면 그 사람은 '차라리 나지 아니하였더라면 자기에게 좋을 뻔한 사람'이 된다. 하나님의 형상을 가진 생명으로 이 땅에 태어나는 것은 참으로 존귀한 것이다. 그런데 끝내 믿음에 무관심하여 알지 못하면 그는 그 영광스러운 생명을 가장 비참하게 짓밟는 것이 된다. 그러기에 생명의 존귀함을 알고, 믿음의 존귀함은 더욱더 크다는 것을 꼭 알아야 한다.

> **22** 그들이 먹을 때에 예수께서 떡을 가지사 축복하시고 떼어 제자들에게 주시며 이르시되 받으라 이것은 내 몸이니라 하시고
> **22** While they were eating, Jesus took a piece of bread, gave a prayer of thanks, broke it, and gave it to his disciples. "Take it," he said, "this is my body."

14:22 이것은 내 몸이니라. 빵을 주신 하나님께 감사하며 그 빵을 예수님의 몸이라 말씀하셨다. 너무 이상한 말씀이었다. 이것은 대체 무엇을 의미할까? 고기가 동물의

몸인 것처럼 빵을 자신의 몸으로 말씀하셨다. 그것은 예수님의 죽으심을 의미할 것이다. '양의 살'을 넘어 이제 '빵'으로 자신의 육체를 상징하시는 것이다. 또한 후대에 사람들은 그것을 예수님의 임재로 확대하여 해석하였다. 아마 그 의미도 함께 내포하셨을 것이다.

> **23** 또 잔을 가지사 감사 기도 하시고 그들에게 주시니 다 이를 마시매
> **24** 이르시되 이것은 많은 사람을 위하여 흘리는 나의 피 곧 언약의 피니라
> **23** Then he took a cup, gave thanks to God, and handed it to them; and they all drank from it.
> **24** Jesus said, "This is my blood which is poured out for many, my blood which seals God's covenant.

14:24 이것은...나의 피 곧 언약의 피니라. 아주 놀라운 말씀이다. 포도주 잔을 마시기 전에 이 말씀을 하셨다면 어쩌면 제자들이 마시지 않았을지도 모른다. 이스라엘 사람들에게 '피'는 절대적으로 꺼리는 것이다. 성경은 '피를 먹지 마라'고 말씀하고 있다. 그런데 왜 포도주를 예수님의 피라고 말씀하시는 것일까? 이스라엘 백성은 출애굽할 때 양의 피 때문에 구원을 받았다. 그리고 해마다 그것을 기념하며 유월절 절기를 지켰다. '양의 피'를 넘어 이제 포도주로 자신의 피를 상징하시는 것이다. 구원을 받은 그들에게 백성으로 지켜야 할 언약을 하나님께서 주시고 언약을 체결하였다. 구원받은 백성이 지켜야 하는 언약이다. 그런데 동물의 피를 가벼이 여긴 것일까? 그들은 언약을 쉽게 생각하고 있었다. 유월절에는 피를 발랐다. 그 이후 제사에서는 피를 뿌렸다. 그러나 예수님은 이제 피를 마시라 하셨다. 포도주 잔은 예수님의 피를 상징한다. 예수님의 피가 그들의 죄를 사하시고 구원한다. 그래서 그것을 마셔야 한다. **언약의 피.** 이제 하나님의 백성은 예수님과 새로운 언약을 맺는다. 말씀(언약)을 동물의 피로 맺는 것이 아니라 예수님의 피로 맺는다. 그러니 이제 더욱더 철저히 그 언약을 지켜야 한다. 그 언약을 놓치면 예수님이 피 흘리시며 구원하시려고 했던 모든 것을 놓치게 된다.

> **25** 진실로 너희에게 이르노니 내가 포도나무에서 난 것을 하나님 나라에서 새 것으로 마시는 날까지 다시 마시지 아니하리라 하시니라
> **25** I tell you, I will never again drink this wine until the day I drink the new wine in the Kingdom of God."

14:25 하나님 나라에서 새 것으로 마시는 날까지 다시 마시지 아니하리라. 예수님은 제

자들과 성만찬을 하시면서 영생의 때를 미리 바라보신다. 유월절은 과거의 이스라엘에게 임한 구원을 기억하고 감사하는 날이었다. 성만찬은 예수님의 대속을 통한 미래의 구원을 바라본다. 이후로 결코 변함이 없는 영원한 행복한 나라다. 복음이다. 성만찬은 바로 그 구원을 기억하고 감사해야 한다. 복음을 기억해야 한다. 백성에게 복음을 주시기 위해 피 흘리신 그리스도의 놀라운 사랑을 기억하는 시간이다.

> **26** 이에 그들이 찬미하고 감람 산으로 가니라
> **26** Then they sang a hymn and went out to the Mount of Olives.

14:26 그들이 찬미하고. 유월절 식사에서 그들은 구원하신 하나님을 찬양하였다. 제자들은 주님의 성만찬 이후 찬양하였다. 복음을 주신 하나님께 찬양하였다. 영원한 구원을 약속하시고 주실 하나님을 찬양하였다. 우리는 성만찬을 하며 하나님을 찬양해야 한다. 복음의 놀라움에 감격하며, 그 날을 바라보며 찬양해야 한다. 기쁨으로 찬양해야 한다.

> **27** 예수께서 제자들에게 이르시되 너희가 다 나를 버리리라 이는 기록된 바 내가 목자를 치니 양들이 흩어지리라 하였음이니라
> **27** Jesus said to them, "All of you will run away and leave me, for the scripture says, 'God will kill the shepherd, and the sheep will all be scattered.'

14:27 너희가 다 나를 버리리라. 앞에서 제자 중의 한 명이 예수님을 배신할 것을 말씀하셨다. 그런데 이번에는 '모든' 제자가 예수님을 버릴 것을 말씀하셨다. 그런데 다행인 것은 앞에서는 의도적으로 배신한 것이지만 이번에는 연약하여 '버리는 것'이다. **목자를 치니 양들이 흩어지리라.** 양들이 목자가 없을 때 흩어지는 것은 어찌 보면 당연하다. 그래서 이렇게 말씀하신 것은 제자들을 책망하기 위한 것이 아니라 오히려 '위로하기 위함'인 것으로 보인다.

> **28** 그러나 내가 살아난 후에 너희보다 먼저 갈릴리로 가리라
> **28** But after I am raised to life, I will go to Galilee ahead of you."

14:28 너희보다 먼저 갈릴리로 가리라. '예수님께서 먼저 갈릴리로 가 계실 것이니 그리로 오라'는 말씀이다. 예루살렘에서는 아픔과 실패의 추억이 가득하다. 그러나 갈

릴리는 예수님과 처음 함께 했던 곳이다. 그곳에서 행복하고 아름다웠던 추억이 있다. 말씀을 말하던 예수님의 생생한 음성이 있었다. 그것을 다시 의지하여 시작할 수 있도록 갈릴리로 부르셨다. 예수님께서 예루살렘 올리브 산에서 승천하실 것이기 때문에 그들은 다시 예루살렘으로 와야 한다. 그러나 예수님은 그들이 좋았던 추억의 장소 갈릴리에서 다시 시작할 수 있도록 갈릴리로 가라 하셨다. 세상에서 우리는 때로 실패한다. 넘어진다. 그때 우리도 갈 수 있는 갈릴리가 있었으면 좋겠다. 내가 누군가에게 갈릴리가 되었으면 좋겠다. 다시 시작할 수 있는 좋은 추억이 있는 곳, 말씀을 다시 들을 수 있는 곳이 필요하다.

> **29** 베드로가 여짜오되 다 버릴지라도 나는 그리하지 않겠나이다
> **30** 예수께서 이르시되 내가 진실로 네게 이르노니 오늘 이 밤 닭이 두 번 울기 전에 네가 세 번 나를 부인하리라
> 29 Peter answered, "I will never leave you, even though all the rest do!"
> 30 Jesus said to Peter, "I tell you that before the cock crows twice tonight, you will say three times that you do not know me."

14:30 오늘 이 밤 닭이 두 번 울기 전에 네가 세 번 나를 부인하리라. 베드로가 다짐을 하며 말하고 있지만 그는 몇 시간도 지나지 않아 예수님을 부인하고 또 부인할 것이다. 그것이 인간이다. 그렇게 나약하다. 우리는 베드로처럼 다짐할 수 있어야 한다. 그러나 어떤 때는 베드로처럼 그렇게 나약할 수도 있다는 것을 알아야 한다. 베드로의 이런 나약한 모습을 예수님께서 받아주셨기 때문에 이 말씀을 하시는 것이다. 베드로를 비난하고 계신 것이 아니다. **닭이 두 번 울기 전.** 주변을 보면 모든 닭이 한꺼번에 우는 것이 아니다. 한 닭이 여러 번 울기도 한다. 그러기에 이것은 어떤 정확한 시간을 말하는 것이 아닌 것 같다. 문학적인 의미를 담고 있을 수 있다. 닭은 새벽이 되면 자신이 깨어 있음을 알리기 위해 운다. 닭은 자신이 깨어 있다고 잘난 체하고 있는 것일까? 베드로에게 '일어나라'고 소리지르는 것일까? 닭은 그렇게 두 번이나 말하고 있는데 정작 베드로는 깨어 있지 못하였다. 그래서 세 번이나 부인하게 된다. 두 번과 세 번을 비교하여 보아야 한다. 못난 닭은 그렇게 두 번이나 울며 깨어 있는데, 잘난 사람은 그렇게 세 번이나 부인하며 잠자고 있다. 사람이 때로는 그렇다. 그때 중요한 것은 그것을 깨닫는 순간 절망하지 않는 것이다. 다시 일어나는 것이다. '동물보다 못하다'고 느끼는 순간 그때라도 다시 일어서서 '동물보다 낫다'는 것을 보여줄 수 있어야 한다. 그러면 역시 사람은 동물보다 낫다는 것을 드러내 보일 수 있게 된다.

31 베드로가 힘있게 말하되 내가 주와 함께 죽을지언정 주를 부인하지 않겠나이다 하고 모든 제자도 이와 같이 말하니라

31 Peter answered even more strongly, "I will never say that, even if I have to die with you!" And all the other disciples said the same thing.

14:31 내가 주와 함께 죽을지언정 주를 부인하지 않겠나이다. 베드로가 일사각오의 정신으로 말하였다. 나는 중학교 3학년 때 예수님을 위해 일사각오의 마음을 가졌었다. 그러나 그 이후도 많이 연약하였다는 것을 안다. 베드로의 일사각오의 이런 마음은 당연히 가져야 한다. 그러나 이런 마음을 가졌다고 다 일사각오의 삶을 사는 것은 아니다. 무엇보다 중요한 것은 예수님이 그의 그런 연약함을 알고 계시다는 사실이다. 베드로와 제자들의 이런 대답에 예수님은 더이상 다른 말씀을 하지 않으셨다. 그들의 마음이 최소한 그 순간만은 진심임을 아셨기 때문이다. 또한 그들의 연약함을 받아들이셨기 때문이다. 그런 연약함 위에 또 다른 경험을 통해 자라가는 것이 믿음이다.

32 그들이 겟세마네라 하는 곳에 이르매 예수께서 제자들에게 이르시되 내가 기도할 동안에 너희는 여기 앉아 있으라 하시고

32 They came to a place called Gethsemane, and Jesus said to his disciples, "Sit here while I pray."

14:32 겟세마네라 하는 곳에 이르매. '겟세마네'는 올리브산 서쪽 기슭에 있었다. 예루살렘에 가까워 예루살렘 경내로 여겼다. 유월절 식사를 한 날은 예루살렘 경내를 벗어나면 안 된다. 그래서 베다니로 가지 않으시고 가까운 겟세마네라는 야외 지역으로 가셨다. 그것은 또한 기도하기 위함이기도 하다.

33 베드로와 야고보와 요한을 데리고 가실새 심히 놀라시며 슬퍼하사
34 말씀하시되 내 마음이 심히 고민하여 죽게 되었으니 너희는 여기 머물러 깨어 있으라 하시고

33 He took Peter, James, and John with him. Distress and anguish came over him,
34 and he said to them, "The sorrow in my heart is so great that it almost crushes me. Stay here and keep watch."

14:34 내 마음이 심히 고민하여 죽게 되었으니. 예수님은 자신의 현재 모습을 그대로 말씀하셨다. 그 모습으로 기도하러 가셨다. **너희는 여기 머물러 깨어 있으라.** 제자들에게 '깨어 있어 기도하라'고 말씀하셨다. 깨어 지금 무슨 상황인지를 알지 못하면 기도

가 힘이 없을 것이다. 길게 하지 못할 것이다. 그래서 깨어 있는 것이 중요하다. 깨어 함께 기도하는 것이 중요하다.

> 35 조금 나아가사 땅에 엎드리어 될 수 있는 대로 이 때가 자기에게서 지나가기를 구하여
> 36 이르시되 아빠 아버지여 아버지께는 모든 것이 가능하오니 이 잔을 내게서 옮기시옵소서 그러나 나의 원대로 마시옵고 아버지의 원대로 하옵소서 하시고
> 35 He went a little farther on, threw himself on the ground, and prayed that, if possible, he might not have to go through that time of suffering.
> 36 "Father," he prayed, "my Father! All things are possible for you. Take this cup of suffering away from me. Yet not what I want, but what you want."

14:36 이 잔을 내게서 옮기시옵소서 그러나...아버지의 원대로 하옵소서. 예수님은 앞으로 일어날 일이 너무 아프셨다. 십자가에서 죄인이 되고, 하나님으로부터 버림을 받는 것은 참으로 상상할 수 없는 아픔이다. 그것이 꼭 필요한 일이라는 것을 아셨다. 그러나 그것의 처절한 아픔을 아시기 때문에 절박한 기도를 하셨다. 예수님의 이런 기도가 우리의 기도의 방향을 알려준다. 기도는 하나님과의 대화이기 때문에 우리는 우리의 마음을 있는 그대로 아뢸 수 있다. 때로는 대화는 많은 것이 가능하다. 그러나 자신의 마음에만 머물러 있어도 안 된다. 예수님은 결국 하나님의 뜻이 이루어지길 기도하셨다.

기도는 결국 하나님의 뜻에 대한 순종이다. 모든 기도가 그렇다. 기도는 결국 하나님의 뜻에 대한 순종이 되어야 한다. 그 과정이 결국 쉽지 않다. 그래서 때로는 긴 기도가 필요하다. 기도를 하기 전의 마음이 기도를 하면서 하나님의 마음에 의해 하나님의 마음으로 바뀌는 것이다. 순응하는 것이다. 예수님은 세 번이나 그렇게 반복하여 기도하셨다. 기도는 마음과 마음의 만남이다. 우리의 마음은 그렇게 쉽게 바뀌는 것이 아니다. 그래서 때로는 긴 기도가 필요하고 때로는 반복된 기도가 필요하다.

> 37 돌아오사 제자들이 자는 것을 보시고 베드로에게 말씀하시되 시몬아 자느냐 네가 한 시간도 깨어 있을 수 없더냐
> 37 Then he returned and found the three disciples asleep. He said to Peter, "Simon, are you asleep? Weren't you able to stay awake even for one hour?"

14:37 돌아오사 제자들이 자는 것을 보시고. 예수님은 제자들과 조금 떨어졌기 때문

에 그들은 예수님의 기도 내용을 어쩌면 들을 수도 있었을 것이다. 보름달 이틀 전이기 때문에 예수님께서 간절히 기도하는 모습도 어느 정도 보였을 것이다. 처음에는 그들도 아픈 마음으로 기도하였을 것이다. 그러나 이내 잠들었다. 세 명 모두 그랬던 것 같다. **네가 한 시간도 깨어 있을 수 없더냐.** 꼭 한 시간만을 의미하는 것은 아닐 것이다. 그러나 조금은 길게 기도하시는 예수님의 기도를 따라가지 못하고 그들은 잠들었다. 예수님은 참으로 매우 힘들게 기도하고 계셨다. 그런데 제자들은 잠자고 있었다.

38 시험에 들지 않게 깨어 있어 기도하라 마음에는 원이로되 육신이 약하도다 하시고
38 And he said to them, "Keep watch, and pray that you will not fall into temptation. The spirit is willing, but the flesh is weak."

14:38 시험에 들지 않게 깨어 있어. 세상은 수없이 많은 시험이 있다. 그 시험에 넘어지지 않기 위해서는 '깨어' 있어야 한다. 제자들이 만약 지금 무슨 일이 벌어지고 있는지를 제대로 깨닫고 있었다면 결코 잠이 오지 않았을 것이다. 그러나 그들은 지금 무슨 일이 벌어지고 있는지를 제대로 파악하지 못하고 있었다. 그래서 긴 시간을 버티지 못하고 잠에 빠졌다. 많은 일들이 그렇다. 만약 다윗이 밧세바와 죄를 범할 때 그 일이 그에게 얼마나 엄청난 결과를 가져올 것인지를 깨어 알았다면 결코 그렇게 하지 않았을 것이다. 우리는 영적으로 깨어 있어야 한다. **기도하라.** 영적으로 깨어 있기 위해 가장 필요한 것이 기도하는 것이다. 기도해야 진실을 볼 수 있다. 우리가 볼 수 있는 것이 참으로 적다. 기도해야 이 세상에서 일어나고 있는 일에 대해 깨달을 수 있다. 하나님의 마음을 알고 사탄의 계략을 알 수 있다. 홀로 이기기 어려운 것을 하나님의 힘을 덧입어 이길 수 있다. 그래서 기도해야 한다. **마음에는 원이로되 육신이 약하도다.** 제자들도 마음으로는 자지 않으려 하였을 것이다. 그러나 육신이 피로하였다. 다른 때는 그 시간이 자고 있을 시간이다. 또한 그 날은 늦은 시간까지 유월절 식사를 하였다. 예수님의 긴장시키는 말씀을 들었다. 그래서 육신이 잠을 요청하고 있었다. 마음이 이길까, 육신이 이길까? 깨어 있지 않고, 기도하지 않으면 육신이 이긴다. 그러나 깨어 있고 기도하면 마음이 이긴다. 제자들은 지금 깨어 있지 않았기에 육신이 이겨 결국 잠을 자고 있었던 것이다.

39 다시 나아가 동일한 말씀으로 기도하시고

40 다시 오사 보신즉 그들이 자니 이는 그들의 눈이 심히 피곤함이라 그들이 예수께 무엇으로 대답할 줄을 알지 못하더라

39 He went away once more and prayed, saying the same words.
40 Then he came back to the disciples and found them asleep; they could not keep their eyes open. And they did not know what to say to him.

14:40 다시 오사 보신즉 그들이 자니...그들이 예수께 무엇으로 대답할 줄을 알지 못하더라. 제자들은 예수님의 말씀을 듣고 자지 않으려고 무진 애를 썼을 것이다. 그런데 또 잤다. 예수님의 기도가 또 길으셨던 것 같다. 예수님이 오셨을 때 또 잠자고 있는 자신들의 모습에 어쩔 줄 몰라 했다. 그 모습이 마치 오늘날 많은 사람들의 모습인 것 같다. 중요한 순간에 영적으로나 육적으로나 자고 있는 모습이다.

41 세 번째 오사 그들에게 이르시되 이제는 자고 쉬라 그만 되었다 때가 왔도다 보라 인자가 죄인의 손에 팔리느니라
42 일어나라 함께 가자 보라 나를 파는 자가 가까이 왔느니라

41 When he came back the third time, he said to them, "Are you still sleeping and resting? Enough! The hour has come! Look, the Son of Man is now being handed over to the power of sinners.
42 Get up, let us go. Look, here is the man who is betraying me!"

14:42 일어나라 함께 가자. 제자들이 기도할 때가 지났다. 가룟 유다가 가까이 왔기 때문이다. 제자들은 기도해야 하는 가장 중요한 순간에 기도할 시간을 놓치고 말았다. 겟세마네에서 기도하지 못한 순간을 이후에 많이 후회할 것이다. 인생의 중요한 순간은 늘 기도해야 할 때다. 아무 의미가 없는 것 같으면 더욱더 기도해야 할 때다. 우리는 기도로 인생을 존귀하게 만들 수 있다. 그러니 우리가 살아가는 모든 순간을 겟세마네의 기도 순간으로 여겨야 한다. 기도를 놓쳤던 제자들이 되지 말아야 한다.

43 예수께서 말씀하실 때에 곧 열둘 중의 하나인 유다가 왔는데 대제사장들과 서기관들과 장로들에게서 파송된 무리가 검과 몽치를 가지고 그와 함께 하였더라

43 Jesus was still speaking when Judas, one of the twelve disciples, arrived. With him was a crowd armed with swords and clubs, and sent by the chief priests, the teachers of the Law, and the elders.

14:43 파송된 무리가 검과 몽치를 가지고 그와 함께 하였더라. 대제사장 휘하의 성전 경비대 병사들이 온 것으로 보인다. 그들은 제자들의 저항을 제압하기 위해 무기를

든 많은 병사를 대동하여 왔다.

> 44 예수를 파는 자가 이미 그들과 군호를 짜 이르되 내가 입맞추는 자가 그이니 그를 잡아 단단히 끌어 가라 하였는지라
> 44 The traitor had given the crowd a signal: "The man I kiss is the one you want. Arrest him and take him away under guard."

14:44 예수를 파는 자가 이미 그들과 군호를 짜. 그들은 철저히 계획하였다. 그들은 스스로 지혜롭다고 여겼을 것이다. 그들의 계획대로 잘 진행된다고 생각하였을 것이다. **그를 잡아 단단히 끌어 가라.** 예수님과 제자들의 저항이 심할 것이니 그를 단단히 붙잡고 가야 한다고 말하였다. 유다는 예수님을 몰라도 참 많이 몰랐다.

> 45 이에 와서 곧 예수께 나아와 랍비여 하고 입을 맞추니
> 46 그들이 예수께 손을 대어 잡거늘
> 47 곁에 서 있는 자 중의 한 사람이 칼을 빼어 대제사장의 종을 쳐 그 귀를 떨어뜨리니라
> 45 As soon as Judas arrived, he went up to Jesus and said, "Teacher!" and kissed him.
> 46 So they arrested Jesus and held him tight.
> 47 But one of those standing there drew his sword and struck at the High Priest's slave, cutting off his ear.

14:47 한 사람이 칼을 빼어 대제사장의 종을 쳐 그 귀를 떨어뜨리니라. 예상했던 대로 제자 중 한 명이 격렬히 저항하였다. 이제 제자들을 칼로 제압해야 한다. 그것이 어렵지는 않을 것이다. 그런데 상황이 그들의 예상 밖으로 흘러갔다.

> 48 예수께서 무리에게 말씀하여 이르시되 너희가 강도를 잡는 것 같이 검과 몽치를 가지고 나를 잡으러 나왔느냐
> 48 Then Jesus spoke up and said to them, "Did you have to come with swords and clubs to capture me, as though I were an outlaw?

14:48 예수께서...강도를 잡는 것 같이 검과 몽치를 가지고 나를 잡으러 나왔느냐. '강도'로 번역한 단어는, 역사가 요세푸스는 이 단어를 이스라엘의 독립을 위해 싸우는 열심당원을 의미하는 단어로 사용하였다. 또는 도적 떼를 의미할 때도 사용할 수 있다. 예수님은 도적 떼의 의미로 사용하셨을 것이다. 도적 떼라는 악한 사람들을 칼로 강

제적으로 체포하듯이 왔다고 말씀하는 것이다. 예수님은 그들에게 강제로 체포당하는 분이 아니기 때문이다.

> **49** 내가 날마다 너희와 함께 성전에 있으면서 가르쳤으되 너희가 나를 잡지 아니하였도다 그러나 이는 성경을 이루려 함이니라 하시더라
> **49** Day after day I was with you teaching in the Temple, and you did not arrest me. But the Scriptures must come true."

14:49 내가 날마다 너희와 함께 성전에 있으면서 가르쳤으되. 예수님은 그들을 피하지 않으셨다. 예수님은 자신을 잡으려는 그들을 피해 도망가는 분이 아니다. 그러니 잡아가려면 언제든지 잡아갈 수 있음을 말씀하셨다. 예수님은 그들을 피하지 않고 자발적으로 잡히실 것이기 때문이다. **이는 성경을 이루려 함이니라.** 이것은 아마 이사야 말씀을 염두에 두고 하신 말씀 같다. "그러므로 내가 그에게 존귀한 자와 함께 몫을 받게 하며 강한 자와 함께 탈취한 것을 나누게 하리니 이는 그가 자기 영혼을 버려 사망에 이르게 하며 범죄자 중 하나로 헤아림을 받았음이니라 그러나 그가 많은 사람의 죄를 담당하며 범죄자를 위하여 기도하였느니라"(사 53:12) '범죄자 중 하나로 헤아림을 받았음이니라'고 말씀한다. 예수님은 범죄자가 아니다. 그러나 그들은 범죄자를 잡으려는 듯 칼을 들고 왔다. 그래서 범죄자 중 하나로 여겼다. 이것은 이사야 말씀을 그대로 이루는 것이다.

> **50** 제자들이 다 예수를 버리고 도망하니라
> **50** Then all the disciples left him and ran away.

14:50 예수를 버리고 도망하니라. 예수님을 잡으려 온 사람들은 제자들을 잡으려는 의지가 많이 없었던 것 같다. 할 수만 있으면 예수님만 잡아서 조용히 해결하고자 하였을 것이다. 그래서 제자들은 어려움 없이 도망갈 수 있었다.

> **51** 한 청년이 벗은 몸에 베 홑이불을 두르고 예수를 따라가다가 무리에게 잡히매
> **52** 베 홑이불을 버리고 벗은 몸으로 도망하니라
> **51** A certain young man, dressed only in a linen cloth, was following Jesus. They tried to arrest him,
> **52** but he ran away naked, leaving the cloth behind.

14:52 베 홑이불을 버리고...도망하니라. 조금 생뚱맞은 이야기다. 마가만 전하고 있는 숨은 이야기다. 비싼 린넨 겉옷을 입고 있던 이 청년은 부자였던 것이 분명하다. 그래서 이 청년을 마가로 생각하는 사람이 많다. 자신의 부끄러운 이야기를 전하고 있는 것이다. 그렇게 비싼 겉옷을 버리고 도망하는 것을 보면 상황이 매우 위급하였다는 것을 의미하기도 한다. 모든 사람이 도망갈 만한 상황이었던 것이다. 그러나 기도로 준비하신 예수님은 그런 상황에서도 전혀 흔들리지 않으시고 당당히 잡히셨다.

> **53** 그들이 예수를 끌고 대제사장에게로 가니 대제사장들과 장로들과 서기관들이 다 모이더라
> **53** Then Jesus was taken to the High Priest's house, where all the chief priests, the elders, and the teachers of the Law were gathering.

14:53 그들이 예수를 끌고 대제사장에게로 가니. 전 대제사장인 안나스의 집에 갔다가 현 대제사장인 가야바 집으로 예수님을 끌고 갔다. 그곳에 산헤드린 사람들이 다 모였다. 산헤드린이 모이는 공적인 장소는 성전에 있다. 그런데 그들은 지금 대제사장의 집에 모였다. 그것은 법을 어긴 것이다. 구전 율법인 미쉬나를 보면 산헤드린은 중요한 재판의 경우 낮에 모이게 되어 있다. 그러나 그들은 밤에 모였다. 그들은 예수님이 법을 어겼다고 붙잡았지만 자신들이 법을 어기고 있었다.

> **54** 베드로가 예수를 멀찍이 따라 대제사장의 집 뜰 안까지 들어가서 아랫사람들과 함께 앉아 불을 쬐더라
> **55** 대제사장들과 온 공회가 예수를 죽이려고 그를 칠 증거를 찾되 얻지 못하니
> **54** Peter followed from a distance and went into the courtyard of the High Priest's house. There he sat down with the guards, keeping himself warm by the fire.
> **55** The chief priests and the whole Council tried to find some evidence against Jesus in order to put him to death, but they could not find any.

14:55 예수를 죽이려고 그를 칠 증거를 찾되. 미쉬나를 보면 사람의 유죄를 밝히기 전에 그의 무죄를 주장할 권리를 더 중요하게 여기고 들어주어야 한다. 그러나 그들은 예수님을 이미 죽일 것을 결정하고 죽이기 위한 죄를 찾았다. 그들은 자신들의 법을 철저히 어기고 있었다. 죄가 드러나도 혹여나 죄인이나 누군가가 무죄를 주장하면 그것을 더 자세히 경청하게 되어 있다. 그러나 그들은 완전히 반대로 재판을 진행하고 있다.

56 이는 예수를 쳐서 거짓 증언 하는 자가 많으나 그 증언이 서로 일치하지 못함이라

57 어떤 사람들이 일어나 예수를 쳐서 거짓 증언 하여 이르되

58 우리가 그의 말을 들으니 손으로 지은 이 성전을 내가 헐고 손으로 짓지 아니한 다른 성전을 사흘 동안에 지으리라 하더라 하되

59 그 증언도 서로 일치하지 않더라

56 Many witnesses told lies against Jesus, but their stories did not agree.
57 Then some men stood up and told this lie against Jesus:
58 "We heard him say, 'I will tear down this Temple which men have made, and after three days I will build one that is not made by men.'"
59 Not even they, however, could make their stories agree.

14:58-59 예수님을 죽이기 위해 주장하는 어처구니 없는 증언을 보라. 우리는 이것이 무엇을 의미하는 줄을 잘 안다. 그들은 이것의 의미를 잘 몰랐을 것이다. 어떻게든 예수님을 죽이기 위해 어떤 죄든 끌어오고 있다는 것을 볼 수 있다. 그런데 그러한 말마저 서로 일치하지 않았다. 그러니 어떤 것으로도 예수님의 죄를 증명할 수 없었다. 그러자 대제사장이 나섰다.

60 대제사장이 가운데 일어서서 예수에게 물어 이르되 너는 아무 대답도 없느냐 이 사람들이 너를 치는 증거가 어떠하냐 하되

60 The High Priest stood up in front of them all and questioned Jesus, "Have you no answer to the accusation they bring against you?"

14:60 너는 아무 대답도 없느냐. 예수님이 자신을 정죄하는 많은 이야기에도 자기 변론을 하지 않으시자 대제사장이 물은 질문이다. 예수님은 사람들의 비난에 응답하지 않으셨다. 산헤드린의 사형 언도에 대해서도 응답하지 않으셨다. 그들이 세속 권력에 취해 있다는 것을 아시기 때문이다. 그들은 하늘 권력을 두려워하지 않고 세속 권력에 취해 있었다. 세속권력을 휘두르고 있었다. 그래서 예수님이 진짜 메시야인지에 대해 진지한 고민을 전혀 하지 않았다. 그것이 그들에게 중요하지 않았기 때문이다.

61 침묵하고 아무 대답도 아니하시거늘 대제사장이 다시 물어 이르되 네가 찬송 받을 이의 아들 그리스도냐

61 But Jesus kept quiet and would not say a word. Again the High Priest questioned him, "Are you the Messiah, the Son of the Blessed God?"

14:61 네가 찬송 받을 이의 아들 그리스도냐. '찬송 받을 이'는 하나님의 이름을 함부로 말하지 않는 그들의 전통을 반영한다. 그는 하나님의 이름을 경외하는 마음으로 말하지 않았다. 그러나 실상은 하나님을 경외하는 것이 아니었다. 단지 습관일 뿐이었다. 그가 지금 하고 있는 일은 하나님을 경외하는 행동이 아니다.

대제사장과 산헤드린 사람들은 하나님을 믿는 사람들 같았으나 실상은 세속 권력에 취해 있는 사람들이었다. 하나님을 경외하였다면 구전율법을 그렇게 무시하지는 않았을 것이다. 그들은 자신들이 가지고 있던 세속 권력과 명예를 잡고 놓치지 않으려고 예수님을 죽이려 하였다.

> 62 예수께서 이르시되 내가 그니라 인자가 권능자의 우편에 앉은 것과 하늘 구름을 타고 오는 것을 너희가 보리라 하시니
> 62 "I am," answered Jesus, "and you will all see the Son of Man seated on the right of the Almighty and coming with the clouds of heaven!"

14:62 예수께서 이르시되 내가 그니라. 이것은 대제사장이 질문한 '네가 찬송받을 이의 아들 그리스도냐'에 대한 답이다. 이것은 자신이 하나님의 아들이라는 대답이기도 하지만 이 문구는 하나님의 존재방식에 대한 것으로 하나님의 자기선언(에고 에이미)이기두 하다. 예수님은 분명히 그것을 의도히 셨을 것이고 듣는 사람들도 그릫세 들었을 것이다. **인자가 권능자의 우편에 앉은 것.** '권능자'는 하나님에 대한 다른 표현이다. 하나님의 이름을 말하지 않기 위한 당시의 관습이다. 예수님은 자신이 하나님의 우편에 앉아 계실 것을 말씀하셨다. 아주 대담한 선언이다. **하늘 구름을 타고 오는 것을 너희가 보리라.** 이것을 예수님의 재림으로 해석하는 경우가 많은데 그것보다는 예수님이 부활하심으로 세상의 통치자로 세워지시는 것을 말씀하는 것으로 보는 것이 좋을 것 같다. 13:26에서도 그런 뜻임을 보았었다. 그래서 대제사장이나 산헤드린 사람들도 그것을 보게 될 것이다. 그러나 실상은 그들은 그런 일이 일어나도 여전히 그것을 제대로 깨닫지는 못할 것이다. 그들은 예수님이 부활하시고 승천하셔서 세상을 주관하시며 예루살렘이 멸망하는 사건에서도 예수님의 통치가 임하는 것임을 끝까지 모를 것이다. 그들은 복음을 보지 못하기 때문이다. 그렇게 하늘권력에 대해 모르고 살다가 죽을 것이다. 죽어서야 알 것이다.

> 63 대제사장이 자기 옷을 찢으며 이르되 우리가 어찌 더 증인을 요구하리요

63 The High Priest tore his robes and said, "We don't need any more witnesses!

14:63 우리가 어찌 더 증인을 요구하리요. 그는 자신과 산헤드린 모든 사람들이 예수님의 신성모독 발언을 들었으니 더 이상의 증거가 필요 없다고 선언하였다. 신성모독 발언이 무엇일까? 예수님이 '전능자의 우편에 앉은 것'을 말씀하신 것만 이해한 것으로 보인다. 그래서 그것을 신성모독으로 생각한 것이다.

이스라엘 백성들은 오랫동안 메시야를 기다렸다. 그런데 예수님이 자신이 메시야라고 말씀하시자 신성모독이라고 생각하였다. 그렇게 기다려놓고도 메시야라고 선언하시는 예수님의 말씀에는 귀를 전혀 기울이지 않았다. 아주 조금의 가능성도 없는 거짓으로 생각하였다. 왜 그랬을까? 예수님이 메시야가 아니라는 증거가 있기 때문일까? 결코 그렇지 않다. 오히려 예수님은 자신이 메시야이심을 증명할 수 있는 수많은 표적을 행하셨다. 수많은 증인이 있었다. 그러나 그들은 오히려 증거가 너무 많았기 때문에 그것에 대해서는 결코 더 알아보지 않았다. 오직 반대만 하였다.

64 그 신성모독 하는 말을 너희가 들었도다 너희는 어떻게 생각하느냐 하니 그들이 다 예수를 사형에 해당한 자로 정죄하고
65 어떤 사람은 그에게 침을 뱉으며 그의 얼굴을 가리고 주먹으로 치며 이르되 선지자 노릇을 하라 하고 하인들은 손바닥으로 치더라
66 베드로는 아랫뜰에 있더니 대제사장의 여종 하나가 와서
64 You heard his blasphemy. What is your decision?" They all voted against him: he was guilty and should be put to death.
65 Some of them began to spit on Jesus, and they blindfolded him and hit him. "Guess who hit you!" they said. And the guards took him and slapped him.
66 Peter was still down in the courtyard when one of the High Priest's servant women came by.

14:66 베드로는 아랫뜰에 있더니. 베드로는 대제사장의 집에 들어가는데 성공하였다. 베드로는 예수님의 안위가 걱정되었을 것이다. 그래서 어찌하지는 못하고 예수님이 잡혀 오신 대제사장의 집까지 따라왔다.

67 베드로가 불 쬐고 있는 것을 보고 주목하여 이르되 너도 나사렛 예수와 함께 있었도다 하거늘
68 베드로가 부인하여 이르되 나는 네가 말하는 것이 무엇인지 알지도 못하고 깨닫지도 못하겠노라 하며 앞뜰로 나갈새

67 When she saw Peter warming himself, she looked straight at him and said, "You, too, were with Jesus of Nazareth."
68 But he denied it. "I don't know … I don't understand what you are talking about," he answered, and went out into the passage. Just then a cock crowed.

14:68 네가 말하는 것이 무엇인지 알지도 못하고 깨닫지도 못하겠노라. 베드로는 여종이 무엇을 말하는지 전혀 알지 못하겠다고 말하였다. 예수가 누구인지도 모르겠다는 의미가 내포되어 있을 것이다. 그리고 그 자리를 떠나 앞뜰로 나갔다. 위험을 느끼고 있지만 예수님을 홀로 두고 차마 대제사장의 집을 떠나지 못하였다.

69 여종이 그를 보고 곁에 서 있는 자들에게 다시 이르되 이 사람은 그 도당이라 하되
69 The servant woman saw him there and began to repeat to the bystanders, "He is one of them!"

14:69 여종이 그를 보고 곁에 서 있는 자들에게 다시 이르되. 여종은 혼자만의 확신을 넘어 옆에 있는 다른 사람들에게 그 사실을 알리며 주장하였다.

70 또 부인하더라 조금 후에 곁에 서 있는 사람들이 다시 베드로에게 말하되 너도 갈릴리 사람이니 참으로 그 도당이니라
70 But Peter denied it again. A little while later the bystanders accused Peter again, "You can't deny that you are one of them, because you, too, are from Galilee."

14:70 이번에도 베드로는 부인하였다. 그런데 문제가 더 커지고 있었다. **곁에 서 있는 사람들이 다시 베드로에게 말하되 너도 갈릴리 사람이니.** 베드로가 부인할 때 그 말투를 보니 그가 갈릴리 사람이라는 것이 확실히 드러났다. 사람들은 그가 갈릴리 사람이니 여종의 말이 맞을 것이라고 생각하였다. 사람들이 이쪽저쪽에서 베드로를 이상하게 보기 시작하였다. 모든 시선이 쏠렸다. 베드로가 매우 큰 위험에 처해진 것이다.

71 그러나 베드로가 저주하며 맹세하되 나는 너희가 말하는 이 사람을 알지 못하노라 하니
71 Then Peter said, "I swear that I am telling the truth! May God punish me if I am not! I do not know the man you are talking about!"

14:71 베드로가 저주하며 맹세하되. '저주하다'의 목적어가 없다. 어쩌면 베드로를 위한 배려였을 것 같다. 저주는 보통 자기 자신을 목적어로 하는 경우가 많다. 그러나 또 하나의 가능성은 예수님을 목적어로 한 경우다. 예수님을 목적어로 하였다면 조금 더 강하고 효과적인 부인이 될 것이다. 베드로는 지금 물불 안 가리고 자신을 향한 의심의 눈초리에서 벗어나야 하기 때문에 어떤 말도 가능하였을 것이다. 세속 안위에 매여 있으면 신앙인의 모습을 벗어나게 된다.

> **72 닭이 곧 두 번째 울더라 이에 베드로가 예수께서 자기에게 하신 말씀 곧 닭이 두 번 울기 전에 네가 세 번 나를 부인하리라 하심이 기억되어 그 일을 생각하고 울었더라**
> 72 Just then a cock crowed a second time, and Peter remembered how Jesus had said to him, "Before the cock crows twice, you will say three times that you do not know me." And he broke down and cried.

14:72 닭이 곧 두 번째 울더라. 닭이 우는 소리가 순간 베드로에게 천둥소리처럼 들려왔을 것이다. 닭이 우는 소리를 듣는 순간 그가 바로 얼마 전에 닭이 우는 소리를 들었었다는 것이 상기되었을 것이다. 그리고 천둥소리보다 더 크게 예수님의 말씀이 그에게 울렸을 것이다. '닭이 두 번 울기 전에 네가 세 번 나를 부인하리라'는 예수님의 말씀이 생생하고 아주 크게 들려왔을 것이다. 예수님은 그것을 아셨다. 베드로가 하늘 안위가 아니라 세속 안위를 선택할 것을 아셨던 것이다. 방금 전까지 베드로는 세속 안위가 전부처럼 생각되었다. 그러나 예수님께서 세속 안위를 버리고 재판을 받으시는 것은 하늘 안위가 있기 때문이다. 신앙인은 하늘 안위를 생각하면서 사는 사람들이다. 우리는 하늘 안위를 명심해야 한다. 그것이 믿음이다. 그것이 복음이다. **그 일을 생각하고 울었더라.** 베드로는 예수님의 말씀이 생각된 순간 울었다. 그가 울면 어쩌면 사람들에게 '내가 그 도당이다'라고 말하는 모양이 될 것이다. 그러니 지금 여전히 세속 안위를 생각하면 울면 안 된다. 뻔뻔하게 굴어야 한다. 그러나 예수님의 말씀을 생각하는 순간 그는 세속 안위가 얼마나 덧없는 것인지도 생각하게 된 것 같다. 세속 안위를 위해 아등바등하고 있는 자신의 모습과 하늘 안위 속에서 당당하게 재판 받으시는 예수님의 모습을 동시에 생각하면서 자신의 불신앙에 처절하게 눈물이 났던 것 같다.

15장

1 새벽에 대제사장들이 즉시 장로들과 서기관들 곧 온 공회와 더불어 의논하고 예수를 결박하여 끌고 가서 빌라도에게 넘겨 주니

1 Early in the morning the chief priests met hurriedly with the elders, the teachers of the Law, and the whole Council, and made their plans. They put Jesus in chains, led him away, and handed him over to Pilate.

15:1 새벽에. 산헤드린은 밤새 예수님을 죽일 죄목을 찾고 결박하여 새벽 일찍 빌라도에게 갔다. 당시 공적 업무를 일찍부터 보았기 때문에 가능하였다.

2 빌라도가 묻되 네가 유대인의 왕이냐 예수께서 대답하여 이르시되 네 말이 옳도다 하시매

2 Pilate questioned him, "Are you the king of the Jews?" Jesus answered, "So you say."

15:2 네가 유대인의 왕이냐. '유대인의 왕'은 산헤드린이 밤새 고민하며 만들어 낸 예수님의 죄명이다. 그들이 주장하였던 '신성모독'은 로마법으로는 정죄받을 죄가 아니다. 예수님께서 주장하시는 '메시야'는 '기름부음 받은 자'로서 왕으로 기름부음 받음을 의미한다. 그래서 어떤 의미로는 '유대인의 왕'이라 할 수 있으니 '유대인의 왕'이라는 죄목으로 올렸다. 유대인의 왕이라 주장하였으니 그것은 반란죄에 해당한다. '유대인의 왕'이라는 죄목은 기발한 생각이었다. 그러나 양심 없는 죄목이었다. 그들이 주장하는 것을 그대로 인정한다고 하면 혹 그들이 믿는 진짜 메시야가 오셔도 '유대인의 왕'이라 하여 죽임당하실 것이기 때문이다. 그들은 그렇게 양심을 팔면서까지 예수님을 죽이고자 하였다.

3 대제사장들이 여러 가지로 고발하는지라

3 The chief priests were accusing Jesus of many things,

15:3 대제사장들. 본래 대제사장은 한 명이지만 전직 대제사장도 대제사장이라 불렀다. 그들은 산헤드린을 대표하여 예수님을 추가적 죄목으로 여러 가지를 말하며 고발하였다.

4 빌라도가 또 물어 이르되 아무 대답도 없느냐 그들이 얼마나 많은 것으로 너를 고발하는가 보라 하되

5 예수께서 다시 아무 말씀으로도 대답하지 아니하시니 빌라도가 놀랍게 여기더라

4 so Pilate questioned him again, "Aren't you going to answer? Listen to all their accusations!"

5 Again Jesus refused to say a word, and Pilate was amazed.

15:5 대답하지 아니하시니. 본래 피고인은 어떻게 해서든 자신에게 주어진 혐의를 피하려고 한다. 그런데 예수님은 자신을 고발하는 사람들의 말에 아무 대답도 하지 않으셨다. **빌라도가 놀랍게 여기더라.** 빌라도는 진행되는 재판에서 매우 놀라워했다. 예수님이 자신에게 주어진 혐의를 전혀 부인하지 않고 침묵하셨기 때문이다.

6 명절이 되면 백성들이 요구하는 대로 죄수 한 사람을 놓아 주는 전례가 있더니

6 At every Passover Festival Pilate was in the habit of setting free any one prisoner the people asked for.

15:6 전례. 산헤드린이 예수님을 민란을 꾸민 사람으로 정죄하였다. 그런데 죽임을 당하시기 전 죽지 않으실 마지막 기회가 있었다. '명절이 되면 백성들이 요구하는 대로 죄수 한 사람을 놓아 주는' 전례가 있었다. 결국 예수님을 사형시킨 마지막 결정을 한 부류는 산헤드린이나 빌라도가 아니고 대중이었다.

7 민란을 꾸미고 그 민란중에 살인하고 체포된 자 중에 바라바라 하는 자가 있는지라

7 At that time a man named Barabbas was in prison with the rebels who had committed murder in the riot.

15:7 바라바. 민란(반란)을 꾸민 사람이다. 아마 로마에 항거한 반란일 것이다. 흥미로운 것은 그의 이름이 '예수'라는 사실(마 27:17에서 '바라바'로 되어 있는 부분을 사본학적으로 '예수 바라바'로 보는 것이 더 일반적인 견해다)이다. 그와 예수님을 비교한다면 사람들이 보기에는 아마 '폭력적 민란 주동자'인가 아니면 '평화적 민란 주동자'인가의 차이일 것이다.

8 무리가 나아가서 전례대로 하여 주기를 요구한대

9 빌라도가 대답하여 이르되 너희는 내가 유대인의 왕을 너희에게 놓아 주기를
원하느냐 하니

10 이는 그가 대제사장들이 시기로 예수를 넘겨 준 줄 앎이러라

8 When the crowd gathered and began to ask Pilate for the usual favour,

9 he asked them, "Do you want me to set free for you the king of the Jews?"

10 He knew very well that the chief priests had handed Jesus over to him because they
were jealous.

15:10 시기로 예수를 넘겨. 산헤드린 사람들은 예수님을 시기심 때문에 넘겼다. 빌라
도도 그것을 알았다. 그들이 가지고 있었던 권력은 지극히 작았다. 로마에 빌붙어 얻
은 권력이다. 대제사장이라는 것조차도 아론의 반차가 아니라 로마에 의해 임명되었
고 사임되었다. 그런 자리는 참으로 부끄러운 자리지만 그러한 권력도 권력이라고 탐
하고 으스댔다. 예수라는 사람이 자신들을 무시하는 것 같고 건방지게 말하니 그를
죽이고자 하였다.

11 그러나 대제사장들이 무리를 충동하여 도리어 바라바를 놓아 달라 하게 하니

11 But the chief priests stirred up the crowd to ask, instead, for Pilate to set Barabbas free
for them.

15:11 무리를 충동하여 도리어 바라바를 놓아 달라 하게 하니. 대중은 바라바를 선택
하였다. 그 선택 과정에 두 가지가 작동하였다. 하나는 대제사장들의 충동이다. 대중
은 대제사장의 충동에 마음이 움직였다. 대중은 그들이 지금 선택하는 것이 한 사람
을 죽이는 선택이라는 사실을 잘 알고 있었다. 그러나 단지 타인의 충동에 의해 움직
였다. 충동이 없었어도 바라바를 선택하는 사람들이 있었을 것이다. 충동은 조금 더
압도적으로 바라바를 더 많이 선택하게 한 것으로 보인다. 바라바는 이스라엘 국가
를 위해 민란을 선동한 유명한 사람이다. 그는 독립을 위해 힘을 사용하였지만 이루
지 못한 사람이다. 예수님은 힘을 사용하지 않았다. 비폭력주의자처럼 단지 유대인의
왕이라는 칭호만 얻었을 뿐이다. 그것도 교활한 산헤드린 사람들에 의해 얻은 것이다.
사실 예수님은 이스라엘의 독립이 아니라 영혼의 독립을 위해 일하셨다. 이스라엘이
라는 나라가 아니라 하나님 나라를 위해 일하셨다. 그래서 어떤 면에 있어서는 중요
한 순간에 사람들에게 인기가 없으셨다. 대중은 자기가 이해하는 좋은 말만 좋아하
는 경향이 있다.

때로 대중은 조용한 살인자가 된다. 예수님을 죽이는 마지막 선택자가 사실 대중이었

던 것처럼 오늘날에도 많은 문제가 침묵하는 대중에게 있다. 국민이라는 이름을 가지고 있어 대단한 위세를 떨치기도 하지만 사실은 그 안에 많은 비겁함과 나약함이 담겨 있을 때가 있다.

> **12** 빌라도가 또 대답하여 이르되 그러면 너희가 유대인의 왕이라 하는 이를 내가 어떻게 하랴
> **13** 그들이 다시 소리 지르되 그를 십자가에 못 박게 하소서
> **14** 빌라도가 이르되 어찜이냐 무슨 악한 일을 하였느냐 하니 더욱 소리 지르되 십자가에 못 박게 하소서 하는지라
> **12** Pilate spoke again to the crowd, "What, then, do you want me to do with the one you call the king of the Jews?"
> **13** They shouted back, "Crucify him!"
> **14** "But what crime has he committed?" Pilate asked. They shouted all the louder, "Crucify him!"

15:14 더욱 소리 지르되 십자가에 못 박게 하소서. 이 당시의 이 외침이 들리는가? 십자가는 죽이는 것이요, 엄청난 고통인데 어찌 사람이 사람을 두고 그렇게 말할 수 있을까? 예수님을 '십자가에 못 박으라' 소리지를 수 있는 용기는 대중 속에 묻혀 있었기 때문이다. 그러나 대중이라는 실체는 없다. 그 안에는 숨어 있는 한 사람 한 사람이 있을 뿐이다.

대중에 묻혀 교회를 다니다 대중에 묻혀 교회를 떠난 사람들이 코로나19 후의 교회 모습이다. 어찌 교회에 다니던 사람이 교회를 떠날 수 있을까? 그러나 주변에서 그렇게 하는 사람이 많이 있으니 자신이 그렇게 해도 되는 것으로 생각한다. 대중 속에 묻혀 슬그머니 그렇게 하는 것이다. 이전에는 상상도 할 수 없었던 불신앙의 일이 자연스럽게 일어나고 있다. 대중 속에서 나와야 한다. 대중 속에 숨어 있으면 하나님께서 안 보시는 것 같지만 하나님은 늘 그 사람을 보고 계신다. '십자가에 못 박으라'는 소리도 대중의 소리가 아니라 한 사람 한 사람의 소리로 들으셨다. 오늘날 사람들이 불신앙의 길을 갈 때도 숨겨져 있는 것이 아니라 한 사람 한 사람의 그 모습을 기억하고 계신다. 대중 속에 묻혀 세속에 잠겨 있으면 안 된다. 세속에서 나와 복음을 살아가야 한다. 대중 속에 있으면 '그럴 수 있지'하는 것이 하나님 앞에 나오면 얼마나 부끄럽고 재앙적인 것인지 모른다. 예수님은 우리의 구원을 위해 십자가를 지셨는데 우리는 대체 무엇하고 있단 말인가?

15 빌라도가 무리에게 만족을 주고자 하여 바라바는 놓아 주고 예수는 채찍질 하고 십자가에 못 박히게 넘겨 주니라

15 Pilate wanted to please the crowd, so he set Barabbas free for them. Then he had Jesus whipped and handed him over to be crucified.

15:15 채찍질하고 십자가에 못 박히게 넘겨 주니라. 빌라도는 죄가 없는 한 사람을 채찍질하고 죽게 넘겨주었다. 당시 반란은 십자가형으로 죽이는 것이 관례였다. 죄가 없는 사람을 그렇게 잔인하게 죽임을 당하도록 하였다. **무리에게 만족을 주고자.** 그는 자신의 안위를 위해 그렇게 하였다. 그는 유대 지역의 총독으로 와서 이 지역을 잘 관리해야 그 이후로 더 높은 자리에 올라갈 수 있다. 예수라는 사람이 그에게 해 줄 수 있는 일은 아무것도 없었다. 마음에 들지는 않지만 산헤드린 사람들이나 대중의 요청을 들어주면 그들이 만족할 것이니 그것이 자신에게 유리하였다. 빌라도가 지키려 했던 자신의 안위는 결국 3년 만에 직위에서 해임당함으로 깨지게 된다. 이것이 아니어도 다른 것으로 해임당한다. 인생이라는 것이 그렇다. 그렇게 자신의 안위를 지키기 위해 수많은 노력을 기울이지만 이후에 참으로 어처구니 없는 일로 모든 것을 잃게 되는 경우가 허다하다. 세상의 돈과 힘을 가지기 위해 이런저런 일을 하지만 사실 그것은 허무한 일이다. 악한 일이다. 그것이 영원한 안위와는 전혀 상관이 없다.

16 군인들이 예수를 끌고 브라이도리온이라는 뜰 안으로 들어가서 온 군대를 모으고

16 The soldiers took Jesus inside to the courtyard of the governor's palace and called together the rest of the company.

15:16 브라이도리온. 이 당시 빌라도는 예루살렘에 있는 헤롯 궁전을 거처로 삼은 것으로 보인다. 그렇다면 이것은 헤롯 궁전 뜰을 의미한다. **온 군대를 모으고.** 어쩌면 600명일 수도 있다. 여하튼 헤롯 궁전에서 빌라도와 함께 하고 있던 군인들이 모인 것으로 보인다. 사형수는 군인들에게 좋은 놀잇감이었다. 특히 이 당시 빌라도의 군인들은 군단을 이루는 정예 로마 군인들이 아니라 인근의 지역에서 온 비유대인으로 구성된 군인들이었다. 그들은 반유대주의적 성향을 가지고 있었다. 그들에게는 유대인 사형수가 좋은 먹잇감이었다.

17 예수에게 자색 옷을 입히고 가시관을 엮어 씌우고

17 They put a purple robe on Jesus, made a crown out of thorny branches, and put it on his head.

15:17 자색 옷을 입히고. 아마 로마 군인들이 두르는 자색 망토를 둘러서 왕의 색을 모방한 것으로 보인다. **가시관을 엮어.** 주변에 쉽게 잡힐 수 있는 것으로 만들었을 것이니 다양한 가시나무들보다 헤롯 궁 뜰에 있는 관상용 대추야자 나무일 가능성이 높다. 잎에 가시가 있고 뾰족뾰족한 것이 마치 왕관의 치장처럼 보이기 때문에 가시관이라고 부르는 것 같다. 둘 다 조롱하기 위한 것이다.

18 경례하여 이르되 유대인의 왕이여 평안할지어다 하고
18 Then they began to salute him: "Long live the King of the Jews!"

15:18 경례...유대인의 왕이여. 유대인의 왕이라 말하는 예수님을 향한 조롱의 표현이다.

19 갈대로 그의 머리를 치며 침을 뱉으며 꿇어 절하더라
19 They beat him over the head with a stick, spat on him, fell on their knees, and bowed down to him.

15:19 갈대로 그의 머리를 치며. 이스라엘의 갈대는 우리 나라의 갈대보다 상당히 더 많이 두껍다. 지팡이로 많이 사용한다. 그래서 이것을 '막대기'라고 번역해도 된다. 갈대로 머리를 치는 것은 나무 막대기로 치는 것과 같다. 이것은 조롱과 더불어 고통도 가중되었을 것이다. **침을 뱉으며.** 이것은 멸시하는 것이다. **꿇어 절하더라.** 조롱으로 하는 것이다.

20 희롱을 다 한 후 자색 옷을 벗기고 도로 그의 옷을 입히고 십자가에 못 박으려고 끌고 나가니라
20 When they had finished mocking him, they took off the purple robe and put his own clothes back on him. Then they led him out to crucify him.

15:20 옷을 입히고 십자가에 못 박으려고 끌고 나가니라. 모든 조롱을 한 이후 예수님을 끌고 갔다. 요세푸스의 기록에 의하면 십자가 형을 당하는 사람의 경우 보통 옷을 다 벗기고 끌고 갔다고 한다. 그런데 예수님의 경우는 옷을 입혀서 끌고 갔다. 조금은 특이하다. 아마 '십자가 밑에서의 제비뽑기'라는 성경의 말씀을 응하게 하기 위한 하

나님의 특별한 섭리가 있었던 것으로 보인다.

힘 없이 엄청난 희롱을 당하는 순간에도 실제로는 엄청난 하나님의 세밀한 섭리가 작동하고 있다. 사실 그럴 것이다. 희롱을 당하고 있으니 하나님의 관심 밖일 것으로 생각하기 쉽지만 실제로는 그 반대다. 오히려 하나님의 모든 관심이 예수님을 향해 있지 않았겠는가? 오늘날 신앙인들이 고통을 겪을 때 마치 하나님이 그를 버리신 것처럼 생각하곤 한다. 그러나 그렇지 않다. 하나님의 백성이 고통 당할 때 하나님은 더욱 더 큰 관심으로 그를 지켜보며 인도하신다.

> 21 마침 알렉산더와 루포의 아버지인 구레네 사람 시몬이 시골로부터 와서 지나가는데 그들이 그를 억지로 같이 가게 하여 예수의 십자가를 지우고
> 21 On the way they met a man named Simon, who was coming into the city from the country, and the soldiers forced him to carry Jesus' cross. (Simon was from Cyrene and was the father of Alexander and Rufus.)

15:21 알렉산더와 루포의 아버지인 구레네 사람 시몬이 시골로부터 와서 지나가는데. '시몬'이라는 이름을 가지고 있다. 이것은 유대식 이름이다. 이스라엘은 이름이 같은 사람이 많다. 그래서 누군가를 구분하기 위해서 말할 때는 우리에게 성이 있는 것처럼 그들은 아버지의 이름을 말했다. '누구의 아들'이라고 말하는 것이 일반적이다. 그런데 시몬의 경우는 그의 아들들의 이름을 말한다. 이것은 매우 특이하다. 이렇게 아들들의 이름을 말하는 것을 보면 마가의 독자들이 그들을 잘 알고 있다는 것을 의미할 것이다. **구레네 사람.** 구레네는 북아프리카의 발달한 도시다. 유대인들이 많이 살고 있어 예루살렘에는 그곳에서 살다가 이사 온 사람들이 모이는 '구레네 회당'이 있었다. 이 사람은 여전히 구레네에 살면서 명절을 지키기 위해 온 사람일 수 있고, 아니면 이주하여 예루살렘에서 사는 사람일 수도 있다. **그를 억지로 같이 가게 하여 예수의 십자가를 지우고.** 유월절에 피 묻은 십자가를 진다는 것은 매우 운이 없는 일이다. 부정해지기 때문이다. 그러나 로마군인이 강제로 시키니 어쩔 수 없이 지어야 한다. 그런데 시몬은 십자가를 원망하면서 지기만 한 것 같지는 않다. 아마 이것이 계기가 되어 그는 기독교인이 된 것으로 보인다. **십자가.** 정확히 말하면 '가로 막대'다. 세로 기둥은 이미 현장에 세워 있고 15kg정도 되는 가로 막대만 등에 지고 현장에 끌려가는 것이 일반적이다. 그래서 사실적 그림을 그리려면 가로막대만 지고 가는 그림을 그려야 한다. 여기에서 시몬이 막대를 짊어짐으로 예수님의 고통이 감소되었다기 보다는 예수님이 그것도 지실 수 없을 정도로 약하셨다는 것을 의미한다.

22 예수를 끌고 골고다라 하는 곳 (번역하면 해골의 곳) 에 이르러

22 They took Jesus to a place called Golgotha, which means "The Place of the Skull".

15:22 골고다라 하는 곳. 흔히 '골고다 언덕'이라고 말하기도 하는데 '언덕'은 헬라어 어디에도 나와 있지 않다. 그냥 '골고다'라 말하는 것이 맞다. 헤롯 성전에서 골고다까지는 300m가 조금 안 되는 거리다.

23 몰약을 탄 포도주를 주었으나 예수께서 받지 아니하시니라

23 There they tried to give him wine mixed with a drug called myrrh, but Jesus would not drink it.

15:23 몰약을 탄 포도주. 마취 기능을 가지고 있다. 지금까지의 군사들의 행동으로 보면 이렇게 긍휼의 일을 하지 않을 것 같아서 주변의 다른 사람이 준 것으로 생각하기도 한다. 그러나 군인들이 준 것으로 보는 것이 자연스럽다. 사형수에게 베푸는 자비일 것이다. **예수께서 받지 아니하시니라.** 예수님은 십자가에서의 고통을 조금도 경감시키지 않으시기 위해 받지 않으신 것으로 보인다. 고통을 당한다는 것은 피하고 싶은 일이다. 그러나 진리를 위해 고통을 당하는 것은 어쩌면 영광스러운 일이다. 그러한 일은 빨리 피하기 보다는 있는 그대로 다 받을 필요가 있다. 우리의 고통이 다른 누군가에게 복이 되고 사랑하는 것이 된다면 신앙인은 그러한 고통을 마치 소중한 것을 품에 안듯이 다 안을 수 있다.

24 십자가에 못 박고 그 옷을 나눌새 누가 어느 것을 가질까 하여 제비를 뽑더라

24 Then they crucified him and divided his clothes among themselves, throwing dice to see who would get which piece of clothing.

15:24 십자가. 십자가의 높이는 210cm정도 되었던 것 같다. 발이 땅에 닿지 않을 정도로만 올렸다. 흔히 생각하는 것처럼 그리 높지는 않다. 멋있지 않다. 엉덩이 부분에 나무를 덧대어 걸치게 하였다. 마치 십자가에 앉은 것과 비슷하다. 그래야 몸무게를 받쳐서 사람이 조금 더 길게 고생하고 죽을 수 있기 때문이다. 꾸부정하게 앉은 모습은 결코 멋있지 않았다. 아주 고통스러운 형틀이었다. **누가 어느 것을 가질까 하여 제비를 뽑더라.** 군인들은 십자가 앞에서 자신들의 이익을 챙겼다. 한 사람이 고통스럽게 죽어가고 있는데 그 앞에서 그 사람의 옷을 나누어 갖는 것은 참으로 인간미가 없는

모습이다. 그런데 오늘날 신앙인들이 바로 이런 모습으로 살아가고 있지는 않은 지 생각해 본다. 십자가를 말하고 십자가를 몸에 지니고 다니는데 그 앞에서 자신의 이익과 편의만을 찾고 있다.

십자가는 사람들에게 복음을 주시기 위한 예수님의 처절한 고통이다. 복음은 그렇게 십자가 위에 있다. 복음이라는 참으로 기쁜 소식은 십자가라는 참으로 엄청난 고통 위에 세워진 것이다. 그러기에 우리들에게 복음은 가벼운 기쁨이 아니라 무거운 기쁨이 되어야 한다. 복음 앞에 진지해야 한다. 기쁜 일이니 가볍게 듣는 것이 아니라 아주 무겁게 들을 수 있어야 한다. 복음에 합당한 삶이라는 것이 무엇인지를 깊이 고민해야 한다.

> **25** 때가 제삼시가 되어 십자가에 못 박으니라
>
> 25 It was nine o'clock in the morning when they crucified him.

15:25 제삼시가 되어. 오전 9시를 말한다. 예수님은 오전 9시부터 오후 3시까지 십자가에 매달려 있으셨다. 십자가에 매달린 사람은 아주 천천히 죽어간다. 아주 느리게 모든 고통을 당한다. 그냥 매달려 있는 것이 아니다. 매달려 있는 모든 순간이 엄청난 고통의 시간이다. 몸이 아프면 때로는 10초가 10시간 보다 더 길게 느껴진다. 십자가에서의 시간은 어떤 것보다 더 길게 느껴지는 시간이다. 시간을 가장 길게 느끼고 싶으면 십자가에 매달리면 된다. 십자가에 매달려 거의 죽어갈 때가 되면 새들이 와서 생살을 쪼아먹기도 하였다. 예수님은 사람이 경험할 수 있는 가장 큰 고통을 당하셨다. 그것은 모두 죄 때문이다. 사람의 죄 때문이다. 우리의 죄 때문이다. 우리는 우리의 죄에 대해 지극히 혐오감을 가져야 한다. 큰 죄만이 아니라 작은 죄에 대해서도 경각심을 가져야 한다.

> **26** 그 위에 있는 죄패에 유대인의 왕이라 썼고
> **27** 강도 둘을 예수와 함께 십자가에 못 박으니 하나는 그의 우편에, 하나는 좌편에 있더라
> **28** (없음)
> **29** 지나가는 자들은 자기 머리를 흔들며 예수를 모욕하여 이르되 아하 성전을 헐고 사흘에 짓는다는 자여
>
> 26 The notice of the accusation against him said: "The King of the Jews".
> 27 They also crucified two bandits with Jesus, one on his right and the other on his left.

29 People passing by shook their heads and hurled insults at Jesus: "Aha! You were going to tear down the Temple and build it up again in three days!

15:29 십자가에 매달릴 때는 수치심을 주기 위해 모든 옷을 벗겼다. 예수님은 유대인의 문화에 대한 배려로 아주 작은 부분만 가려지는 속옷을 입으셨을 수는 있다. 그러나 혹 그러했을지라도 그것이 예수님의 수치를 다 가릴 수는 없었다. **지나가는 자들은 자기 머리를 흔들며 예수를 모욕하여.** 성문 입구 밖에 위치한 골고다는 많은 사람이 지나가는 곳이었다. 사람들은 아주 생생하게 예수님을 볼 수 있었고 예수님도 그들의 얼굴까지 생생하게 볼 수 있으셨다. 그들이 말하는 소리도 다 들을 수 있으셨다. 지나가는 사람들마다 조롱하며 지나갔다. 모욕하는 말과 행동을 하면서 지나갔다. **성전을 헐고 사흘에 짓는다는 자여.** 이 비난이 얼마나 어리석은 말인가? 예수님이 하신 말씀을 전혀 이해하지 못하고 하는 말이다. 그렇게 오해하고 하는 말은 때로는 더욱더 상처가 된다. 그들의 무식에 대해 마음이 아프고 긍휼의 마음까지 더해져서 마음이 더 아프다. 그들의 조롱의 말과 행동, 그들의 무지에 대한 긍휼의 마음, 그들이 그렇게 무지함으로 결국 이르게 될 영원한 고통까지. 예수님은 그들의 모습을 보면서 많이 아프셨을 것이다.

30 네가 너를 구원하여 십자가에서 내려오라 하고
30 Now come down from the cross and save yourself!"

15:30 네가 너를 구원하여 십자가에서 내려오라. 예수님은 당장 십자가에서 내려오실 수 있다. 그 처절한 고통에서 당장 내려올 수 있으셨다. 그러나 그렇게 하지 않으셨다. 예수님은 자신을 구원하는 것이 아니라 그들을 구원하기 원하셨기 때문이다. 그래서 죄인의 자리인 십자가의 자리에 계속 있으셨다. 그 소리를 들으실 때마다 아파하면서 그 자리에 계셨다.

31 그와 같이 대제사장들도 서기관들과 함께 희롱하며 서로 말하되 그가 남은 구원하였으되 자기는 구원할 수 없도다
31 In the same way the chief priests and the teachers of the Law jeered at Jesus, saying to each other, "He saved others, but he cannot save himself!

15:31 대제사장들도 서기관들과 함께 희롱하며. 대제사장들이나 서기관들이나 모두

예수님을 희롱하였다. **그가 남은 구원하였으되 자기는 구원할 수 없도다.** '남을 구원한 것'이 조롱거리가 되지는 않을 것이다. 그러나 그것으로 조롱당하셨다. 말도 안 되는 것으로 조롱당하셨다. 그러나 예수님은 그런 조롱까지 다 받으셨다. 죄인의 자리에서 모든 죄인을 대신하시기 때문이다.

> **32** 이스라엘의 왕 그리스도가 지금 십자가에서 내려와 우리가 보고 믿게 할지어다 하며 함께 십자가에 못 박힌 자들도 예수를 욕하더라
> **32** Let us see the Messiah, the king of Israel, come down from the cross now, and we will believe in him!" And the two who were crucified with Jesus insulted him also.

15:32 함께 십자가에 못 박힌 자들도 예수를 욕하더라. 함께 죽어가는 사람들조차도 예수님을 욕하였다. 처절한 죄인의 자리에 있으시니 죄인으로서 모든 사람의 욕을 들으셨다.

> **33** 제육시가 되매 온 땅에 어둠이 임하여 제구시까지 계속하더니
> **33** At noon the whole country was covered with darkness, which lasted for three hours.

15:33 온 땅에 어둠이 임하여. 어둠은 하나님의 아프심, 진노, 심판 등을 상징한다. 세상의 죄와 모든 죄를 짊어진 십자가의 죄인에 대한 심판이다.

> **34** 제구시에 예수께서 크게 소리 지르시되 엘리 엘리 라마 사박다니 하시니 이를 번역하면 나의 하나님, 나의 하나님 어찌하여 나를 버리셨나이까 하는 뜻이라
> **34** At three o'clock Jesus cried out with a loud shout, "Eloi, Eloi, lema sabachthani?" which means, "My God, my God, why did you abandon me?"

15:34 제구시에 예수께서 크게 소리 지르시되. 오후 3시부터 6시까지는 유월절 양 잡는 시간이다. "이 달 열나흘날까지 간직하였다가 해 질 때에 이스라엘 회중이 그 양을 잡고"(출 12:6) 이 말씀을 근거로 한다. 유월절 절기를 지키는 사람이 많아져서 오후 3시부터 6시까지 양을 잡는 시간에 다 잡지 못하게 되었을 때 오전에 잡는 것을 허락하지 않았다. 날짜보다 이 시간에 잡는 것이 더 중요하였기 때문에 하루를 추가하여 유월절 전날 잡을 수 있도록 허용하였다. 그만큼 유월절 양은 꼭 오후 3시부터 6시 사이에 잡아야 한다. 유월절 양의 본체로 오신 예수님은 그래서 오후 3시에 죽으셨다.

엘리 엘리 라마 사박다니. 가장 처절하고 심오한 외침이다. 예수님의 이 절규는 모든 죄인들의 절규를 대신한다. 하나님은 죄인을 버리신다. 예수님은 모든 죄를 짊어지고 하나님의 버림을 받으셨다. 그러나 이것은 죄인의 버림만 있는 것은 아니었다. '엘리'라고 말씀한다. '나의 하나님'이라는 뜻이다. 인류의 죄를 짊어지고 대속의 길을 가시지만 예수님은 성부 하나님을 향하여 끝까지 '나의 하나님'으로 고백하셨다. 죄인으로서 버림받고 죽으셨지만 또한 다른 한편으로는 여전히 하나님의 아들로서의 관계는 지속되고 있음을 볼 수 있다.

35 곁에 섰던 자 중 어떤 이들이 듣고 이르되 보라 엘리야를 부른다 하고
35 Some of the people there heard him and said, "Listen, he is calling for Elijah!"

15:35 엘리야를 부른다. 이스라엘은 엘리야에 대한 믿음이 강하였다. 의인이 고난받을 때도 엘리야가 구원한다는 믿음이 있었다. 예수님의 '엘리'라는 외침은 일부의 사람에게는 마치 엘리야를 부르는 것처럼 잘못 들리게 할 수도 있다. 그러나 지금 엘리야를 부르시는 것이 아니다. 돕는 자가 아니라 모든 인류의 죄를 철저히 씻기 위해 성자 하나님께서 직접 고난받으시는 순간이다. 이제 더 이상 누구의 도움도 필요 없다. 그 어떤 것도 필요 없다. 존귀한 예수님께서 십자가에서 모든 것을 짊어지셨으니 어떤 다른 것이 더 필요하겠는가? 예수님께서 십자가를 지신 그 순간은 모든 죄를 대속하고도 남는다. 이제 믿음 이외는 아무것도 더 필요한 것이 없다.

36 한 사람이 달려가서 해면에 신 포도주를 적시어 갈대에 꿰어 마시게 하고 이르되 가만 두라 엘리야가 와서 그를 내려 주나 보자 하더라
37 예수께서 큰 소리를 지르시고 숨지시니라
38 이에 성소 휘장이 위로부터 아래까지 찢어져 둘이 되니라
36 One of them ran up with a sponge, soaked it in cheap wine, and put it on the end of a stick. Then he held it up to Jesus' lips and said, "Wait! Let us see if Elijah is coming to bring him down from the cross!"
37 With a loud cry Jesus died.
38 The curtain hanging in the Temple was torn in two, from top to bottom.

15:38 성소 휘장이 위로부터 아래까지 찢어져. 예수님의 대속으로 인하여 하나님과 사람 사이를 가로막고 있던 모든 것이 깨트려졌다. 이 휘장이 외부에서 성소로 들어가는 입구에 있는 휘장인지, 아니면 성소에서 지성소로 들어가는 휘장인지 모른다. 나

는 두 휘장 모두를 포함한다고 생각한다. 두께가 10cm이고 높이가 16m이며 폭이 9m였다. 결코 찢어질 수 없는 휘장이 위로부터 찢어졌다. 하늘에서 자르신 것이다. 하나님께서 그것을 자르시면서 얼마나 기뻐하셨을까? 이제 사람의 죄는 사라지고, 그들은 거룩하며, 하나님과 함께 할 수 있는 사람이 되었다. 그들은 하나님께 자유롭게 나올 수 있게 되었다. 휘장이 찢어진 것은 새시대에 대한 완벽한 상징이다. 실제적 사건이다.

> 39 예수를 향하여 섰던 백부장이 그렇게 숨지심을 보고 이르되 이 사람은 진실로 하나님의 아들이었도다 하더라
> 39 The army officer who was standing there in front of the cross saw how Jesus had died. "This man was really the Son of God!" he said.

15:39 이 사람은 진실로 하나님의 아들이었도다. 이것을 믿음의 고백이라고 할 수는 없을 것 같다. 그러나 위대한 선언이다. 그는 이방인이다. 예수님의 숨지심이 어떤 시대를 열고 있는지를 극명하게 보여주는 사건이다. 이방인이 예수님을 보고 '하나님의 아들'이라는 고백을 한다. 믿음이 이방인에게 활짝 열리고 있음을 볼 수 있다.

> 40 멀리서 바라보는 여자들도 있었는데 그 중에 막달라 마리아와 또 작은 야고보와 요세의 어머니 마리아와 또 살로메가 있었으니
> 40 Some women were there, looking on from a distance. Among them were Mary Magdalene, Mary the mother of the younger James and of Joseph, and Salome.

15:40 멀리서 바라보는 여자들도 있었는데. 이 당시 여자는 인구 계수에 들어가지 않았다. 증인이 될 수 없었다. 그러나 오늘 본문은 여자의 활약이 나온다. 여자의 시대도 열린 것을 말한다. 어떤 누구도 소외되지 않고 모든 사람이 하나님께 나갈 수 있는 시대다. 이제 시대의 제약에 막혀 있지 말고 나가야 한다. 믿음이라는 고귀한 것이 앞에 있는데 어찌 이방인이나 여인이라고 뒤로 물러가 있을 수 있겠는가? 이제 모두 복음을 위해 일어서야 하는 시대가 된 것이다.

> 41 이들은 예수께서 갈릴리에 계실 때에 따르며 섬기던 자들이요 또 이 외에 예수와 함께 예루살렘에 올라온 여자들도 많이 있었더라
> 42 이 날은 준비일 곧 안식일 전날이므로 저물었을 때에

43 아리마대 사람 요셉이 와서 당돌히 빌라도에게 들어가 예수의 시체를 달라 하니 이 사람은 존경 받는 공회원이요 하나님의 나라를 기다리는 자라

44 빌라도는 예수께서 벌써 죽었을까 하고 이상히 여겨 백부장을 불러 죽은 지가 오래냐 묻고

45 백부장에게 알아 본 후에 요셉에게 시체를 내주는지라

46 요셉이 세마포를 사서 예수를 내려다가 그것으로 싸서 바위 속에 판 무덤에 넣어 두고 돌을 굴려 무덤 문에 놓으매

47 막달라 마리아와 요세의 어머니 마리아가 예수 둔 곳을 보더라

41 They had followed Jesus while he was in Galilee and had helped him. Many other women who had come to Jerusalem with him were there also.

42 It was towards evening when Joseph of Arimathea arrived. He was a respected member of the Council, who was waiting for the coming of the Kingdom of God. It was Preparation day (that is, the day before the Sabbath), so Joseph went boldly into the presence of Pilate and asked him for the body of Jesus.

44 Pilate was surprised to hear that Jesus was already dead. He called the army officer and asked him if Jesus had been dead a long time.

45 After hearing the officer's report, Pilate told Joseph he could have the body.

46 Joseph bought a linen sheet, took the body down, wrapped it in the sheet, and placed it in a tomb which had been dug out of solid rock. Then he rolled a large stone across the entrance to the tomb.

47 Mary Magdalene and Mary the mother of Joseph were watching and saw where the body of Jesus was placed.

15:42-43 이 날은 준비일 곧 안식일 전날이므로. 니산월 14일이 금요일인 경우가 주후 30년과 33년에 있었다. 아마 이 모든 일은 주후 33년에 일어나고 있었을 것이다. 본래 십자가형은 그 위에서 길게는 3일까지 있었다. 그런데 무교절과 안식일이 겹친 이 날은 아주 큰 날이기 때문에 십자가에 계속 둘 수 없었다. 그것을 이용하여 아리마대 요셉이 '당돌히' 시체를 요구하였다고 말한다. 당돌하다고 말할 수밖에 없다. 십자가에서 죽이는 것은 수치를 위한 것이다. 그런데 장례를 치러준다고 하는 것은 죄인과 동일시되는 것으로 아주 용기 있는 행동이었다. 요셉은 예루살렘 산헤드린 사람이요 부자로 잃을 것이 많은 사람이었다. 그러나 그는 새시대에 걸맞게 대단한 용기를 냈다. 모두가 숨죽이고 있을 시간에 가장 용기를 내서 예수님의 시신을 달라 하여 자신의 좋은 무덤에 안치하였다.

3. 예수님의 부활
(16:1-8)

16장

1 안식일이 지나매 막달라 마리아와 야고보의 어머니 마리아와 또 살로메가 가서 예수께 바르기 위하여 향품을 사다 두었다가
1 After the Sabbath was over, Mary Magdalene, Mary the mother of James, and Salome bought spices to go and anoint the body of Jesus.

16:1 안식일이 지나매 막달라 마리아와...향품을 사다 두었다가. 예수님이 유월절(금요일)에 죽임당하셨다. 그날 저녁이 안식일이었기 때문에 무덤 확인만 하였다. 하루가 지난 다음날 해가 져 안식일이 마쳤을 때 예수님과 함께 했던 여인들이 재빨리 향품을 샀다. 그 저녁에 무덤을 갈 수 없어 다음날 아침을 기다렸다.

2 안식 후 첫날 매우 일찍이 해 돋을 때에 그 무덤으로 가며
2 Very early on Sunday morning, at sunrise, they went to the tomb.

16:2 안식 후 첫날. 일요일 아침에 무덤에 갔다. 이스라엘은 사람이 죽고 무덤에 안치한 후 3일 이내에 다시 확인을 위해 무덤에 가는 관습이 있다. 이스라엘은 시신을 주로 굴 안에 안치하는 형식이기 때문에 굴에 들어가면 바로 앞에 마치 큰 거실 같은 곳이 있어, 뼈를 다시 수습하여 안쪽으로 옮기는 1년이 되기 전에 입구에 있는 돌 침대 같은 곳에 시신을 안치한다. 그래서 무덤에 들어가면 최근에 죽은 사람의 시신을 만질 수 있다.

3 서로 말하되 누가 우리를 위하여 무덤 문에서 돌을 굴려 주리요 하더니
3 On the way they said to one another, "Who will roll away the stone for us from the entrance to the tomb?" (It was a very large stone.) Then they looked up and saw that the stone had already been rolled back.

16:3 누가...무덤 문에서 돌을 굴려 주리요. 이스라엘의 무덤은 주로 가족 무덤이다. 계속 사용해야 하기 때문에 무덤 앞을 홈을 파서 출입문처럼 둥그런 돌이 굴러가도록 만들었다. 그것을 굴리는 것이 그리 어렵지는 않다. 그러나 여인들에게는 버거울 수 있다. 여인들은 예수님을 매우 존경하고 사랑하였다. 막달라 마리아, 야고보의 어머니 마리아(12제자 중 한 명인 작은 야고보의 어머니), 살로메(세베대의 아들 야고보와 요한의 어머니)는 가능한 힘을 다하여 그들이 할 수 있는 가장 빠른 시간에 예수님의 무덤을 찾아갔다. 그들이 예수님의 부활을 보기 위해 찾아간 것은 아니다. 예수님은 생전에 자신이 죽으시고 부활하실 것이라고 자주 말씀하셨다. 그러나 누구도 예수님의 부활을 기다리고 있는 사람은 없었다. 이 여인들도 예수님의 부활에 대해서는 전혀 생각하지 못했다.

> 4 눈을 들어본즉 벌써 돌이 굴려져 있는데 그 돌이 심히 크더라

16:4 벌써 돌이 굴려져 있는데. 집의 대문이 열린 것처럼 무덤의 돌이 이미 굴려져 있었다. 예수님께서 이후에 제자들을 방문하실 때 문이 닫혀 있는데 그것을 통과하신다. 그러시니 지금 돌이 막혀 있는 것도 그냥 두고 나오실 수 있음이 분명하다. 그런데 돌을 굴려 놓으셨다. 왜 그럴까? 여인들을 위해서 일 것이다. 여인들이 무덤에 들어가 시신이 누인 그 자리에 예수님이 계시지 않은 것을 볼 수 있도록 하기 위함일 것이다.

> 5 무덤에 들어가서 흰 옷을 입은 한 청년이 우편에 앉은 것을 보고 놀라매
> 5 So they entered the tomb, where they saw a young man sitting on the right, wearing a white robe—and they were alarmed.

16:5 흰 옷을 입은 한 청년이 우편에 앉은 것을 보고. 이 '청년'은 천사다. 오늘날 보통 천사를 날개 달린 것으로 생각하는 경향이 많은데 성경은 스랍과 그룹을 제외하고는 어떤 천사도 날개 달린 모습으로 나타나지 않는다. 보통은 이렇게 흰 옷을 입은 사람 모습으로 나타난다. 여인들은 천사를 보고 놀랐다. 성경에서 천사를 본 사람들은 늘 놀랐다.

> 6 청년이 이르되 놀라지 말라 너희가 십자가에 못 박히신 나사렛 예수를 찾는 구나 그가 살아나셨고 여기 계시지 아니하니라 보라 그를 두었던 곳이니라

6 "Don't be alarmed," he said. "I know you are looking for Jesus of Nazareth, who was crucified. He is not here—he has been raised! Look, here is the place where they put him.

16:6 그가 살아나셨고 여기 계시지 아니하니라. 그렇다. 예수님께서 부활하셨다. 이것은 매우 놀라운 사실을 담고 있다. 이제 사람은 더이상 죽음에 짓눌리지 않아도 된다는 것을 의미한다. 주님이 부활하심으로 죽음을 정복하고 죽음을 끝내셨음을 의미한다. 엄청난 사실이다. 그래서 사람에게 복음이다. 찬란하게 빛나는 복음이다. 사람들은 더 이상 죽음에 매인자가 아니다. 사람들은 더 이상 죄의 종이 아니다.

7 가서 그의 제자들과 베드로에게 이르기를 예수께서 너희보다 먼저 갈릴리로 가시나니 전에 너희에게 말씀하신 대로 너희가 거기서 뵈오리라 하라 하는지라
8 여자들이 몹시 놀라 떨며 나와 무덤에서 도망하고 무서워하여 아무에게 아무 말도 하지 못하더라
7 Now go and give this message to his disciples, including Peter: 'He is going to Galilee ahead of you; there you will see him, just as he told you.' "
8 So they went out and ran from the tomb, distressed and terrified. They said nothing to anyone, because they were afraid.

16:8 몹시 놀라 떨며. 부활을 처음 들은 여인들은 그 사실에 매우 놀라고 떨었다. 참으로 이해하기 힘든 일이기 때문이다. 너무 놀라운 일이기 때문이다. 그것이 죽음을 정복한 것이며 새시대를 알리는 것이라는 사실은 이후에 깨달았을 것이다. 지금 당장은 부활을 들었지만 도무지 믿기 어려운 너무 위대한 사건이었다. 이 놀라움으로 마가복음을 마치고 있다. 이것이 마가가 의도한 것일 것이다. 천지 창조 때에 놀라운 것처럼 부활 앞에 놀라며 마친다. **아무 말도 하지 못하더라.** 이것은 경외하는 모습이다. 하나님께서 천지를 창조하실 때 사람이 그것을 보고 있었다면 무슨 말을 하였을까? '멋있습니다'라고 말하였을까? 아닐 것이다. 이 여인들처럼 아무 말도 하지 못하였을 것이다. 너무 경외로운 모습이기 때문이다. 부활은 제 2창조의 강력한 시작점이 된다. 그래서 이제 이후로는 제 1창조를 기억하는 안식일이 아니라, 제 2창조를 기억하는 주일을 기억하며 모여 예배하게 된다. 주일에 죄와 죽음을 넘어 하나님께서 다시 세상을 회복시키시는 부활을 기억하며 예배한다.
"하나님의 아들 예수 그리스도의 복음의 시작이라"(막 1:1)는 말로 마가복음을 시작하였다. 그 복음의 시작은 부활로 가장 강력한 시작을 알린다. 시작 곧 창조를 알린다. 여인들은 놀라워 아무 말도 못하고 있다. 그러나 이제 이후로 그들은 모든 힘을

다하여 복음을 선포할 것이다. 참으로 놀랍고 위대한 복음이다.

오늘 우리는 주일을 통해 하나님께서 만들어가는 새 하늘과 새 땅을 볼 수 있어야 한다. 지금 가장 중요한 것은 믿음이다. 믿음으로 복음에 동참하게 되기 때문이다. 그래서 제 2창조의 핵심은 믿음이다. 부활을 통해 새 시대를 알리고 믿음으로 그 시대에 참여하도록 우리를 날마다 새롭게 이끄시는 것이다. 믿음이 성숙해져 가는 모습이 진정 위대한 창조의 모습이다. 우리는 주일을 통해 우리의 믿음이 창조되고 날마다 새롭게 회복되어야 한다.

4. 후대에 붙여진 본문
(16:9-20)

16:9-20은 마가복음에 후대에 덧붙인 본문이다.

모든 성경은 하나님께서 저자이시다. 성경과 일반 책은 완전히 다르다. 그런데 우리가 가지고 있는 성경 본문은 원본이 존재하는 것은 한 권도 없다. 모두 사본으로만 존재한다. 사본이라는 것은 본래 기록된 성경을 손으로 필사하여 만들어진 것을 말한다. 사람이 필사를 하다 보니 의도하지 않은 오자가 생긴다. 또는 그 사람의 생각이 들어갈 수 있다. 그것은 의도한 오류다. 이 본문이 의도한 오류의 대표적인 것이다.

이 본문은 4세기 사본에도 있는 경우가 있다. 그러니 오랜 역사를 가지고 있는 사본이다. 그러나 중요한 사본에는 없다. 오늘 본문에 대해 학자들은 만장일치라는 단어를 사용할 정도로 마가복음 원본에는 없는 것이라는 면에서 대부분 일치한다. 사본적 증거가 그것을 증명하고 또한 사용한 단어나 문체가 그것을 증명한다. 그래서 대부분의 주석은 이 본문을 주석하지 않는다. 성경 번역본은 대부분 괄호처리를 하여 내용만 소개하고 있다.

이 본문을 집어 넣은 필사가는 본래 좋은 의도였던 것으로 보인다. 마가복음이 조금 이상하게 끝나고 있다. 부활을 말하였으면 그 놀라운 사실에 대한 증거 같은 것이 있어야 하는데 놀라고 끝나니 뒷부분이 소실되었다고 생각한 것 같다. 부활하신 주님에 대한 증거 같은 것이 있어야 자연스러운 것 같은데 그러한 것이 없이 '놀람과 침묵'으로 마치고 있다. 그래서 그것에 대한 보충으로 다른 성경에 있는 부활에 대한 것을 이것저것 가지고 와서 덧붙였다.

이것을 집어 넣은 필사자는 선한 의도였는지는 모르지만 나쁜 결과를 낳았다. 필사가는 성경에 대한 이해가 부족하였다. 성경은 자신이 이해가 안 된다 하여 덧붙일 수 있는 것이 아니다. 그가 이것을 집어넣음으로 인해 사실 마가의 의도가 많이 훼손된다. 모를 때는 자신이 무지한 것을 인정하고 그것을 그대로 적어야 하는데 그는 자신의 생각대로 더 추가하면서 오히려 성경을 훼손하였다. 성경은 사람이 그렇게 추가하거나 뺄 수 있는 것이 아니다.

이 본문은 성경에 대한 해석이 아니라 언젠가 처음 그 부분을 집어 넣은 필사자의 생각을 함께 살펴보는 것이다. 그래서 특별계시가 아니라 일반계시에 해당한다. 그러나 이 부분에 수록된 대부분의 사건이 18절을 제외하고는 성경의 다른 부분에 있는 내용이다. 그냥 옮겨 적기만 했다 할 수 있다.

> 9 [예수께서 안식 후 첫날 이른 아침에 살아나신 후 전에 일곱 귀신을 쫓아내어 주신 막달라 마리아에게 먼저 보이시니
> 10 마리아가 가서 예수와 함께 하던 사람들이 슬퍼하며 울고 있는 중에 이 일을 알리매
> 11 그들은 예수께서 살아나셨다는 것과 마리아에게 보이셨다는 것을 듣고도 믿지 아니하니라
> 9 After Jesus rose from death early on Sunday, he appeared first to Mary Magdalene, from whom he had driven out seven demons.
> 10 She went and told his companions. They were mourning and crying;
> 11 and when they heard her say that Jesus was alive and that she had seen him, they did not believe her.

16:11 믿지 아니하니라. 부활을 처음 경험한 막달라 마리아가 제자들에게 말하였으나 그들이 믿지 않았다는 것이다. 13절에서는 엠마오로 가던 두 제자가 예수님을 만나고 제자들에게 가서 알렸으나 '믿지 아니하니라'고 말한다. 14절에서는 예수님께서 제자들에게 나타나셨으나 그들이 '믿지 아니함'을 인하여 꾸짖으셨다고 말한다. 계속 '부활을 믿지 아니함'에 대해 말한다. 직접 경험하지 않고는 믿는 것이 참으로 어려운 일이 부활이다.

> 12 그 후에 그들 중 두 사람이 걸어서 시골로 갈 때에 예수께서 다른 모양으로 그들에게 나타나시니
> 13 두 사람이 가서 남은 제자들에게 알리었으되 역시 믿지 아니하니라
> 14 그 후에 열한 제자가 음식 먹을 때에 예수께서 그들에게 나타나사 그들의 믿음 없는 것과 마음이 완악한 것을 꾸짖으시니 이는 자기가 살아난 것을 본 자들의 말을 믿지 아니함일러라
> 15 또 이르시되 너희는 온 천하에 다니며 만민에게 복음을 전파하라
> 16 믿고 세례를 받는 사람은 구원을 얻을 것이요 믿지 않는 사람은 정죄를 받으리라
> 12 After this, Jesus appeared in a different manner to two of them while they were on their way to the country.

13 They returned and told the others, but they would not believe it.

14 Last of all, Jesus appeared to the eleven disciples as they were eating. He scolded them, because they did not have faith and because they were too stubborn to believe those who had seen him alive.

15 He said to them, "Go throughout the whole world and preach the gospel to the whole human race.

16 Whoever believes and is baptized will be saved; whoever does not believe will be condemned.

16:16 예수님께서 '믿지 않는 사람은 정죄를 받으리라'고 말씀한다. 믿는 것이 참으로 어려우나 믿어야 한다. 믿음이 없으면 그들의 죄를 인하여 정죄를 받을 것이요 믿는 사람은 그들의 죄가 대속되었기 때문에 구원을 얻을 것이다.

믿음이 어려운 시절에 '믿음 없음'이 문제였다. 그러나 나는 그것이 가치 있는 일이라 여긴다. 믿음이라는 것이 참으로 어렵기 때문에 아직 믿음이 없는 것이다. 그것을 실제로 여기기 때문이다. 오늘날에는 어쩌면 너무 쉽게 믿기 때문에 문제가 된다. 믿음이 없으면서 믿는다고 생각하기 때문에 문제다. 믿음을 실제적으로 여기지 않는 것이다. 고민하지 않고 믿기 때문에 문제가 되는 경우가 많다. 믿음을 가졌다고 말하지만 믿음으로 살지 않는 경우는 믿음이 없는 것이다. 믿음은 실제가 되어야 믿음이다.

믿음 없음을 인정해야 한다. 믿음 없기 때문에 믿음에 대해 더 열린 자세로 계속 배워야 한다. 믿음이 없기 때문에 교회에 빠지는 것이 아니라 더 열심히 들어보아야 한다. 믿음의 문제는 참으로 중요하다. 그래서 평생 배워야 한다. 진정 내가 실제로 믿음이 있다고 자신할 수 있으면 참으로 행복한 일이다. 그러나 많은 사람이 믿음이 실제가 되지 못하기 때문에 행복하지 못하다. 믿음이 있다고 생각하기 때문에 믿음에 대해 더 알아보려고 하지를 않는다. 그래서 믿음 없음에 머물러 있는 경우가 많다.

17 믿는 자들에게는 이런 표적이 따르리니 곧 그들이 내 이름으로 귀신을 쫓아내며 새 방언을 말하며

18 뱀을 집어올리며 무슨 독을 마실지라도 해를 받지 아니하며 병든 사람에게 손을 얹은즉 나으리라 하시더라

19 주 예수께서 말씀을 마치신 후에 하늘로 올려지사 하나님 우편에 앉으시니라

20 제자들이 나가 두루 전파할새 주께서 함께 역사하사 그 따르는 표적으로 말씀을 확실히 증언하시니라]

17 Believers will be given the power to perform miracles: they will drive out demons in my name; they will speak in strange tongues;

18 if they pick up snakes or drink any poison, they will not be harmed; they will place their

hands on sick people, who will get well."
19 After the Lord Jesus had talked with them, he was taken up to heaven and sat at the right side of God.
20 The disciples went and preached everywhere, and the Lord worked with them and proved that their preaching was true by the miracles that were performed.

마가복음을 보았다. 마가는 '복음의 시작'에 대해 말한다 하며 전하였다. 예수님께서 그토록 전하시려 하였던 복음이 우리에게 전해졌을까? 복음이 복음되어야 한다. 복음을 믿으면 오늘 '가장 기쁜 소식'을 가지고 있는 것이고, 가장 기쁜 소식을 따라 살고 있는 것이다. 그래서 복음이 복음이 되면 매우 행복하다.
복음이 우리 안에서 실제가 되어 진정 복음이 되기를 기도한다. 우리의 삶이 복음으로 가득하고, 예수님께서 말씀하시는 복음의 완성의 때 모두가 행복한 잔치를 하기를 기도한다.

마가복음 (성경, 이해하며 읽기)

발행	2024년 8월 19일
저자	장석환
펴낸이	장석환
펴낸곳	도서출판 돌계단
출판사등록	2022.07.27(제393-2022-000025호)
주소	안산시 상록구 삼태기2길 4-16
전화	031-416-9301
총판	비전북 031-907-3927
이메일	dolgaedan@naver.com

ISBN	979-11-986875-0-0

ⓒ 마가복음(성경, 이해하며 읽기) 2024
본 책은 저작자의 지적 재산으로서 무단 전재와 복제를 금합니다.